कफ़न

तथा अन्य कहानियाँ

प्रेमचंद

प्रभाकर प्रकाशन

HB ISBN: 978-93-5682-422-5
ISBN: 978-93-5682-655-7
eISBN: 978-93-5682-442-3

प्रकाशक: प्रभाकर प्रकाशन
प्लॉट नं.-63, मेन मदर डेयरी रोड
पांडव नगर, ईस्ट दिल्ली-110092
फोन: 011-40395855
व्हाट्स ऐप: +91 9319228272
ई-मेल: booksprabhakar@gmail.com
वेबसाइट: www.pharosbooks.in

प्रथम संस्करण: 2025

मुद्रक : मणिपाल टेक्नोलॉजीज लिमिटेड, मणिपाल

कफ़न तथा अन्य कहानियाँ
प्रेमचंद

अनुक्रम

पूस की रात

हल्कू ने आकर स्त्री से कहा–सहना आया है, लाओ, जो रुपये रखे हैं, उसे दे दूँ, किसी तरह गला तो छूटे।

मुन्नी झाड़ू लगा रही थी। पीछे फिरकर बोली–तीन ही तो रुपये हैं, दे दोगे तो कम्मल कहाँ से आवेगा? माघ-पूस की रात हार में कैसे कटेगी? उससे कह दो, फसल पर दे देंगे। अभी नहीं।

हल्कू एक क्षण अनिश्चित दशा में खड़ा रहा। पूस सिर पर आ गया, कम्मल के बिना हार में रात को वह किसी तरह नहीं जा सकता। मगर सहना मानेगा नहीं, घुड़कियाँ जमावेगा, गालियाँ देगा। बला से जाड़ों में मरेंगे, बला तो सिर से टल जाएगी। यह सोचता हुआ वह अपना भारी-भरकम डील लिये हुए (जो उसके नाम को झूठ सिद्ध करता था) स्त्री के समीप आ गया और ख़ुशामद करके बोला–ला दे दे, गला तो छूटे। कम्मल के लिये कोई दूसरा उपाय सोचूँगा।

मुन्नी उसके पास से दूर हट गयी और आँखें तरेरती हुई बोली–कर चुके दूसरा उपाय! ज़रा सुनूँ तो कौन-सा उपाय करोगे? कोई ख़ैरात में दे देगा कम्मल? न जाने कितनी बाकी है, जो किसी तरह चुकने ही नहीं आती। मैं कहती हूँ, तुम क्यों नहीं खेती छोड़ देते? मर मर काम करो, उपज हो तो बाकी दे दो, चलो छुट्टी हुई। बाकी चुकाने के लिये ही तो हमारा जनम हुआ है। पेट के लिये मजूरी करो। ऐसी खेती से बाज आये। मैं रुपये न दूँगी, न दूँगी।

हल्कू उदास होकर बोला–तो क्या गाली खाऊँ?

मुन्नी ने तड़पकर कहा–गाली क्यों देगा, क्या उसका राज है?

मगर यह कहने के साथ ही उसकी तनी हुई भौंहें ढीली पड़ गयीं। हल्कू के उस वाक्य में जो कठोर सत्य था, वह मानो एक भीषण जंतु की भाँति उसे घूर रहा था।

उसने जाकर आले पर से रुपये निकाले और लाकर हल्कू के हाथ पर रख दिये। फिर बोली–तुम छोड़ दो अबकी से खेती। मजूरी में सुख से एक रोटी तो खाने को मिलेगी। किसी की धौंस तो न रहेगी। अच्छी खेती है! मजूरी करके लाओ, वह भी उसी में झोंक दो, उस पर धौंस।

हल्कू ने रुपये लिये और इस तरह बाहर चला मानो अपना हृदय निकालकर देने जा रहा हो। उसने मजूरी से एक-एक पैसा काट-कपटकर तीन रुपये कम्मल के लिये जमा किये थे। वह आज निकले जा रहे थे। एक-एक पग के साथ उसका मस्तक अपनी दीनता के भार से दबा जा रहा था।

2

पूस की अँधेरी रात! आकाश पर तारे भी ठिठुरते हुए मालूम होते थे। हल्कू अपने खेत के किनारे ऊख के पतों की एक छतरी के नीचे बाँस के खटोले पर अपनी पुरानी गाढ़े की चादर ओढ़े पड़ा काँप रहा था। खाट के नीचे उसका संगी कुत्ता जबरा पेट में मुँह डाले सर्दी से कूँ-कूँ कर रहा था। दो में से एक को भी नींद न आती थी।

हल्कू ने घुटनियों को गर्दन में चिपकाते हुए कहा–क्यों जबरा, जाड़ा लगता है? कहता तो था, घर में पुआल पर लेट रह, तो यहाँ क्या लेने आये थे? अब खाओ ठंड, मैं क्या करूँ? जानते थे, मैं यहाँ हलुवा-पूरी खाने आ रहा हूँ, दौड़े-दौड़े आगे-आगे चले आये। अब रोओ नानी के नाम को।

जबरा ने पड़े-पड़े दुम हिलायी और अपनी कूँ-कूँ को दीर्घ बनाता हुआ एक बार जम्हाई लेकर चुप हो गया। उसकी श्वान-बुद्धि ने शायद ताड़ लिया, स्वामी को मेरी कूँ-कूँ से नींद नहीं आ रही है।

हल्कू ने हाथ निकालकर जबरा की ठंडी पीठ सहलाते हुए कहा–कल से मत आना मेरे साथ, नहीं तो ठंडे हो जाओगे। यह राँड पछुआ न जाने कहाँ से बरफ लिये आ रही है। उठूँ, फिर एक चिलम भरूँ। किसी तरह रात तो कटे! आठ चिलम तो पी चुका। यह खेती का मजा है और एक-एक भगवान ऐसे पड़े हैं, जिनके पास जाड़ा जाय तो गरमी से घबड़ाकर भागे। मोटे-मोटे गद्दे, लिहाफ-कम्मल। मजाल है, जाड़े का गुज़र हो जाय। तकदीर की ख़ूबी! मजूरी हम करें, मजा दूसरे लूटें!

हल्कू उठा, गड्ढे में से ज़रा-सी आग निकालकर चिलम भरी। जबरा भी उठ बैठा।

हल्कू ने चिलम पीते हुए कहा–पियेगा चिलम, जाड़ा तो क्या जाता है, ज़रा मन बदल जाता है।

जबरा ने उसके मुँह की ओर प्रेम से छलकती हुई आँखों से देखा।

हल्कू–आज और जाड़ा खा ले। कल से मैं यहाँ पुआल बिछा दूँगा। उसी में घुसकर बैठना, तब जाड़ा न लगेगा।

जबरा ने अपने पंजे उसकी घुटनियों पर रख दिये और उसके मुँह के पास अपना मुँह ले गया। हल्कू को उसकी गर्म साँस लगी।

चिलम पीकर हल्कू फिर लेटा और निश्चय करके लेटा कि चाहे कुछ हो अबकी सो जाऊँगा, पर एक ही क्षण में उसके हृदय में कम्पन होने लगा। कभी इस करवट लेटता, कभी उस करवट, पर जाड़ा किसी पिशाच की भाँति उसकी छाती को दबाये हुए था।

जब किसी तरह न रहा गया तो उसने जबरा को धीरे से उठाया और उसके सिर को थपथपाकर उसे अपनी गोद में सुला लिया। कुत्ते की देह से जाने कैसी दुर्गंध आ रही थी, पर वह उसे अपनी गोद में चिपटाये हुए ऐसे सुख का अनुभव कर रहा था, जो इधर महीनों से उसे न मिला था। जबरा शायद यह समझ रहा था कि स्वर्ग यहीं है और हल्कू की पवित्र

आत्मा में तो उस कुत्ते के प्रति घृणा की गंध तक न थी। अपने किसी अभिन्न मित्र या भाई को भी वह इतनी ही तत्परता से गले लगाता। वह अपनी दीनता से आहत न था, जिसने आज उसे इस दशा को पहुँचा दिया। नहीं, इस अनोखी मैत्री ने जैसे उसकी आत्मा के सब द्वार खोल दिये थे और उनका एक-एक अणु प्रकाश से चमक रहा था।

सहसा जबरा ने किसी जानवर की आहट पायी। इस विशेष आत्मीयता ने उसमें एक नयी स्फूर्ति पैदा कर दी थी, जो हवा के ठंडे झोंकों को तुच्छ समझती थी। वह झपटकर उठा और छपरी से बाहर आकर भूँकने लगा। हल्कू ने उसे कई बार चुमकारकर बुलाया, पर वह उसके पास न आया। हार में चारों तरफ़ दौड़-दौड़कर भूँकता रहा। एक क्षण के लिये आ भी जाता, तो तुरंत ही फिर दौड़ता। कर्तव्य उसके हृदय में अरमान की भाँति ही उछल रहा था।

3

एक घंटा और गुज़र गया। रात ने शीत को हवा से धधकाना शुरू किया। हल्कू उठ बैठा और दोनों घुटनों को छाती से मिलाकर सिर को उसमें छिपा लिया, फिर भी ठंड कम न हुई। ऐसा जान पड़ता था, सारा रक्त जम गया है, धमनियों में रक्त की जगह हिम बह रहा है। उसने झुककर आकाश की ओर देखा, अभी कितनी रात बाकी है! सप्तर्षि अभी आकाश में आधे भी नहीं चढ़े। ऊपर आ जायेंगे तब कहीं सबेरा होगा। अभी पहर से ऊपर रात है।

हल्कू के खेत से कोई एक गोली के टप्पे पर आमों का एक बाग़ था। पतझड़ शुरू हो गयी थी। बाग़ में पत्तियों का ढेर लगा हुआ था। हल्कू ने सोचा, चलकर पत्तियाँ बटोरूँ और उन्हें जलाकर ख़ूब तापूँ। रात को कोई मुझे पत्तियाँ बटोरते देख तो समझे कोई भूत है। कौन जाने, कोई जानवर ही छिपा बैठा हो, मगर अब तो बैठे नहीं रहा जाता।

उसने पास के अरहर के खेत में जाकर कई पौधे उखाड़ लिये और उनका एक झाड़ू बनाकर हाथ में सुलगता हुआ उपला लिये बगीचे की तरफ़ चला। जबरा ने उसे आते देखा तो पास आया और दुम हिलाने लगा।

हल्कू ने कहा–अब तो नहीं रहा जाता जबरू। चलो बगीचे में पत्तियाँ बटोरकर तापें। टाँठे हो जायेंगे, तो फिर आकर सोयेंगें। अभी तो बहुत रात है।

जबरा ने कूँ-कूँ करके सहमति प्रकट की और आगे-आगे बगीचे की ओर चला।

बगीचे में ख़ूब अँधेरा छाया हुआ था और अन्धकार में निर्दय पवन पत्तियों को कुचलता हुआ चला जाता था। वृक्षों से ओस की बूँदें टप-टप नीचे टपक रही थीं।

एकाएक एक झोंका मेहँदी के फूलों की ख़ुशबू लिये हुए आया।

हल्कू ने कहा–कैसी अच्छी महक आई जबरू! तुम्हारी नाक में भी तो सुगंध आ रही है?

जबरा को कहीं ज़मीन पर एक हड्डी पड़ी मिल गयी थी। उसे चिंचोड़ रहा था।

हल्कू ने आग ज़मीन पर रख दी और पत्तियाँ बटोरने लगा। ज़रा देर में पत्तियों का ढेर लग गया। हाथ ठिठुरे जाते थे। नंगे पाँव गले जाते थे और वह पत्तियों का पहाड़ खड़ा कर रहा था। इसी अलाव में वह ठंड को जलाकर भस्म कर देगा।

थोड़ी देर में अलाव जल उठा। उसकी लौ ऊपर वाले वृक्ष की पत्तियों को छू-छूकर भागने लगी। उस अस्थिर प्रकाश में बगीचे के विशाल वृक्ष ऐसे मालूम होते थे, मानो उस अथाह अन्धकार को अपने सिरों पर सँभाले हुए हों। अन्धकार के उस अनंत सागर में यह प्रकाश एक नौका के समान हिलता, मचलता हुआ जान पड़ता था।

हल्कू अलाव के सामने बैठा आग ताप रहा था। एक क्षण में उसने दोहर उतारकर बगल में दबा ली, दोनों पाँव फैला दिए, मानो ठंड को ललकार रहा हो, तेरे जी में जो आये सो कर। ठंड की असीम शक्ति पर विजय पाकर वह विजय-गर्व को हृदय में छिपा न सकता था।

उसने जबरा से कहा—क्यों जब्बर, अब ठंड नहीं लग रही है?

जब्बर ने कूँ-कूँ करके मानो कहा—अब क्या ठंड लगती ही रहेगी?

'पहले से यह उपाय न सूझा, नहीं इतनी ठंड क्यों खाते।'?

जब्बर ने पूँछ हिलायी।

'अच्छा आओ, इस अलाव को कूदकर पार करें। देखें, कौन निकल जाता है। अगर जल गये बच्चा, तो मैं दवा न करूँगा।'

जब्बर ने उस अग्निराशि की ओर कातर नेत्रों से देखा!

मुन्नी से कल न कह देना, नहीं तो लड़ाई करेगी।

यह कहता हुआ वह उछला और उस अलाव के ऊपर से साफ निकल गया। पैरों में ज़रा लपट लगी, पर वह कोई बात न थी। जबरा आग के गिर्द घूमकर उसके पास आ खड़ा हुआ।

हल्कू ने कहा—चलो-चलो इसकी सही नहीं! ऊपर से कूदकर आओ। वह फिर कूदा और अलाव के इस पार आ गया।

4

पत्तियाँ जल चुकी थीं। बगीचे में फिर अँधेरा छा गया था। राख के नीचे कुछ-कुछ आग बाकी थी, जो हवा का झोंका आ जाने पर ज़रा जाग उठती थी, पर एक क्षण में फिर आँखें बंद कर लेती थी!

हल्कू ने फिर चादर ओढ़ ली और गर्म राख के पास बैठा हुआ एक गीत गुनगुनाने लगा। उसके बदन में गर्मी आ गयी थी, पर ज्यों-ज्यों शीत बढ़ती जाती थी, उसे आलस्य दबाये लेता था।

जबरा ज़ोर से भूँककर खेत की ओर भागा। हल्कू को ऐसा मालूम हुआ कि जानवरों का एक झुंड खेत में आया है। शायद नीलगायों का झुंड था। उनके कूदने-दौड़ने की आवाज़ें साफ कान में आ रही थीं। फिर ऐसा मालूम हुआ कि खेत में चर रही हैं। उनके चबाने की आवाज़ चर-चर सुनाई देने लगी।

उसने दिल में कहा—नहीं, जबरा के होते कोई जानवर खेत में नहीं आ सकता। नोच ही डाले। मुझे भ्रम हो रहा है। कहाँ! अब तो कुछ नहीं सुनाई देता। मुझे भी कैसा धोखा हुआ!

उसने ज़ोर से आवाज़ लगायी—जबरा, जबरा।

जबरा भूँकता रहा। उसके पास न आया।

फिर खेत के चरे जाने की आहट मिली। अब वह अपने को धोखा न दे सका। उसे अपनी जगह से हिलना ज़हर लग रहा था। कैसा दंदाया हुआ था। इस जाड़े-पाले में खेत में जाना, जानवरों के पीछे दौड़ना असह्य जान पड़ा। वह अपनी जगह से न हिला।

उसने ज़ोर से आवाज़ लगायी—लिहो-लिहो! लिहो!!

जबरा फिर भूँक उठा। जानवर खेत चर रहे थे। फसल तैयार है। कैसी अच्छी खेती थी, पर ये दुष्ट जानवर उसका सर्वनाश किये डालते हैं।

हल्कू पक्का इरादा करके उठा और दो-तीन क़दम चला, पर एकाएक हवा का ऐसा ठंडा, चुभने वाला, बिच्छू के डंक का-सा झोंका लगा कि वह फिर बुझते हुए अलाव के पास आ बैठा और राख को कुरेदकर अपनी ठंडी देह को गर्माने लगा।

जबरा अपना गला फाड़ डालता था, नीलगायें खेत का सफाया किए डालती थीं और हल्कू गर्म राख के पास शांत बैठा हुआ था। अकर्मण्यता ने रस्सियों की भाँति उसे चारों तरफ़ से जकड़ रखा था।

उसी राख के पास गर्म ज़मीन पर वह चादर ओढ़कर सो गया।

सबेरे जब उसकी नींद खुली, तब चारों तरफ़ धूप फैल गयी थी और मुन्नी कह रही थी—क्या आज सोते ही रहोगे? तुम यहाँ आकर रम गये और उधर सारा खेत चौपट हो गया।

हल्कू ने उठकर कहा—क्या तू खेत से होकर आ रही है?

मुन्नी बोली—हाँ, सारे खेत का सत्यानाश हो गया। भला, ऐसा भी कोई सोता है। तुम्हारे यहाँ मड़ैया डालने से क्या हुआ?

हल्कू ने बहाना किया—मैं मरते-मरते बचा, तुझे अपने खेत की पड़ी है। पेट में ऐसा दरद हुआ कि मैं ही जानता हूँ!

दोनों फिर खेत के डाँड़ पर आये। देखा, सारा खेत रौंदा पड़ा हुआ है और जबरा मड़ैया के नीचे चित लेटा है, मानो प्राण ही न हों।

दोनों खेत की दशा देख रहे थे। मुन्नी के मुख पर उदासी छायी थी, पर हल्कू प्रसन्न था।

मुन्नी ने चिंतित होकर कहा—अब मजूरी करके मालगुजारी भरनी पड़ेगी।

हल्कू ने प्रसन्न मुख से कहा—रात को ठंड में यहाँ सोना तो न पड़ेगा।

मुफ़्त का यश

उन दिनों संयोग से हाक़िम-जिला एक रसिक सज्जन थे। इतिहास और पुराने सिक्कों की खोज में उन्होंने अच्छी ख़्याति प्राप्त कर ली थी। ईश्वर जाने, दफ़्तर के सूखे कामों से उन्हें ऐतिहासिक छान-बीन के लिये कैसे समय मिल जाता था? यहाँ तो जब किसी अफ़सर से पूछिए, तो वह यही कहता है-'मारे काम के मरा जाता हूँ सिर उठाने की फुर्सत नहीं मिलती।' शायद शिकार और सैर भी उनके काम में शामिल है। उन सज्जन की कृतियाँ मैंने देखी थी और मन में उनका आदर करता था, लेकिन उनकी अफ़सरी किसी प्रकार की घनिष्ठता में बाधक थी। मुझे यह संकोच था कि अगर मेरी ओर से पहल हुई, तो लोग यही कहेंगे कि इसमें मेरा कोई स्वार्थ है और मैं किसी दशा में भी यह इल्ज़ाम अपने सिर नहीं लेना चाहता। मैं तो हुक्काम को दावतों और सार्वजनिक उत्सवों में न्योता देने का भी विरोधी हूँ और जब कभी सुनता हूँ कि किसी अफ़सर को किसी आम जलसे का सभापति बनाया गया या कोई स्कूल, औषधालय या विधवा-श्रम किसी गवर्नर के नाम से खोला गया, तो अपने देश-बंधुओं की दास-मनोवृत्ति पर घण्टों अफसोस करता हूँ, मगर जब एक दिन हाक़िम-जिला ने ख़ुद मेरे नाम एक रुक्का भेजा कि मैं आपसे मिलना चाहता हूँ, क्या आप मेरे बँगले पर आने का कष्ट स्वीकार करेंगे! तो मैं बड़ी दुविधा में पड़ गया। क्या जवाब दूँ? अपने दो-एक मित्रों से सलाह ली। उन्होंने कहा—साफ लिख दीजिए, मुझे फ़ुरसत नहीं। वह हाक़िम-जिला होंगे, तो अपने घर के होंगे। कोई सरकारी या जाब्ते का काम होता तो आपका जाना अनिवार्य था, लेकिन निजी मुलाकात के लिये जाना आप की शान के ख़िलाफ है। आख़िर वह ख़ुद आपके मकान पर क्यों नहीं आए? इससे क्या उनकी शान में बट्टा लगा जाता था? इसीलिये तो ख़ुद नहीं आए कि वह हाक़िम-जिला हैं। इन अहमक हिन्दुस्तानियों को कब यह समझ आएगी कि दफ़्तर के बाहर वे भी वैसे ही साधारण मनुष्य हैं, जैसे हम या आप। शायद ये लोग अपनी घरवालियों से भी अफ़सरी जताते होंगे। अपना पद उन्हें कभी नहीं भूलता।

एक मित्र ने, जो लतीफ़ों की चलती-फिरती तिजोरी हैं। हिन्दुस्तानी अफ़सरों के विषय में कई बड़ी मनोरंजक घटनाएँ सुनायीं। एक अफ़सर साहब ससुराल गये। शायद स्त्री को विदा कराना था। जैसा आम रिवाज है, ससुरजी ने पहले ही वादे पर लड़की को विदा करना उचित न समझा। कहने लगे—बेटा, इतने दिनों के बाद आई है, अभी कैसे विदा कर दूँ? भला, छह महीने तो रहने दो। उधर धर्मपत्नी ने भी नाइन से संदेश कहला भेजा—अभी मैं नहीं जाना चाहती। आख़िर माता-पिता से भी तो मेरा कोई नाता है। मैं तुम्हारे हाथ बिक थोड़े ही गई हूँ?'

दामाद साहब अफ़सर थे, जामे से बाहर हो गये। तुरन्त घोड़े पर बैठे और सदर की राह ली। दूसरे ही दिन ससुरजी पर सम्मन जारी कर दिया। बेचारा बूढ़ा आदमी, तुरंत लड़की को साथ लेकर दामाद की सेवा में जा पहुँचा। तब जाकर उसकी जान बची। ये लोग ऐसे मिथ्याभिमानी होते है और फिर तुम्हें हाकिम-जिला से लेना ही क्या है? अगर तुम कोई विद्रोहात्मक गल्प या लेख लिखोगे, तो फौरन गिरफ़्तार कर लिये जाओगे। हाकिम-जिला ज़रा भी मुरव्वत न करेंगे। कह देंगे–यह गवर्नमेंट का हुक्म है, मैं क्या करूँ? अपने लड़के के लिये क़ानूनगोई या नायाब तहसीलदारी की लालसा तुम्हें है नहीं। व्यर्थ क्यों दौड़े जाओ।

लेकिन मुझे मित्रों की यह सलाह पसन्द न आई। एक भला आदमी जब निमन्त्रण देतां है, तो केवल इसलिये अस्वीकार कर देना कि हाकिम-जिला ने भेजा है, मुटमर्दी है। बेशक हाकिम साहब मेरे घर आ जाते, तो उनकी शान कम न होती। उदार हृदय वाला आदमी बेतकल्लुफ़ चला आता, लेकिन भाई जिले की अफ़सरी बड़ी चीज़ है और एक उपन्यासकार की हस्ती ही क्या है? इंग्लैण्ड या अमेरिका में गल्प लेखकों और उपन्यासकारों की मेज पर निमंत्रित होने में प्रधानमंत्री भी अपना गौरव समझेगा, हाकिम-जिला की तो गिनती ही क्या है? लेकिन यह भारतवर्ष है, जहाँ हर एक रईस के दरबार में कवि-सन्नाटा का जत्था रईस के कीर्तिगान के लिये जमा रहता था और आज भी ताजपोशी में हमारे लेखकवृंद बिना बुलाए राजाओं की ख़िदमत में हाज़िर होते हैं, क़सीदे पेश करते हैं और ईनाम के लिये हाथ पसारते हैं। तुम ऐसे कहाँ के बड़े वह हो कि हाकिम-जिला तुम्हारे घर चला आए। जब तुममें इतनी अकड़ और तुनक-मिज़ाजी है, तो वह तो जिले का बादशाह है। अगर उसे कुछ अभिमान भी हो, तो उचित है। इसे उसकी कमज़ोरी कहो, बेहूदगी कहो, मूर्खता कहो, उजड्डता कहो, फिर भी उचित है। देवता होना गर्व की बात है; लेकिन मनुष्य होना भी अपराध नहीं।

और मैं तो कहता हूँ–ईश्वर को धन्यवाद दो कि हाकिम-जिला तुम्हारे घर नहीं आए, वरना तुम्हारी कितनी भद होती। उनके आदर-सत्कार का सामान तुम्हारे पास कहीं था? गत की एक कुर्सी तो नहीं है। उन्हें क्या तीन टाँगों वाले सिंहासन पर बिठाते या मटमैले जाजिम पर? तीन पैसे की चौबीस बीड़ियाँ पीकर दिल ख़ुश कर लेते हो। है सामर्थ्य रुपये के दो सिगार खरीदने की? तुम तो इतना भी नहीं जानते कि वह सिगार मिलता कहाँ है, उसका नाम क्या है? अपना भाग्य सराहो कि अफ़सर साहब तुम्हारे घर नहीं आए और तुम्हें बुला लिया। चार-पाँच रुपये बिगड़ भी जाते और लज्जित भी होना पड़ता और कहीं तुम्हारे परम दुर्भाग्य और पापों के दण्ड-स्वरूप उनकी धर्मपत्नी भी उनके साथ होतीं, तब तो तुम्हें धरती में समा जाने के सिवा और कोई ठिकाना न था। तुम या तुम्हारी धर्मपत्नी उस महिला का सत्कार कर सकती थी? तुम्हारी तो घिग्घी बँध जाती साहब, बदहवास हो जाते। वह तुम्हारे दीवानखाने तक ही न रहती, जिसे तुमसे ग़रीबऊ ढंग से सजा रखा है। वहाँ तुम्हारी ग़रीबी अवश्य है, पर फूहड़पन नहीं। अंदर तो पग-पग पर फूहड़पन के दृश्य नज़र आते। तुम अपने घर फटे-पुराने पहनकर और अपनी विपन्नता में मग्न रहकर ज़िन्दगी बसर कर सकते हो, लेकिन कोई भी आत्माभिमानी आदमी यह पसन्द नहीं कर सकता कि उसकी दुरावस्था दूसरों के लिये विनोद की वस्तु बने। इन लेडी साहिबा के सामने तो तुम्हारी ज़ुबान बंद हो जाती।

चुनाँचे मैंने हाकिम-जिला का निमंत्रण स्वीकार कर लिया और यद्यपि उनके स्वभाव में कुछ अनावश्यक अफ़सरी की शान थी, लेकिन उनके स्नेह और उदारता ने उसे यथासाध्य प्रकट न होने दिया। कम-से-कम उन्होंने मुझे शिकायत का कोई मौका न दिया। अफ़सराना प्रकृति को तब्दील करना उनकी शक्ति के बाहर था।

मुझे इस प्रसंग को कोई महत्त्व देने की कोई बात भी न थी, महत्त्व न दिया। उन्होंने मुझे बुलाया, मैं चला गया। कुछ गप-शप किया और लौट आया। किसी से इसका ज़िक्र करने की ज़रूरत ही क्या? मानो भाजी खरीदने बाज़ार गया था।

लेकिन टोहियों ने जाने कैसे टोह लगा लिया? विशेष समुदायों में यह चर्चा होने लगी कि हाकिम-जिला से मेरी बड़ी गहरी मैत्री है, और वह मेरा बड़ा सम्मान करते हैं। अतिशयोक्ति ने मेरा सम्मान और भी बढ़ा दिया, यहाँ तक मशहूर हुआ कि वह मुझसे सलाह लिये बग़ैर कोई फैसला या रिपोर्ट नहीं लिखते।

कोई भी समझदार आदमी इस ख़्याति से लाभ उठा सकता था। स्वार्थ में आदमी बावला हो जाता है। तिनके का सहारा ढूँढ़ता फिरता है। ऐसों को विश्वास दिलाना कुछ मुश्किल न था कि मेरे द्वारा उनका काम निकल सकता है, लेकिन मैं ऐसी बातों से घृणा करता हूँ। सैकड़ों व्यक्ति अपनी कथाएँ लेकर मेरे पास आए। किसी के साथ पुलिस ने बेजा ज़्यादती की थी, कोई इनकमटैक्स वालों की सख्तियों से दुःखी था, किसी की यह शिकायत थी कि दफ़्तर में उनकी हकतलफ़ी हो रही है और उसके पीछे के आदमियों को दनादन तरक्कियाँ मिल रही हैं। उनका नम्बर आता है, तो कोई परवाह नहीं करता। इस तरह का कोई-न-कोई प्रसंग नित्य ही मेरे पास आने लगा, लेकिन मेरे पास उन सबके लिये एक ही जवाब था, मुझसे कोई मतलब नहीं।

एक दिन मैं अपने कमरे में बैठा था कि मेरे बचपन के एक सहपाठी मित्र आ टपके। हम दोनों एक ही मकतब में पढ़ने जाया करते थे। कोई 45 साल की पुरानी बात है। मेरी उम्र 49 साल से अधिक न थी। वह भी लगभग इसी उम्र के रहे होंगे, लेकिन मुझसे कहीं बलवान और हृष्ट-पुष्ट। मैं ज़हीन था, वह निरे कौदन। मौलवी साहब उनसे हार गये थे और उन्हें सबक पढ़ाने का भार मुझपर डाल दिया था। अपने से दुगुने व्यक्ति को पढ़ाना मैं अपने लिये गौरव की बात समझता था और ख़ूब मन लगाकर पढ़ाता था। फल यह हुआ कि मौलवी साहब की छड़ी जहाँ असफल रही, वहाँ मेरा प्रेम सफल हो गया। बलदेव चल निकला, खालिक बारी तक जा पहुँचा, मगर इस बीच में मौलवी साहब का स्वर्गवास हो गया और यह शाला टूट गई। उनके छात्र भी इधर-उधर हो गये। तब से बलदेव को मैंने दो-तीन बार रास्ते में देखा, (मैं अब भी वही सींकिया पहलवान हूँ और वह अब भी वही भीमकाय) राम-राम हुई, क्षेम-कुशल पूछा और अपनी राह चले गये।

मैंने उनसे हाथ मिलाते हुआ कहा—आओ भाई बलदेव, मजे में तो हो? कैसे याद किया, क्या करते हो आजकल?

बलदेव ने व्यथित कंठ से कहा—ज़िन्दगी के दिन पूरे कर रहे हैं भाई, और क्या। तुमसे मिलने की बहुत दिनों से इच्छा थी। याद करो वह मकतब वाली बात, जब तुम मुझे पढ़ाया करते थे। तुम्हारी बदौलत चार अक्षर पढ़ गया और अपनी ज़मींदारी का काम सँभाल लेता हूँ, नहीं तो मूर्ख ही बना रहता। तुम मेरे गुरु हो भाई, सच कहता हूँ मुझ जैसे गधे को पढ़ाना तुम्हारा ही काम था। न जाने क्या बात थी कि मौलवी साहब से सबक पढ़कर अपनी जगह पर आया नहीं कि बिलकुल साफ। तुम जो पढ़ाते थे, वह बिना याद किए ही याद हो जाता था। तुम तब भी बड़े हृदयहीन थे।

यह कहकर उन्होंने मुझे सगर्व-नेत्रों से देखा।

मैं बचपन के साथियों को देखकर फूल उठता हूँ। सजल नेत्र होकर बोला—मैं तो जब तुम्हें देखता हूँ तो यही जी में आता है कि दौड़कर तुम्हारे गले लिपट जाऊँ। 45 वर्ष का युग, मानो बिलकुल गायब हो जाता है। वह मकतब आँखों के सामने फिरने लगता है और बचपन सारी मनोहरताओं के साथ ताज़ा हो जाता।

बलदेव ने भी द्रवित कंठ से उत्तर दिया—मैंने तो भाई, तुम्हें सदैव अपना इष्टदेव समझा है। जब तुम्हें देखता हूँ तो छाती गज-भर की हो जाती है कि वह मेरा बचपन का संगी जा रहा है, जो समय आ पड़ने पर कभी दगा न देगा। तुम्हारी बड़ाई सुन-सुनकर मन-ही-मन प्रसन्न हो जाता हूँ, लेकिन यह बताओ, क्या तुम्हें खाना नहीं मिलता? कुछ खाते-पीते क्यों नहीं? सूखते क्यों जाते हो? घी न मिलता हो, तो दो-चार कनस्तर भिजवा दूँ। अब तुम बूढ़े हुए, ख़ूब डटकर खाया करो। अब भी सेर-भर दूध, पाव-भर घी उड़ाए जाता हूँ। इधर थोड़ा मक्खन भी खाने लगा हूँ। ज़िन्दगी भर बाल-बच्चों के लिये मर-मिटे। अब कोई यह नहीं पूछता कि तुम्हारी तबियत कैसी है? अगर आज कंधा डाल दूँ तो कोई एक लोटे पानी को न पूछे। इसलिये ख़ूब खाता हूँ और सबसे ज़्यादा काम करता हूँ। घर पर अपना रौब बना हुआ है। वही जो तुम्हारा जेठ लड़का है, उस पर पुलिस ने एक कूड़ा मुक़दमा चला दिया है। जवानी के मद में किसी को कुछ समझता नहीं है। है भी अच्छा-ख़ासा पहलवान। दारोगाजी से एक बार कुछ कहा-सुनी हो गई। तब से घात में लगे हुए थे। इधर गाँव में एक डाका पड़ गया। दारोगाजी ने तहकीकात में उसे भी फाँस लिया। आज एक सप्ताह से हिरासत में है। मुक़दमा मुहम्मद खलील, डिप्टी के इज़लास में है और मुहम्मद खलील और दारोगाजी की दाँत-काटी रोटी है। अवश्य सज़ा हो जायगी। अब तुम्हीं बचाओ। तो उसकी जान बच सकती है और कोई आशा नहीं। सज़ा तो जो होगी, वह होगी ही, इज़्ज़त भी ख़ाक में मिल जायगी।

तुम जाकर हाक़िम-जिला से इतना कह दो कि मुक़दमा झूठा है, आप ख़ुद चलकर तहकीकात कर लें। बस, देखो भाई, बचपन के साथी हो, नहीं न करना। जानता हूँ, तुम इन मामलों में नहीं पड़ते और तुम्हारे जैसे आदमी को पड़ना भी न चाहिए। तुम प्रजा की लड़ाई लड़ने वाले जीव हो, तुम्हें सरकार के आदमियों से मेल-जोल बढ़ाना उचित नहीं, नहीं तो जनता की नज़रों से गिर जाओगे। लेकिन यह घर का मामला है। इतना समझ लो कि मामला बिलकुल झूठ न होता, तो मैं कभी तुम्हारे पास न आता। लड़के की माँ रो-रोकर जान दिए

डालती है। बहू ने दाना-पानी छोड़ रखा है। सात दिन से घर में चूल्हा नहीं जला। मैं तो थोड़ा-सा दूध पी लेता हूँ, लेकिन दोनों सास-बहू तो निराहार पड़ी हुई हैं। अगर बच्चा को सज़ा हो गई, तो दोनों मर जायेंगी। मैंने यही कहकर उन्हें ढाढ़स दिया है कि जब तक हमारा छोटा भाई सलामत है, कोई हमारा बाल बाँका नहीं कर सकता। तुम्हारी भाभी ने तुम्हारी एक पुस्तक पढ़ी है। वह तो तुम्हें देवतुल्य समझती है, और जब कोई बात होती है, तुम्हारी नज़ीर देकर मुझे लज्जित करती रहती है। मैं भी साफ कह देता हूँ-'मैं उस छोकरे की-सी बुद्धि कहाँ से लाऊँ। तुम्हें उसकी नज़रों से गिराने के लिये तुम्हें छोकरा, मरियल सभी कुछ कहता हूँ, पर तुम्हारे सामने मेरा रंग नहीं जमता।

मैं बड़े संकट में पड़ गया। मेरी ओर से जितनी आपत्तियाँ हो सकती थीं, उन सबका जवाब बलदेवसिंह ने पहले ही से दे दिया था। उनको फिर दुहराना व्यर्थ था। इसके सिवा कोई जवाब न सूझा कि मैं जाकर साहब से कहूँगा। हाँ, इतना मैंने अपनी तरफ़ से और बढ़ा दिया कि मुझे आशा नहीं कि मेरे कहने का विशेष ख़याल किया जाय; क्योंकि सरकारी मामलों में हुक्काम हमेशा अपने मातहतों का पक्ष लिया करते हैं।

बलदेवसिंह ने प्रसन्न होकर कहा-'इसकी चिन्ता नहीं, तक़दीर में जो लिखा है वह तो होगा ही। बस, तुम जाकर कह भर दो।'

'अच्छी बात है।'

'तो कल जाओगे?'

'हाँ अवश्य जाऊँगा।'

'यह ज़रूर कहना कि आप चलकर तहकीकात कर लें।'

'हाँ यह ज़रूर कहूँगा।'

'और यह भी कह देना कि बलदेव सिंह मेरा भाई है।'

'झूठ बोलने के लिये मुझे मज़बूर न करो।'

'तुम मेरे भाई नहीं हो? मैंने तो हमेशा तुम्हें अपना भाई समझा है।'

'अच्छा, यह भी कह दूँगा।'

बलदेवसिंह को विदा करके मैंने अपना लेख समाप्त किया और आराम से भोजन करके लेटा। मैंने उससे गला छुड़ाने के लिये झूठा वादा कर दिया था। मेरा इरादा हाक़िम-जिला से कुछ कहने का नहीं था। मैंने पेशगी के तौर पर पहले ही जता दिया था कि हुक्काम जिला तौर पर पुलिस के मामलों में दखल नहीं देते, इसलिये सज़ा हो भी गई, तो मुझे यह कहने की काफी गुंजाइश थी, साहब ने मेरी बात स्वीकार नहीं की।

कई दिन गुज़र गये थे। मैं इस वाकिया को बिलकुल भूल गया था। सहसा एक दिन बलदेव सिंह अपने पहलवान बेटे के साथ मेरे कमरे में दाखिल हुए। बेटे ने मेरे चरणों पर सिर रख दिया और अदब से एक किनारे खड़ा हो गया। बलदेव सिंह बोले-बिलकुल बरी हो

गया भैरो! साहब ने दारोगाजी को बुलाकर ख़ूब डाँटे कि तुम भले आदमियों को सताते और बदनाम करते हो। अगर फिर ऐसा झूठा मुक़दमा लाए, तो बर्ख़ास्त कर दिए जाओगे। दारोगाजी बहुत झेंप गये। मैंने उन्हें झुककर सलाम किया। बच्चा पर घड़ों पानी पड़ गया। यह तुम्हारी सिफारिश का चमत्कार है, भाईजान! अगर तुमने मदद न की होती, तो हम तबाह हो गये थे। यह समझ लो कि तुमने चार प्राणियों की जान बचा ली। मैं तुम्हारे पास बहुत डरते-डरते आया था। लोगों ने कहा था–उसके पास नाहक जाते हो, वह बड़ा बेमुरव्वत आदमी है, उसकी जात से किसी का उपकार नहीं हो सकता। आदमी वह है, जो दूसरों का हित करे। वह क्या आदमी है, जो किसी की कुछ सुने ही नहीं! लेकिन भाईजान, मैंने किसी की बात न मानी। मेरे दिल में मेरा राम बैठा कह रहा था–तुम चाहे कितने ही रूखे और बेलाग हो, लेकिन मुझ पर अवश्य दया करोगे।

यह कहकर बलदेव सिंह ने अपने बेटे को इशारा किया। वह बाहर गया और एक बड़ा-सा गट्ठर उठा लाया, जिसमें भाँति-भाँति की देहाती सौगात बँधी हुई थी। हालांकि मैं बराबर कहे जाता था–तुम ये चीज़ें नाहक लाए, इनकी क्या ज़रूरत थी, कितने गँवार हो, आख़िर तो ठहरे देहाती, मैंने कुछ नहीं कहा, मैं तो साहब के पास गया भी नहीं, लेकिन कौन सुनता है? खोया, दही, मटर की फलियाँ अमावट, ताज़ा गुड़ और जाने क्या-क्या आ गया।

मैंने कहने को तो एक तरह से कह दिया–मैं साहब के पास गया ही नहीं, जो कुछ हुआ, ख़ुद हुआ। मेरा कोई एहसान नहीं है, लेकिन उसका मतलब यह निकाला गया कि मैं केवल नम्रता से और सौगातों को लौटा देने का कोई बहाना ढूँढ़ने के लिये ऐसा कह रहा हूँ। मुझे इतनी हिम्मत न हुई कि मैं इस बात का विश्वास दिलाता। इसका जो अर्थ निकाला गया, वही मैं चाहता था। मुफ़्त का एहसान छोड़ने को जी न चाहता था। अंत में जब मैंने ज़ोर देकर कहा कि किसी से इस बात का ज़िक्र न करना, नहीं तो मेरे पास फ़रियादों का मेला लग जायगा, तो मानो मैंने स्वीकार कर लिया कि मैंने सिफारिश की, और ज़ोरों से की।

सद्गति

दुखी चमार द्वार पर झाड़ू लगा रहा था और उसकी पत्नी झुरिया, घर को गोबर से लीप रही थी। दोनों अपने-अपने काम से फ़ुरसत पा चुके तो चमारिन ने कहा–'तो जाके पंडित बाबा से कह आओ न! ऐसा न हो, कहीं चले जायें।'

दुखी–'हाँ जाता हूँ; लेकिन यह तो सोच, बैठेंगे किस चीज़ पर?'

झुरिया–'कहीं से खटिया न मिल जायेगी? ठकुराने से माँग लाना।'

दुखी–'तू तो कभी-कभी ऐसी बात कह देती है कि देह जल जाती है। ठकुराने वाले मुझे खटिया देंगे! आग तक तो घर से निकलती नहीं, खटिया देंगे! कैथाने में जाकर एक लोटा पानी माँगू तो न मिले। भला, खटिया कौन देगा! हमारे उपले, सेंठे, भूसा, लकड़ी थोड़े ही हैं कि जो चाहें उठा ले जायें। ला, अपनी खटोली धोकर रख दें। गर्मी के दिन तो हैं। उनके आते-आते सूख जायेगी।'

झुरिया–'वे हमारी खटोली पर बैठेंगे नहीं। देखते नहीं, कितने नेम-धरम से रहते हैं!'

दुखी ने ज़रा चिंतित होकर कहा–'हाँ, यह बात तो है। महुए के पत्ते तोड़कर एक पत्तल बना लूँ तो ठीक हो जाये। पत्तल में बड़े-बड़े आदमी खाते हैं, वह पवित्तर है। ला तो डंडा, पत्ते तोड़ लूँ।'

झुरिया–'पत्तल मैं बना लूँगी। तुम जाओ, लेकिन हाँ, उन्हें 'सीधा' भी तो देना होगा। अपनी थाली में रख दूँ?'

दुखी–'नहीं ऐसा ग़जब न करना, नहीं तो सीधा भी जाये और थाली भी फूटे! बाबा थाली उठाकर पटक देंगे। उनको बड़ी जल्दी किरोध चढ़ आता है। किरोध में पंडिताइन तक को छोड़ते नहीं, लड़के को ऐसा पीटा कि आज तक टूटा हाथ लिये फिरता है। पत्तल में सीधा भी देना, हाँ! मुदा तू छूना मत।' झूरी गोंड़ की लड़की को लेकर साह की दुकान से सब चीज़ें ले आना। सीधा भरपूर हो। सेर भर आटा, आधा सेर चावल, पाव भर दाल, आधा पाव घी, नोन, हल्दी और पत्तल में एक किनारे चार आने पैसे रख देना। गोंड़ की लड़की न मिले तो भुर्जिन के हाथ-पैर जोड़कर ले जाना। तू कुछ मत छूना, नहीं ग़जब हो जायेगा।'

इन बातों की ताकीद करके दुखी ने लकड़ी उठायी और घास का एक बड़ा-सा गट्ठा लेकर पंडितजी से अर्ज़ करने चला। खाली हाथ बाबाजी की सेवा में कैसे जाता। नज़राने के लिये उसके पास घास के सिवाय और क्या था! उसे खाली देखकर तो बाबा दूर ही से दुत्कारते।

2

पं. घासीराम ईश्वर के परम भक्त थे। नींद खुलते ही ईशोपासन में लग जाते। मुँह-हाथ धोते आठ बजते, तब असली पूजा शुरू होती, जिसका पहला भाग भंग की तैयारी थी। उसके बाद आधा घण्टे तक चन्दन रगड़ते, फिर आईने के सामने एक तिनके से माथे पर तिलक लगाते। चन्दन की दो रेखाओं के बीच में लाल रोरी की बिन्दी होती थी। फिर छाती पर, बाँहों पर चन्दन की गोल-गोल मुद्रिकाएँ बनाते। फिर ठाकुरजी की मूर्ति निकालकर उसे नहलाते, चन्दन लगाते, फूल चढ़ाते, आरती करते, घंटी बजाते। दस बजते-बजते वह पूजन से उठते और भंग छानकर बाहर आते। तब तक दो-चार जजमान द्वार पर आ जाते! ईशोपासन का तत्काल फल मिल जाता। वही उनकी खेती थी।

आज वह पूजन-गृह से निकले, तो देखा दुखी चमार घास का एक गट्ठा लिये बैठा है। दुखी उन्हें देखते ही उठ खड़ा हुआ और उन्हें साष्टांग दंडवत् करके हाथ बाँधकर खड़ा हो गया। यह तेजस्वी मूर्ति देखकर उसका हृदय श्रद्धा से परिपूर्ण हो गया! कितनी दिव्य मूर्ति थी। छोटा-सा गोलमटोल आदमी, चिकना सिर, फूले गाल, ब्रह्मतेज से प्रदीप्त आँखें। रोरी और चंदन देवताओं की प्रतिभा प्रदान कर रही थी। दुखी को देखकर श्रीमुख से बोले-'आज कैसे चला रे दुखिया?'

दुखी ने सिर झुकाकर कहा, बिटिया की सगाई कर रहा हूँ महाराज। कुछ साइत-सगुन विचारना है। कब मर्ज़ी होगी?'

घासी-'आज मुझे छुट्टी नहीं। हाँ साँझ तक आ जाऊँगा।'

दुखी-'नहीं महाराज, जल्दी मर्ज़ी हो जाये। सब सामान ठीक कर आया हूँ। यह घास कहाँ रख दूँ?'

घासी-'इसे गाय के सामने डाल दे और ज़रा झाड़ू लेकर द्वार तो साफ़ कर दे। यह बैठक भी कई दिन से लीपी नहीं गयी। उसे भी गोबर से लीप दे। तब तक मैं भोजन कर लूँ। फिर ज़रा आराम करके चलूँगा। हाँ, यह लकड़ी भी चीर देना। खलिहान में चार खाँची भूसा पड़ा है। उसे भी उठा लाना और भुसौली में रख देना।'

दुखी फ़ौरन हुक्म की तामील करने लगा। द्वार पर झाड़ू लगायी, बैठक को गोबर से लीपा। तब बारह बज गये। पंडितजी भोजन करने चले गये। दुखी ने सुबह से कुछ नहीं खाया था। उसे भी ज़ोर की भूख लगी; पर वहाँ खाने को क्या धरा था। घर यहाँ से मील भर था। वहाँ खाने चला जाये, तो पंडितजी बिगड़ जायें। बेचारे ने भूख दबाई और लकड़ी फाड़ने लगा। लकड़ी की मोटी-सी गाँठ थी; जिस पर पहले कितने ही भक्तों ने अपना ज़ोर आज़मा लिया था। वह उसी दम-खम के साथ लोहे से लोहा लेने के लिये तैयार थी। दुखी घास छीलकर बाज़ार ले जाता था। लकड़ी चीरने का उसे अभ्यास न था। घास उसके खुरपे के सामने सिर झुका देती थी। यहाँ कस-कसकर कुल्हाड़ी का भरपूर हाथ लगाता; पर उस गाँठ पर निशान तक न पड़ता था। कुल्हाड़ी उचट जाती। पसीने में तर था, हाँफता था, थककर बैठ जाता था, फिर उठता था। हाथ उठाये न उठते थे, पाँव काँप रहे थे, कमर न सीधी होती थी, आँखों तले

अँधेरा हो रहा था, सिर में चक्कर आ रहे थे, तितलियाँ उड़ रही थीं, फिर भी अपना काम किये जाता था। अगर एक चिलम तम्बाकू पीने को मिल जाती, तो शायद कुछ ताकत आती।

उसने सोचा, यहाँ चिलम और तम्बाकू कहाँ मिलेगी। बाह्मनों का पुरा है। बाह्मन लोग हम नीच जातों की तरह तम्बाकू थोड़े ही पीते हैं। सहसा उसे याद आया कि गाँव में एक गोंड़ भी रहता है। उसके यहाँ ज़रूर चिलम-तमाखू होगी। तुरंत उसके घर दौड़ा। ख़ैर मेहनत सुफल हुई। उसने तमाखू भी दी और चिलम भी दी; पर आग वहाँ न थी। दुखी ने कहा, आग की चिन्ता न करो भाई। मैं जाता हूँ, पंडितजी के घर से आग माँग लूँगा। वहाँ तो अभी रसोई बन रही थी। यह कहता हुआ वह दोनों चीज़ें लेकर चला आया और पंडितजी के घर में बरौठे के द्वार पर खड़ा होकर बोला, 'मालिक, रचिके आग मिल जाये, तो चिलम पी लें।'

पंडितजी भोजन कर रहे थे। पंडिताइन ने पूछा, 'यह कौन आदमी आग माँग रहा है?'

पंडित–'अरे वही ससुरा दुखिया चमार है। कहा है थोड़ी-सी लकड़ी चीर दे। आग तो है, दे दो।'

पंडिताइन ने भवें चढ़ाकर कहा, 'तुम्हें तो जैसे पोथी-पत्रों के फेर में धरम-करम किसी बात की सुधि ही नहीं रही। चमार हो, धोबी हो, पासी हो, मुँह उठाये घर में चला आये। हिन्दू का घर न हुआ, कोई सराय हुई। कह दो दाढ़ीजार से चला जाये, नहीं तो इस लुआठे से मुँह झुलस दूँगी। आग माँगने चले हैं।'

पंडितजी ने उन्हें समझाकर कहा, 'भीतर आ गया, तो क्या हुआ। तुम्हारी कोई चीज़ तो नहीं छुई। धरती पवित्र है। ज़रा-सी आग दे क्यों नहीं देती, काम तो हमारा ही कर रहा है। कोई लानिया यही लकड़ी फाड़ता, तो कम-से-कम चार आने लेता।'

पंडिताइन ने गरजकर कहा, 'वह घर में आया क्यों!'

पंडित ने हारकर कहा, 'ससुरे का अभाग था और क्या!'

पंडिताइन–'अच्छा, इस बखत तो आग दिये देती हूँ, लेकिन फिर जो इस तरह घर में आयेगा, तो उसका मुँह ही जला दूँगी।'

दुखी के कानों में इन बातों की भनक पड़ रही थी। पछता रहा था, नाहक आया। सच तो कहती हैं। पंडित के घर में चमार कैसे चला आये। बड़े पवित्तर होते हैं यह लोग, तभी तो संसार पूजता है, तभी तो इतना मान है। भर-चमार थोड़े ही हैं। इसी गाँव में बूढ़ा हो गया; मगर मुझे इतनी अकल भी न आयी।

इसलिये जब पंडिताइन आग लेकर निकलीं, तो वह मानो स्वर्ग का वरदान पा गया। दोनों हाथ जोड़कर ज़मीन पर माथा टेकता हुआ बोला, 'पड़ाइन माता, मुझसे बड़ी भूल हुई कि घर में चला आया। चमार की अकल ही जो ठहरी। इतने मूरख न होते, तो लात क्यों खाते।'

पंडिताइन चिमटे से पकड़कर आग लाई थीं। पाँच हाथ की दूरी से घूँघट की आड़ से दुखी की तरफ़ आग फेंकी। आग की बड़ी-सी चिनगारी दुखी के सिर पर पड़ गयी। जल्दी से पीछे हटकर सिर के झोटे देने लगा। उसने मन में कहा, यह एक पवित्तर बाह्मन के घर

को अपवित्तर करने का फल है। भगवान ने कितनी जल्दी फल दे दिया। इसी से तो संसार पंडितों से डरता है। और सबके रुपये मारे जाते हैं बाह्मन के रुपये भला कोई मार तो ले! घर भर का सत्यानाश हो जाये, पाँव गल-गलकर गिरने लगे। बाहर आकर उसने चिलम पी और फिर कुल्हाड़ी लेकर जुट गया। खट-खट की आवाज़ें आने लगीं। उस पर आग पड़ गयी, तो पंडिताइन को उस पर कुछ दया आ गयी। पंडितजी भोजन करके उठे, तो बोलीं–'इस चमरवा को भी कुछ खाने को दे दो, बेचारा कब से काम कर रहा है। भूखा होगा।'

पंडितजी ने इस प्रस्ताव को व्यावहारिक क्षेत्र से दूर समझकर पूछा, 'रोटियाँ हैं?'

पंडिताइन–'दो-चार बच जायेंगी।'

पंडित–'दो-चार रोटियों में क्या होगा? चमार है, कम-से-कम सेर भर चढ़ा जायेगा।'

पंडिताइन कानों पर हाथ रखकर बोलीं, 'अरे बाप रे! सेर भर! तो फिर रहने दो।'

पंडितजी ने अब शेर बनकर कहा, 'कुछ भूसी-चोकर हो तो आटे में मिलाकर दो ठो लिट्टा ठोंक दो। साले का पेट भर जायेगा। पतली रोटियों से इन नीचों का पेट नहीं भरता। इन्हें तो जुआर का लिट्टा चाहिये।'

पंडिताइन ने कहा, 'अब जाने भी दो, धूप में कौन मरे।'

3

दुखी ने चिलम पीकर फिर कुल्हाड़ी सँभाली। दम लेने से ज़रा हाथों में ताकत आ गयी थी। कोई आधा घण्टे तक फिर कुल्हाड़ी चलाता रहा। फिर बेदम होकर वहीं सिर पकड़ के बैठ गया।

इतने में वही गोंड़ आ गया। बोला, 'क्यों जान देते हो बूढ़े दादा, तुम्हारे फाड़े यह गाँठ न फटेगी। नाहक हलाकान होते हो।'

दुखी ने माथे का पसीना पोंछकर कहा, 'अभी गाड़ी भर भूसा ढोना है भाई!'

गोंड़–'कुछ खाने को मिला कि काम ही कराना जानते हैं। जाके माँगते क्यों नहीं?'

दुखी–'कैसी बात करते हो चिखुरी, बाह्मन की रोटी हमको पचेगी!'

गोंड़–'पचने को पच जायेगी, पहले मिले तो। मूँछों पर ताव देकर भोजन किया और आराम से सोये, तुम्हें लकड़ी फाड़ने का हुक्म दे दिया। ज़मींदार भी कुछ खाने को देता है। हाकिम भी बेगार लेता है, तो थोड़ी बहुत मज़ूरी देता है। यह उनसे भी बढ़ गये, उस पर धर्मात्मा बनते हैं।'

दुखी–'धीरे-धीरे बोलो भाई, कहीं सुन लें तो आफत आ जाये।'

यह कहकर दुखी फिर सँभल पड़ा और कुल्हाड़ी की चोट मारने लगा। चिखुरी को उस पर दया आयी। आकर कुल्हाड़ी उसके हाथ से छीन ली और कोई आधा घंटे खूब कस-कसकर कुल्हाड़ी चलायी; पर गाँठ में एक दरार भी न पड़ी। तब उसने कुल्हाड़ी फेंक दी और यह कहकर चला गया, तुम्हारे फाड़े यह न फटेगी, जान भले निकल जाये।'

दुखी सोचने लगा, बाबा ने यह गाँठ कहाँ रख छोड़ी थी कि फाड़े नहीं फटती। कहीं दरार तक तो नहीं पड़ती। मैं कब तक इसे चीरता रहूँगा। अभी घर पर सौ काम पड़े हैं। कार-परोजन का घर है, एक-न-एक चीज़ घटी ही रहती है; पर इन्हें इसकी क्या चिन्ता। चलूँ जब तक भूसा ही उठा लाऊँ। कह दूँगा, बाबा, आज तो लकड़ी नहीं फटी, कल आकर फाड़ दूँगा।

उसने झौवा उठाया और भूसा ढोने लगा। खलिहान यहाँ से दो फरलाँग से कम न था। अगर झौवा ख़ूब भर-भर कर लाता तो काम जल्द ख़त्म हो जाता; फिर झौवे को उठाता कौन। अकेले भरा हुआ झौवा उससे न उठ सकता था। इसलिये थोड़ा-थोड़ा लाता था। चार बजे कहीं भूसा ख़त्म हुआ। पंडितजी की नींद भी खुली। मुँह-हाथ धोया, पान खाया और बाहर निकले। देखा, तो दुखी झौवा सिर पर रखे सो रहा है। ज़ोर से बोले–'अरे, दुखिया तू सो रहा है? लकड़ी तो अभी ज्यों की त्यों पड़ी हुई है। इतनी देर तू करता क्या रहा? मुट्ठी भर भूसा ढोने में संझा कर दी! उस पर सो रहा है। उठा ले कुल्हाड़ी और लकड़ी फाड़ डाल। तुझसे ज़रा-सी लकड़ी नहीं फटती। फिर साइत भी वैसी ही निकलेगी, मुझे दोष मत देना! इसी से कहा है कि नीच के घर में खाने को हुआ और उसकी आँख बदली।'

दुखी ने फिर कुल्हाड़ी उठायी। जो बातें पहले से सोच रखी थीं, वह सब भूल गयी। पेट पीठ में धँसा जाता था, आज सबेरे जलपान तक न किया था। अवकाश ही न मिला। उठना ही पहाड़ मालूम होता था। जी डूबा जाता था, पर दिल को समझाकर उठा। पंडित हैं, कहीं साइत ठीक न विचारें, तो फिर सत्यानाश ही हो जाये। जभी तो संसार में इतना मान है। साइत ही का तो सब खेल है। जिसे चाहे बिगाड़ दें। पंडितजी गाँठ के पास आकर खड़े हो गये और बढ़ावा देने लगे हाँ, मार कसके, और मार कसके मार, अबे ज़ोर से मार तेरे हाथ में तो जैसे दम ही नहीं है, लगा कसके, खड़ा सोचने क्या लगता है! हाँ बस फटा ही चाहती है! दे उसी दरार में!

दुखी अपने होश में न था। न-जाने कौन-सी गुप्तशक्ति उसके हाथों को चला रही थी। वह थकान, भूख, कमज़ोरी सब मानो भाग गयी। उसे अपने बाहुबल पर स्वयं आश्चर्य हो रहा था। एक-एक चोट वज्र की तरह पड़ती थी। आधा घण्टे तक वह इसी उन्माद की दशा में हाथ चलाता रहा, यहाँ तक कि लकड़ी बीच से फट गयी और दुखी के हाथ से कुल्हाड़ी छूटकर गिर पड़ी। इसके साथ वह भी चक्कर खाकर गिर पड़ा। भूखा, प्यासा, थका हुआ शरीर जवाब दे गया।

पंडितजी ने पुकारा, 'उठके दो-चार हाथ और लगा दे। पतली-पतली चौलियाँ हो जायें।'

दुखी न उठा। पंडितजी ने अब उसे दिक करना उचित न समझा। भीतर जाकर बूटी छानी, शौच गये, स्नान किया और पंडिताई बाना पहनकर बाहर निकले! दुखी अभी तक वहीं पड़ा हुआ था। ज़ोर से पुकारा–'अरे क्या पड़े ही रहोगे दुखी, चलो तुम्हारे ही घर चल रहा हूँ। सब सामान ठीक-ठीक है न? दुखी फिर भी न उठा।'

अब पंडितजी को कुछ शंका हुई। पास जाकर देखा, तो दुखी अकड़ा पड़ा हुआ था। बदहवास होकर भागे और पंडिताइन से बोले, 'दुखिया तो जैसे मर गया।'

पंडिताइन हकबकाकर बोलीं–'वह तो अभी लकड़ी चीर रहा था न?'

पंडित–'हाँ लकड़ी चीरते-चीरते मर गया। अब क्या होगा?'

पंडिताइन ने शान्त होकर कहा, 'होगा क्या, चमरौने में कहला भेजो मुर्दा उठा ले जायें।'

एक क्षण में गाँव भर में ख़बर हो गयी। पूरे में ब्राह्मनों की ही बस्ती थी। केवल एक घर गोंड़ का था। लोगों ने इधर का रास्ता छोड़ दिया। कुएँ का रास्ता उधर ही से था, पानी कैसे भरा जाये! चमार की लाश के पास से होकर पानी भरने कौन जाये। एक बुढ़िया ने पण्डितजी से कहा, अब मुर्दा फेंकवाते क्यों नहीं? कोई गाँव में पानी पियेगा या नहीं।

इधर गोंड़ ने चमरौने में जाकर सबसे कह दिया–ख़बरदार, मुर्दा उठाने मत जाना। अभी पुलिस की तहकीकात होगी। दिल्लगी है कि एक ग़रीब की जान ले ली। पंडितजी होंगे, तो अपने घर के होंगे। लाश उठाओगे तो तुम भी पकड़ जाओगे।

इसके बाद ही पंडितजी पहुँचे; पर चमरौने का कोई आदमी लाश उठा लाने को तैयार न हुआ, हाँ दुखी की स्त्री और कन्या दोनों हाय-हाय करती वहाँ चलीं और पंडितजी के द्वार पर आकर सिर पीट-पीटकर रोने लगीं। उनके साथ दस-पाँच और चमारिनें थीं। कोई रोती थी, कोई समझाती थी, पर चमार एक भी न था। पण्डितजी ने चमारों को बहुत धमकाया, समझाया, मिन्नत की; पर चमारों के दिल पर पुलिस का रोब छाया हुआ था, एक भी न मिनका। आख़िर निराश होकर लौट आये।

4

आधी रात तक रोना-पीटना जारी रहा। देवताओं का सोना मुश्किल हो गया। पर लाश उठाने कोई चमार न आया और ब्राह्मन चमार की लाश कैसे उठाते! भला ऐसा किसी शास्त्र-पुराण में लिखा है? कहीं कोई दिखा दे।

पंडिताइन ने झुँझलाकर कहा, 'इन डाइनों ने तो खोपड़ी चाट डाली। सबों का गला भी नहीं थकता। पंडित ने कहा, रोने दो चुड़ैलों को, कब तक रोयेंगी। जीता था, तो कोई बात न पूछता था। मर गया, तो कोलाहल मचाने के लिये सब-की-सब आ पहुँचीं।'

पंडिताइन–'चमार का रोना मनहूस है।'

पंडित–'हाँ, बहुत मनहूस।'

पंडिताइन–'अभी से दुर्गन्ध उठने लगी।'

पंडित–'चमार था ससुरा कि नहीं। साध-असाध किसी का विचार है इन सबों को।'

पंडिताइन–'इन सबों को घिन भी नहीं लगती।'

पंडित–'भ्रष्ट हैं सब।'

रात तो किसी तरह कटी; मगर सबेरे भी कोई चमार न आया। चमारिनें भी रो-पीटकर चली गयीं। दुर्गन्ध कुछ-कुछ फैलने लगी।

पंडितजी ने एक रस्सी निकाली। उसका फन्दा बनाकर मुरदे के पैर में डाला और फन्दे को खींचकर कस दिया। अभी कुछ-कुछ धुँधलका था। पंडितजी ने रस्सी पकड़कर लाश को घसीटना शुरू किया और गाँव के बाहर घसीट ले गये। वहाँ से आकर तुरन्त स्नान किया, दुर्गापाठ पढ़ा और घर में गंगाजल छिड़का।

उधर दुखी की लाश को खेत में गीदड़ और गिद्ध, कुत्ते और कौये नोच रहे थे। यही जीवन-पर्यन्त की भक्ति, सेवा और निष्ठा का पुरस्कार था।

दूध का दाम

अब बड़े-बड़े शहरों में दाइयाँ, नर्सें और लेडी डाक्टर, सभी पैदा हो गयी हैं; लेकिन देहातों में जच्चेखानों पर अभी तक भंगिनों का ही प्रभुत्व है और निकट भविष्य में इसमें कोई तब्दीली होने की आशा नहीं। बाबू महेशनाथ अपने गाँव के ज़मींदार थे, शिक्षित थे और जच्चेखानों में सुधार की आवश्यकता को मानते थे, लेकिन इसमें जो बाधाएँ थीं, उन पर कैसे विजय पाते? कोई नर्स देहात में जाने पर राजी न हुई और बहुत कहने-सुनने से राजी भी हुई, तो इतनी लम्बी-चौड़ी फीस माँगी कि बाबू साहब को सिर झुकाकर चले आने के सिवा और कुछ न सूझा। लेडी डाक्टर के पास जाने की उन्हें हिम्मत न पड़ी। उसकी फीस पूरी करने के लिये तो शायद बाबू साहब को अपनी आधी जायदाद बेचनी पड़ती; इसलिये जब तीन कन्याओं के बाद वह चौथा लड़का पैदा हुआ, तो फिर वही गूदड़ था और वही गूदड़ की बहू। बच्चे अक्सर रात ही को पैदा होते हैं। एक दिन आधी रात को चपरासी ने गूदड़ के द्वार पर ऐसी हाँक लगायी कि पास-पड़ोस में भी जाग पड़ गयी। लड़की न थी कि मरी आवाज़ से पुकारता।

गूदड़ के घर में इस शुभ अवसर के लिये महीनों से तैयारी हो रही थी। भय था तो यही कि फिर बेटी न हो जाय, नहीं तो वही बँधा हुआ एक रुपया और एक साड़ी मिलकर रह जायगी। इस विषय में स्त्री-पुरुष में कितनी ही बार झगड़ा हो चुका था, शर्त लग चुकी थी। स्त्री कहती थी—अगर अबकी बेटा न हो तो मुँह न दिखाऊँ; हाँ-हाँ, मुँह न दिखाऊँ, सारे लच्छन बेटे के हैं और गूदड़ कहता था—देख लेना, बेटी होगी। बेटा निकले तो मूँछें मुड़ा लूँ, हाँ-हाँ, मूँछें मुँडा लूँ।

भूँगी बोली—अब मूँछ मुंडा ले। कहती थी, बेटा होगा। सुनता ही न था। अपनी ही रट लगाए जाता था। मैं आज तेरी मूँछें मूँड़ूँगी लूँ, खूँटी तक तो रखूँगी ही नहीं।

गूदड़ ने कहा—अच्छा मूँड़ लेना भलीमानस। मूँछें क्या फिर निकलेंगी ही नहीं? तीसरे दिन फिर ज्यों-की-त्यों होंगी, मगर जो कुछ मिलेगा, उसमें से आधा रख लूँगा, कहे देता हूँ।

भूँगी ने अँगूठा दिखाया और अपने तीन महीने के बालक को फूहड़ के सुपुर्द कर सिपाही के साथ चल खड़ी हुई।

गूदड़ ने पुकारा—अरी! सुन तो कहाँ भागी जाती है? मुझे भी बधाई बजाने जाना पड़ेगा। इसे कौन सँभालेगा?

भूँगी ने दूर ही से कहा–इसे वहीं धरती पर सुला देना। मैं आके दूध पिला जाऊँगी।

2

महेशनाथ के यहाँ अब भूँगी की ख़ूब ख़ातिरदारियाँ होने लगीं। सवेरे हरीरा मिलता, दोपहर को पूरियाँ और हलवा, तीसरे पहर को फिर और सत को फिर। गूदड़ को भी भरपूर परोसा मिलता था। भूँगी अपने बच्चे को दिन-रात में एक-दो बार से ज़्यादा दूध न पिला सकती थी। उसके लिये ऊपर के दूध का प्रबंध था। भूँगी का दूध बाबूसाहब का भाग्यवान बालक पीता था और यह सिलसिला बारहवें दिन भी बंद न हुआ। मालकिन मोटी-ताजी देवी थी; पर अब की कुछ ऐसा संयोग कि उन्हें दूध हुआ ही नहीं। भूँगी दाई भी थी और दूध-पिलाई भी।

मालकिन कहतीं–भूँगी, हमारे बच्चे को पाल दे फिर जब तक तू जिए, बैठी खाती रहना। पाँच बीघे माफी दिलवा दूँगी। नाती-पोते तक चैन करेंगे।

और भूँगी का लाडला ऊपर का दूध हजम न कर पाता और बार-बार उलटी करता और दिन-दिन दुबला होता जाता था।

भूँगी कहती–बहूजी, मुंडन में चूड़े लूँगी, कहे देती हूँ।

बहूजी उत्तर देती–हाँ-हाँ, लेना भाई धमकाती क्यों है? चाँदी के लेगी या सोने के?

'वाह बहूजी। चाँदी के पहन के किसे मुँह दिखाऊँगी और किसकी हँसी होगी?'

'अच्छा सोने के लेना भाई, कह तो दिया।'

'और ब्याह में कंठा लूँगी और चौधरी (गूदड़) के लिये हाथों के तोड़े।'

'वह भी लेना, भगवान वह दिन तो दिखावे।'

घर में मालकिन के बाद भूँगी का राज्य था। महरियाँ, महाराजिन, नौकर-चाकर सब उसका रोब मानते थे। यहाँ तक कि ख़ुद बहूजी भी उससे दब जाती थीं। एक बार तो उसने महेशनाथ को भी डाँटा था। वह हँसकर टाल गये। बात चली थी भंगियों की और महेशनाथ ने कहा था–दुनिया में और चाहे जो कुछ हो जाय, भंगी, भंगी ही रहेंगे। इन्हें आदमी बनाना कठिन है।

इस पर भूँगी ने कहा था–मालिक, भंगी तो बड़ों-बड़ों को आदमी बनाते हैं, उन्हें कोई क्या आदमी बनाए।

यह गुस्ताखी करके किसी दूसरे अवसर पर भला भूँगी के सिर के बाल बच सकते थे? लेकिन आज बाबूसाहब ठठाकर हँसे और बोले–भूँगी बात बड़े पते की कहती है।

3

भूँगी का शासनकाल सालभर से आगे न चल सका। देवताओं ने बालक के भंगिन का दूध पीने पर आपत्ति की। मोटेराम शास्त्री तो प्रायश्चित्त का प्रस्ताव कर बैठे। दूध तो छुड़ा दिया गया; लेकिन प्रायश्चित्त की बात हँसी में उड़ गई। महेशनाथ ने फटकारकर कहा–प्रायश्चित्त की ख़ूब कही, शास्त्रीजी, कल तक उसी भंगिन का ख़ून पीकर पला, अब उसमें छूत घुस गई। वाह रे आपका धर्म।

शास्त्रीजी शिखा फटकारकर बोले—यह सत्य है, वह कल तक भंगिन का रक्त पीकर पला। मांस खाकर पला, यह भी सत्य है; लेकिन कल की बात कल थी, आज की बात आज। जगन्नाथपुरी में छूत-अछूत सब एक पंगत में खाते हैं। पर यहाँ तो नहीं खा सकते। बीमारी में तो हम भी कपड़े पहने खा लेते हैं। खिचड़ी तक खा लेते हैं, बाबूजी; लेकिन अच्छे हो जाने पर तो नेम का पालन करना ही पड़ता है। आपद्धर्म की बात न्यारी है।

'तो इसका यह अर्थ है कि धर्म बदलता रहता है—कभी कुछ, कभी कुछ?'

'और क्या। राजा का धर्म अलग, प्रजा का धर्म अलग, अमीर का धर्म अलग, ग़रीब का धर्म अलग, राजे-महाराजे, जो चाहें खाएँ, जिसके साथ चाहें खाएँ, जिसके साथ चाहें शादी-ब्याह करें, उनके लिये कोई बंधन नहीं। समर्थ पुरुष हैं। बंधन तो मध्यवालों के लिये है।'

प्रायश्चित्त तो न हुआ; लेकिन भूँगी को गद्दी से उतरना पड़ा। हाँ, दान-दक्षिणा इतनी मिली कि वह अकेले ले न जा सकी और सोने के चूड़े भी मिले। एक की जगह दो नई, सुंदर साड़ियाँ—मामूली नहीं, जैसी लड़कियों की बार मिली थीं।

4

इसी साल प्लेग ने ज़ोर बाँधा और गूदड़ चपेट में आ गया। भूँगी अकेली रह गई; पर गृहस्थी ज्यों-की-त्यों चलती रही। पाँच साल बीत गये और उसका बालक मंगल, दुर्बल और सदा रोगी रहने पर भी दौड़ने लगा। सुरेश के सामने पिद्दी-सा लगता था।

एक दिन भूँगी महेशनाथ के घर का परनाला साफ कर रही थी। महीनों से गलीज जमा हो रहा था। आँगन में पानी भरा रहने लगा। परनाले में एक लंबा मोटा बाँस डालकर ज़ोर से हिला रही थी। पूरा दाहिना हाथ परनाले के अंदर था कि एकाएक उसने चिल्लाकर हाथ बाहर निकाल लिया और उसी वक्त एक काला साँप परनाले से निकलकर भागा। लोगों ने दौड़कर उसे मार तो डाला; लेकिन भूँगी को बचा न सके। लोग समझे पानी का साँप है, विषैला न होगा, इसलिये पहले कुछ गफलत की गई। जब विष देह में फैल गया और लहरें आने लगीं, तब पता चला कि वह पानी का साँप नहीं, गेहूँवन था।

मंगल अब अनाथ था। दिनभर महेशबाबू के द्वार पर मँडराया करता। घर में जूठन इतना बचता था कि ऐसे-ऐसे दस-पाँच बालक पल सकते थे। खाने की कोई कमी न थी। हाँ उसे तब बुरा ज़रूर लगता था, जब मिट्टी के कसोरों में उसे ऊपर से खाना दिया जाता था। सब लोग अच्छे-अच्छे बरतनों में खाते हैं, उसके लिये मिट्टी के कसोरे!

यों उसे इस भेदभाव का बिलकुल ज्ञान न होता था, लेकिन गाँव के लड़के चिढ़ा-चिढ़ाकर उसका अपमान करते रहते थे। कोई उसे अपने साथ खेलाता भी न था। यहाँ तक कि जिस टाट पर वह सोता था, वह भी अछूत था। मकान के सामने एक नीम का पेड़ था। इसी के नीचे मंगल का डेरा था। एक फटा-सा टाट का टुकड़ा, दो मिट्टी के कसोरे और एक धोती, जो सुरेश बाबू की उतारन थी। जाड़ा गरमी बरसात हरेक मौसम में वह जगह एक-सी आरामदेह थी और भाग्य का बली मंगल झुलसाती हुई लू, ग़लते हुए जाड़े और मूसलाधार वर्षा में जिंदा और पहले से कहीं स्वस्थ था। बस, उसका कोई अपना था तो गाँव का एक कुत्ता, जो अपने

सहकर्मियों के जुल्म से दुखी होकर मंगल की शरण आ पड़ा था। दोनों एक ही खाना खाते, एक ही टाट पर सोते, तबीयत भी दोनों की एक-सी थी और दोनों एक-दूसरे के स्वभाव को जान गये थे। कभी आपस में झगड़ा न होता।

गाँव के धर्मात्मा लोग बाबूसाहब की इस उदारता पर आश्चर्य करते। ठीक द्वार के सामने पचास हाथ भी न होगा–मंगल का पड़ा रहना उन्हें सोलहों आने धर्म-विरुद्ध जान पड़ता। छिः! यही हाल रहा तो थोड़े ही दिनों में धर्म का अंत ही समझो। भंगी को भी भगवान ने ही रचा है, यह हम भी जानते हैं। उसके साथ हमें किसी तरह का अन्याय न करना चाहिए, यह किसे नहीं मालूम? भगवान का तो नाम ही पतित-पावन है; लेकिन समाज की मर्यादा भी कोई वस्तु है। उस द्वार पर जाते हुए संकोच होता है। गाँव के मालिक हैं, जाना तो पड़ता है; लेकिन बस यही समझ लो कि घृणा होती है।

मंगल और टामी में गहरी बनती थी। मंगल कहता–देखो भाई टामी ज़रा और खिसककर सोओ। आख़िर मैं कहाँ लेटूँ? सारा टाट तो तुमने घेर लिया।

टामी कूँ-कूँ करता, दुम हिलाता और खिसक जाने के बदले और ऊपर चढ़ आता एवं मंगल का मुँह चाटने लगता।

शाम को वह एक बार रोज़ अपना घर देखने और थोड़ी देर सोने जाता। पहले साल फूस का छप्पर गिर पड़ा, दूसरे साल एक दीवार गिरी और अब केवल आधी-आधी दीवारें खड़ी थीं। यही उसे स्नेह की संपत्ति मिली थी। वही स्मृति, वही आकर्षण, वही प्यार उसे एक बार उस उजाड़ में खींच ले जाती थी और टामी सदैव उसके साथ होता था। मंगल दीवार पर बैठ जाता और जीवन के बीते और आनेवाले स्वप्न देखने लगता। टामी बार-बार उछलकर उसकी गोद में बैठने की असफल चेष्टा करता।

5

एक दिन कुछ लड़के खेल रहे थे। मंगल भी वहाँ जाकर दूर खड़ा हो गया। या तो सुरेश को उस पर दया आई या खेलनेवालों की जोड़ी पूरी न पड़ती थी, कह नहीं सकते। जो कुछ भी हो, फैसला हुआ कि आज मंगल को भी खेल में शरीक़ कर लिया जाए। यहाँ कौन देखने आता है। क्यों मंगल खेलेगा?

मंगल बोला–ना भैया, कहीं मालिक देख लें, तो मेरी चमड़ी उधेड़ दी जायगी। तुम्हें क्या तुम तो अलग हो जाओगे।

सुरेश ने कहा–तो यहाँ कौन आता है देखने बे? चल हम लोग सवार-सवार खेलेंगे। तू घोड़ा बनेगा हम लोग तेरे ऊपर सवारी करके दौड़ाएँगे।

मंगल ने शंका प्रकट की–मैं बराबर घोड़ा ही बना रहूँगा कि सवारी भी करूँगा? यह बता दो।

यह प्रश्न टेढ़ा था। किसी ने इस पर विचार न किया था। सुरेश ने एक क्षण विचार करके कहा, 'तुझे कौन अपनी पीठ पर बिठाएगा, सोच? आख़िर तू भंगी है कि नहीं?

मंगल भी कड़ा हो। बोला–मैं कब कहता हूँ कि मैं भंगी नहीं हूँ, लेकिन तुम्हें मेरी ही माँ ने अपना दूध पिलाया पाला है। मुझे भी सवारी करने दो, नहीं तो मैं घोड़ा न बनूँगा।

सुरेश ने डाँटकर कहा–तुझे घोड़ा बनना पड़ेगा और मंगल को पकड़ने दौड़ा। मंगल भागा। सुरेश ने दौड़ाया। मंगल ने कदम और तेज़ किया। सुरेश ने भी ज़ोर लगाया; मगर वह बहुत खा-खाकर धुल-धुला हो गया था और दौड़ने में उसकी साँस फूलने लगती थी। आख़िर उसने रुककर कहा–आकर घोड़ा बनो मंगल। न तो कभी पा जाऊँगा तो बुरी तरह पीटूँगा।

'तुम्हें भी घोड़ा बनना पड़ेगा।'

'अच्छा हम भी? बन जायेंगे।'

'तुम पीछे से निकल जाओगे। पहले तुम घोड़ा बन जाओ, मैं सवारी कर लूँ, फिर मैं बनूँगा।'

सुरेश ने सचमुच चकमा देना चाहा था। मंगल की बात साथियों से बोला–देखो इसकी बदमाशी, भंगी है न!

तीनों ने मंगल को घेर लिया और जबरदस्ती घोड़ा बना दिया। सुरेश ने चटपट उसकी पीठ पर आसन जमा लिया और टिकटिक करके बोला–चल, घोड़े चल।

मंगल कुछ देर तक तो चला, लेकिन उस बोझ से उसकी कमर टूटी जाती थी। उसने धीरे से पीठ सिकोड़ी और सुरेश की रान के नीचे से सरक गया। सुरेश महोदय लद से गिर पड़े और भोंपू बजाने लगे।

माँ ने सुना, सुरेश कहीं रो रहा है। सुरेश कहीं रोए, तो तेज़ कानों में ज़रूर भनक पड़ जाती थी और उसका रोना भी बिलकुल निराला होता था, जैसे छोटी लाइन के इंजन की आवाज़।

महरी से बोली–देख तो, सुरेश कहीं रो रहा है, पूछ तो किसने मारा है?

इतने में सुरेश ख़ुद आँख मलता हुआ आया। उसे जब रोने का अवसर मिलता था, तो माँ के पास फ़रियाद लेकर ज़रूर आता था। माँ मिठाई या मेवे देकर आँसू पोंछ देती थी। आप थे तो आठ साल के, मगर थे बिलकुल गावदी। हद से ज़्यादा प्यार ने उसकी बुद्धि के साथ वही किया था, जो हद से ज़्यादा भोजन ने उसकी देह के साथ।

माँ ने पूछा–क्यों रोता है सुरेश किसने मारा?

सुरेश ने रोकर कहा–मंगल ने छू दिया।

माँ को विश्वास न आया। मंगल इतना निरीह था कि उससे किसी शरारत की शंका न होती थी; लेकिन जब सुरेश क़समें खाने लगा तो विश्वास करना स्वाभाविक था। मंगल को बुलाकर डाँटा–क्यों रे मंगल, अब तुझे बदमाशी सूझने लगी। मैंने तुझसे कहा था, सुरेश को कभी मत छूना, याद है कि नहीं, बोल।

मंगल ने दबी आवाज़ में कहा–याद क्यों नहीं है।

'तो फिर तूने उसे क्यों छुआ?'

'मैंने नहीं छुआ।'

'तूने नहीं छुआ, तो वह रोता क्यों था?'

'गिर पड़े इससे रोने लगे।'

चोरी और सीनाजोरी! देवीजी दाँत पीसकर रह गईं। मारती, तो उसी दम स्नान करना पड़ता। छड़ी तो हाथ में लेनी ही पड़ती और छूत का विद्युत-प्रवाह इस छड़ी से उनकी देह में पैवस्त हो जाता, इसीलिये जहाँ तक गालियाँ दे सकीं, दीं और हुक्म कि अभी-अभी यहाँ से निकल जा। फिर जो इस द्वार पर तेरी सूरत नज़र आई, तो ख़ून ही पी जाऊँगी। मुफ़्त की रोटियाँ खा-खाकर शरारत सूझती है, आदि।

मंगल में ग़ैरत तो क्या थी, हाँ, डर था। चुपके से टाट का टुकड़ा बग़ल में दबाया, धोती कंधे पर रखी और रोता हुआ वहाँ से चल पड़ा। क्या हर्ज है? इस तरह जीने का फायदा ही क्या? गाँव में उसका और कहाँ ठिकाना था? भंगी को कौन पनाह देता? उसी खंडहर की ओर चला, जहाँ भले दिनों स्मृतियाँ उसके आँसू पोंछ सकती थी और ख़ूब फूट-फूटकर रोया।

उसी क्षण टामी भी उसे ढूँढ़ता हुआ पहुँचा और दोनों फिर अपनी व्यथा भूल गये।

6

लेकिन ज्यों-ज्यों दिन का प्रकाश क्षीण होता मंगल की ग्लानि भी क्षीण होती थी। बचपन को बेचैन करने वाली भूख देह का रक्त पी-पीकर और भी बलवान होती थी। कहाँ अब तक सुरेश की जूठी मिठाइयाँ मिल गई होतीं। यहाँ क्या धूल फाँकें?

उसने टामी से सलाह की–खाओगे क्या टामी? मैं तो भूखा लेटा रहूँगा।

टामी ने हूँ-हूँ करके शायद कहा–इस तरह का अपमान तो ज़िन्दगी-भर सहना है। यों हिम्मत हारोगे, तो कैसे काम चलेगा? मुझे देखो न, कभी किसी ने डंडा मारा, चिल्ला उठा। फिर ज़रा देर बाद दुम हिलाता हुआ उसके पास जा पहुँचा। हम-तुम दोनों इसीलिये बने हैं भाई।

मंगल ने कहा–तो तुम जाओ, जो कुछ मिले खा लो, मेरी परवाह न करो।

टामी ने अपनी भाषा में कहा–अकेला नहीं जाता, तुम्हें साथ लेकर चलूँगा।

'मैं नहीं जाता।'

'भूखे मर जाओगे।'

'तो क्या तुम जीते रहोगे?'

'मेरा कौन बैठा है, जो रोएगा?'

एक क्षण के बाद भूख ने एक दूसरी युक्ति सोच निकाली।

'मालकिन हमें खोज रही होंगी, क्या टामी?'

'और क्या? बाबूजी और सुरेश खा चुके होंगे। कहार उनकी थाली से जूठन निकालकर हमें पुकार रहा होगा।'

'बाबूजी और सुरेश दोनों की थालियों में घी ख़ूब रहता है और वह मीठी-मीठी चीज़–हाँ मलाई।'

'सब-का-सब घूरे पर डाल दिया जायगा।'

'देखें हमें खोजने कोई आता है?'

'खोजने कौन आएगा, क्या कोई पुरोहित हो? एक बार मंगल-मंगल होगा और बस, थाली परनाले में उड़ेल दी जायगी।'

'अच्छा, चलो। मगर मैं छिपा रहूँगा, अगर किसी ने मेरा नाम लेकर न पुकारा तो मैं लौट आऊँगा। यह समझ लो।'

दोनों वहाँ से निकले और आकर महेशनाथ के द्वार पर अँधेरे में दुबककर खड़े हो गये, मगर टामी को सब्र कहाँ? वह धीरे से अंदर घुस गया। देखा, महेशनाथ और सुरेश थाली पर बैठ गये हैं। मंगल बरोठे में धीरे से बैठ गया, मगर डर रहा था कि कोई डंडा न मार दे। एक नौकर ने कहा—आज मंगल नहीं दिखा। मालकिन ने डाँटा था, इससे भागा है शायद।

दूसरे ने जवाब दिया—अच्छा हुआ, निकाल दिया गया। सबेरे-सबेरे भंगी का मुँह देखना पड़ता था।

मंगल और अँधेरे में खिसक गया। उसकी आशा गहरे जल में डूब गई।

महेशनाथ थाली से उठ गये। नौकर हाथ बुला रहा था। अब हुक्का पीएँगे और सोएँगे। सुरेश अपनी माँ के पास बैठा कोई कहानी सुनता-सुनता सो जायगा। ग़रीब मंगल की किसे चिंता? इतनी देर हो गई, किसी ने भूल से भी न पुकारा।

कुछ देर तक वह निराश-सा खड़ा रहा, फिर एक लंबी साँस खींचकर जाना ही चाहता था कि कहार पत्तल में थाली का जूठन ले जाता नज़र आया। मंगल अँधेरे से निकलकर प्रकाश में आ गया। अब मन को कैसे रोके?

कहार ने कहा—अरे, तू यहाँ था? हमने समझा कि कहीं चला गया। ले, खा ले, मैं फेंकने जा रहा था।

मंगल ने दीनता से कहा—मैं तो कब से यहाँ खड़ा था!

'तो बोला क्यों नहीं?'

'मारे डर के।'

'अच्छा ले खा ले।'

उसने पत्तल को ऊपर उठाकर मंगल के फैले हुए हाथों में डाल दिया। मंगल ने उसकी ओर ऐसी आँखों से देखा, जिसमें दीन कृतज्ञता भरी हुई थी। टामी भी अंदर से निकल आया था। दोनों वहीं नीम के नीचे पत्तल में खाने लगे।

मंगल ने एक हाथ से टामी का सिर सहलाकर कहा—देखा, पेट की आग ऐसी होती है। यह लात की मारी हुई रोटियाँ भी न मिलतीं, तो क्या करते?

टामी ने दुम हिला दी।

'सुरेश को अम्मा ने पाला था।'

'लोग कहते हैं, दूध का दाम कोई नहीं चुका सकता और मुझे दूध का यह दाम मिल रहा है।'

टामी ने फिर दुम हिलाई।

नया विवाह

हमारी देह पुरानी है, लेकिन इसमें सदैव नया रक्त दौड़ता रहता है। नए रक्त के प्रवाह पर ही हमारे जीवन का आधार है। पृथ्वी की इस चिरन्तन व्यवस्था में यह नयापन उसके एक-एक अणु में, एक-एक कण में, तार में बसे हुए स्वरों की भाँति गूँजता रहता है, और यह सौ साल की बुढ़िया आज भी नवेली दुल्हन बनी हुई है।

जबसे लाला डंगामल ने नया विवाह किया है, उनका यौवन नए सिरे से जाग उठा है। जब पहली स्त्री जीवित थी, तब वे घर में बहुत कम रहते थे। प्रातः से दस-ग्यारह बजे तक तो पूजा-पाठ ही करते रहते थे। फिर भोजन करके दुकान चले जाते। वहाँ से एक बजे रात को लौटते और थके-मांदे सो जाते। यदि लीला कभी कहती, ज़रा और सवेरे आ जाया करो, तो बिगड़ जाते और कहते–तुम्हारे लिये क्या दुकान छोड़ दूँ या रोज़गार बंद कर दूँ? यह वह ज़माना नहीं है कि एक लोटा जल चढ़ाकर लक्ष्मी प्रसन्न कर ली जायें। आज उनकी चौखट पर माथा रगड़ना पड़ता है, तब भी उनका मुँह सीधा नहीं होता। लीला बेचारी चुप हो जाती।

अभी छह महीने की बात है। लीला को ज्वर चढ़ा हुआ था। लालाजी दुकान जाने लगे, तब उसने डरते-डरते कहा था–'देखो, मेरा जी अच्छा नहीं है। ज़रा सवेरे आ जाना।'

डंगामल ने पगड़ी उतारकर खूँटी पर लटका दी और बोले–'अगर मेरे बैठे रहने से तुम्हारा जी अच्छा हो जाय, तो मैं दुकान न जाऊँगा।'

लीला हताश होकर बोली–'मैं दुकान जाने को तो नहीं मना करती। केवल ज़रा सवेरे आने को कहती हूँ।'

'तो क्या मैं दुकान पर बैठा मौज़ किया करता हूँ?'

लीला इसका क्या जवाब देती? पति का यह स्नेहहीन व्यवहार उसके लिये कोई नई बात न थी। इधर कई साल से उसे इसका कठोर अनुभव हो रहा था कि उसकी इस घर में कद्र नहीं है। वह अकसर इस समस्या पर विचार भी किया करती, पर वह अपना कोई अपराध न पाती। वह पति की सेवा अब पहले से कहीं ज़्यादा करती, उनके कार्य-भार को हलका करने की बराबर चेष्टा करती रहती, बराबर प्रसन्नचित्त रहती, कभी उनकी इच्छा के विरुद्ध कोई काम नहीं करती। अगर उसकी जवानी ढल चुकी थी, तो इसमें उसका क्या अपराध था? किसकी जवानी सदैव स्थिर रहती है? अगर अब उसका स्वास्थ्य उतना अच्छा न था तो इसमें उसका क्या दोष? उसे बेकसूर क्यों दण्ड दिया जाता है?

उचित तो यह था कि 25 साल का साहचर्य अब एक गहरी मानसिक और अध्यात्मिक अनुरूपता का रूप धारण कर लेता, जो दोष को भी गुण बना लेता है, जो पके फल की तरह ज़्यादा रसीला, ज़्यादा मीठा, ज़्यादा सुन्दर हो जाता है। लेकिन लालाजी का वाणिज्य-हृदय हर एक पदार्थ को वाणिज्य की तराजू से तौलता था। बूढ़ी गाय जब न दूध दे सकती है न बच्चे, तब उसके लिये गोशाला ही सबसे अच्छी जगह है। उनके विचार में लीला के लिये इतना ही काफी था कि घर की मालकिन बनी रहे, आराम से खाए और पड़ी रहे। उसे अख़्तियार है चाहे जितने जेवर बनवाए, चाहे जितना स्नान व पूजा करे, केवल उनसे दूर रहे। मानव-प्रकृति की जटिलता का एक रहस्य यह था कि डंगामल जिस आनंद से लीला को वंचित रखना चाहते थे, जिसकी उसके लिये कोई ज़रूरत ही न समझते थे, ख़ुद उसी के लिये सदैव प्रयत्न करते रहते थे। लीला 40 वर्ष की होकर ही बूढ़ी समझ ली गई थी, किन्तु वे तैंतालीस के होकर अभी जवान ही थे, जवानी के उन्माद और उल्लास से भरे हुए। लीला से अब उन्हें एक तरह की अरुचि होती थी और वह दुखिया जब अपनी त्रुटियों का अनुभव करके प्रकृति के निर्दय आघातों से बचने के लिये रंग व रोगन की आड़ लेती, तब लालाजी उसके बूढ़े नखरों से और भी घृणा करने लगते। वे कहते–वाह री तृष्णा! सात लड़कों की तो माँ हो गई, बाल खिचड़ी हो गये, चेहरा धुले हुए फलालैन की तरह सिकुड़ गया, अगर आपको अभी महावर, सिंदूर, मेंहँदी और उबटन की हवस बाकी ही है। औरतों का स्वभाव भी कितना विचित्र है। न जाने क्यों बनाव-सिंगार पर इतना जान देती हैं? पूछो, अब तुम्हें और क्या चाहिए? क्यों नहीं मन को समझा लेती कि जवानी विदा हो गई और इन उपादानों से वह वापस नहीं बुलाई जा सकती। लेकिन वे ख़ुद जवानी का स्वप्न देखते रहते थे। उनकी जवानी की तृष्णा अभी शान्त न हुई थी। जाड़ों में रसों और पाको का सेवन करते रहते थे। हफ्ते में दो बार खिजाब लगाते और एक डॉक्टर से मकीग्लैंड के विषय में पत्र-व्यवहार कर रहे थे।

लीला ने उन्हें असमंजस में देखकर कातर-स्वर में पूछा–'कुछ बतला सकते हो, कितने बजे आओगे?'

लालाजी ने शान्त भाव से पूछा–'तुम्हारा जी आज कैसा है?'

लीला क्या जवाब दे? अगर कहती है कि बहुत खराब है, तो शायद ये महाशय वहीं बैठ जायें और उसे जली-कटी सुनाकर अपने दिल का बुखार निकालें। अगर कहती है कि अच्छी हूँ तो शायद निश्चिंत होकर दो बजे तक कहीं ख़बर लें। इस दुविधा में डरते-डरते बोली–'अब तक तो हलकी थी, लेकिन अब कुछ भारी हो रहा है। तुम जाओ, दुकान पर लोग तुम्हारी राह देखते होंगे। हाँ, ईश्वर के लिये एक-दो न बजा देना। लड़के सो जाते हैं, मुझे ज़रा भी अच्छा नहीं लगता, जी घबराता है।

सेठजी ने अपने स्वर में स्नेह की चाशनी देकर कहा–'बारह बजे तक आ जाऊँगा ज़रूर।'

लीला का मुख धूमिल हो गया। उसने कहा–'दस बजे तक नहीं आ सकते?'

'साढ़े ग्यारह से पहले किसी तरह नहीं।'

'नहीं साढ़े दस।'

'अच्छा, ग्यारह बजे।'

लालाजी वादा करके चले गये, लेकिन दस बजे रात को एक मित्र ने मुज़रा सुनने के लिये बुला भेजा। इस निमन्त्रण को कैसे इनकार कर देते? जब एक आदमी आपको ख़ातिर से बुलाता है, तब यह कहीं की भलमनसाहत है कि आप उसका निमन्त्रण अस्वीकार कर दें?

लालाजी मुज़रा सुनने चले गये, दो बजे लौटे। चुपके से आकर नौकर को जगाया और अपने कमरे में आकर लेट रहे। लीला उनकी राह देखती, प्रतिक्षण विकल वेदना का अनुभव करती हुई न जाने कब सो गई थी।

अन्त में इस बीमारी ने अभागिनी लीला की जान ही लेकर छोड़ी। लालाजी को उसके मरने का बड़ा दुःख हुआ। मित्रों ने संवेदना के तार भेजे। एक दैनिक पत्र ने शोक प्रकट करते हुए लीला के मानसिक और धार्मिक सद्गुणों का ख़ूब बढ़ाकर वर्णन किया। लालाजी ने इन सभी मित्रों का हार्दिक धन्यवाद दिया और लीला के नाम से बालिका-विद्यालय में पाँच वजीफे प्रदान किए तथा मृतक-भोज तो जितने समारोह से किया गया, वह नगर के इतिहास में बहुत दिनों तक याद रहेगा।

लेकिन एक महीना भी न गुज़रने पाया था कि लालाजी के मित्रों ने चारा डालना शुरू कर दिया और उसका यह असर हुआ कि छह महीने की विधुरता के तय के बाद उन्होंने दूसरा विवाह कर लिया। आख़िर बेचारे क्या करते? जीवन में एक सहचरी की आवश्यकता तो थी ही और इस उम्र में तो एक तरह से वह अनिवार्य हो गई थी।

2

जबसे लालाजी की नई पत्नी आयी, लालाजी के जीवन में आश्चर्यजनक परिवर्तन हो गया। दुकान से अब उतना प्रेम नहीं था। लगातार हफ्तों न जाने से भी उनके कारोबार में कोई हर्ज नहीं होता था। जीवन के उपभोग की जो शक्ति दिन-दिन क्षीण होती जाती थी, अब वह छींटे पाकर सजीव हो गई थी, सूखा पेड़ हरा हो गया था, उसमें नई-नई कोपलें छाने लगी थीं। मोटर नई आ गई थी, कमरे नए फर्नीचर से सजा दिए गये थे, नौकरों की भी संख्या बढ़ गई थी, रेडियो आ पहुँचा था और प्रतिदिन नए-नए उपहार आते रहते थे। लालाजी की बूढ़ी जवानी, जवानों की जवानी से भी प्रखर हो गई थी, उसी तरह, जैसे बिजली का प्रकाश चन्द्रमा के प्रकाश से ज़्यादा स्वच्छ और मनोरंजक होता है। लालाजी को उनके मित्र इस रूपान्तर पर बधाइयाँ देते, तब वे गर्व के साथ कहते-'भई, हम तो हमेशा जवान रहे और हमेशा जवान रहेंगे। बुढ़ापा यहाँ आये तो उसके मुँह में कालिख लगाकर गधे पर उलटा सवार कराके शहर से निकाल दें। जवानी और बुढ़ापे को न जाने क्यों लोग अवस्था से सम्बद्ध कर देते हैं। जवानी का उम्र से उतना ही संबंध है, जितना धर्म का आचार से, रुपए का ईमानदारी से, रूप का शृंगार से। आजकल के जवानों को आप जवान कहते हैं? उनकी एक हज़ार जवानियों को अपने एक घंटे से भी न बदलूँगा। मालूम होता है, उनकी ज़िन्दगी में कोई उत्साह ही नहीं, कोई शौक नहीं। जीवन क्या है, गले में पड़ा हुआ एक ढोल है।'

यही शब्द घटा-बढ़ाकर वे आशा के हृदय-पटल पर अंकित करते रहते थे। उससे बराबर सिनेमा, थियेटर और दरिया की सैर के लिये आग्रह करते रहते। लेकिन आशा को न जाने क्यों इन बातों में ज़रा भी रुचि न थी। वह जाती तो थी, मगर बहुत टाल-मटोल करने के बाद। एक दिन लालाजी ने आकर कहा–'चलो, आज बजरे पर दरिया की सैर करें।'

वर्षा के दिन थे, दरिया चढ़ा हुआ था, मेघ-मालाएँ अन्तर्राष्ट्रीय सेनाओं की भाँति रंग-बिरंगी वर्दियाँ पहने आकाश में कवायद कर रही थीं। सड़क पर लोग मलार और बारहमासा गाते चलते थे। बाग़ों में झूले पड़ गये थे।

आशा ने बेदिली से कहा–'मेरा जी तो नहीं चाहता।'

लालाजी ने मृदु प्रेरणा के साथ कहा–'तुम्हारा मन कैसा है, जो आमोद-प्रमोद की ओर आकर्षित नहीं होता? चलो, ज़रा दरिया की सैर देखो। सच कहता हूँ बजरे पर बड़ी बहार रहेगी।'

'आप जायें, मुझे और कई काम करने हैं।'

'काम करने को आदमी हैं। तुम क्यों काम करोगी?'

'महाराज अच्छे सालन नहीं पकाता। आप खाने बैठेंगे, तो यों ही उठ जायेंगे।' आशा अपने अवकाश का बड़ा भाग लालाजी के लिये तरह-तरह का भोजन पकाने में ही लगाती थी। उसने किसी से सुन रखा था कि एक विशेष अवस्था के बाद पुरुष के जीवन का सबसे बड़ा सुख रसना का स्वाद ही रह जाता है। लालाजी की आत्मा खिल उठी। उन्होंने सोचा कि आशा को उनसे कितना प्रेम है कि वह दरिया की सैर को उनकी सेवा के लिये छोड़ रही है। एक लीला थी कि मान-न-मान चलने को तैयार रहती थी। पीछा छुड़ाना पड़ता था, ख़ामख़्वाह सिर पर सवार हो जाती थी और सारा मज़ा किरकिरा कर देती थी।

स्नेह-भरे उलाहने से बोले–'तुम्हारा मन भी विचित्र है। अगर एक दिन सालन फीका हो रहा, तो ऐसा क्या तूफ़ान आ जायगा? तुम तो मुझे बिलकुल निकम्मा बनाए देती हो। अगर तुम न चलोगी, तो मैं भी न जाऊँगा।'

आशा ने जैसे गले से फंदा छुड़ाते हुए कहा–'आप भी तो मुझे इधर-उधर घुमा-घुमाकर मेरा मिज़ाज बिगाड़ देते हैं। यह आदत पड़ जायगी, तो घर का धंधा कौन करेगा।'

'मुझे घर के धंधे की रत्ती-भर भी परवाह नहीं–बाल की नोक बराबर भी नहीं। मैं चाहता हूँ कि तुम्हारा मिज़ाज बिगड़े और तुम इस गृहस्थी की चक्की से दूर रहो। और तुम मुझे बार-बार आप क्यों कहती हो? मैं चाहता हूँ तुम मुझे 'तुम' कहो, तू कहो, गालियाँ दो, धौंस जमाओ। तुम तो मुझे आप कहकर जैसे देवता के सिंहासन पर बैठा देती हो। मैं अपने घर में देवता नहीं, चंचल बालक बनना चाहता हूँ।'

'आशा ने मुस्कराने की चेष्टा करके कहा–'भला, मैं आपको 'तुम' कहूँगी। तुम बराबर वाले को कहा जाता है कि बड़ों को?'

मुनीम ने एक लाख के घाटे की ख़बर सुनाई होती, तो भी शायद लालाजी को इतना दुःख न होता, जितना आशा के इन कठोर शब्दों से हुआ। उनका सारा उत्साह, सारा उल्लास

जैसे ठंडा पड़ गया। सिर पर बाँकी रखी हुई फूलदार टोपी, गले में पड़ी हुई जोगिये रंग की बुनी हुई रेशमी चादर, वह तंजेब का बेलदार कुर्ता, जिसमें सोने के बटन लगे हुए थे, यह सारा ठाट जैसे उन्हें हास्यजनक जान पड़ने लगा, जैसे वह सारा नशा किसी मन्त्र से उतर गया हो।

निराश होकर बोले–'तो तुम्हें चलना है या नहीं?'

'मेरा जी नहीं चाहता।'

'तो मैं भी न जाऊँ?'

'मैं आपको कब मना करती हूँ?'

'आप' कहा?'

आशा ने जैसे भीतर से ज़ोर लगाकर कहा, 'तुम' और उसका मुखमण्डल लज्जा से आरक्त हो गया।

'हाँ इसी तरह 'तुम' कहा करो। तुम नहीं चल रही हो? अगर मैं कहूँ, तुम्हें चलना पड़ेगा तो?'

'तब चलूँगी। आपकी आज्ञा मानना मेरा धर्म है।'

लालाजी आज्ञा न दे सके। आज्ञा और धर्म जैसे शब्द उनके कानों में चुभने से लगे। खिसियाए हुए बाहर को चल पड़े। उस वक्त आशा को उन पर दया आ गई। बोली–'तो कब तक लौटोगे?'

'मैं नहीं जा रहा हूँ।'

'अच्छा, तो मैं भी चलती हूँ।'

जैसे कोई जिद्दी लड़का रोने के बाद अपनी इच्छित वस्तु पाकर उसे पैरों से ठुकरा देता है, उसी तरह लालाजी ने मुँह बनाकर कहा–'तुम्हारा जी नहीं चाहता, तो न चलो। मैं आग्रह नहीं करता।'

'आप' नहीं, तुम बुरा मान जाओगे।'

आशा गई, लेकिन उमंग से नहीं। जिस मामूली वेश में थी, उसी तरह चल खड़ी हुई। न कोई सजीली साड़ी, न जड़ाऊ गहने, न कोई सिंगार, जैसे कोई विधवा हो।

ऐसी ही बातों पर लालाजी मन में झुँझला उठते थे। ब्याह किया था, जीवन का आनंद उठाने के लिये, झिलमिलाते हुए दीपक में तेल डालकर उसे और चटक करने के लिये। अगर दीपक का प्रकाश तेज़ न हुआ, तो तेल डालने से क्या लाभ? न जाने इसका मन क्यों इतना शुष्क और नीरस है, जैसे कोई ऊसर का पेड़ हो, कितना ही पानी डालो, उसमें हरी पत्तियों के दर्शन न होंगे। जड़ाऊ गहनों से भरी पिटारियाँ खुली हुई हैं, कहाँ-कहाँ से मँगवाए–दिल्ली से, कलकत्ते से, फ्रांस से। कैसी-कैसी बहुमूल्य साड़ियाँ रखी हुई हैं। एक नहीं, सैकड़ों। पर केवल संदूक में कीड़ों का भोजन बनने के लिये।

दरिद्र घर की लड़कियों में यही ऐब होता है। उनकी दृष्टि सदैव संकीर्ण रहती है। न खा सकें, न पहन सकें, न दे सकें। उन्हें तो ख़ज़ाना भी मिल जाय, तो यही सोचती रहेंगी कि इसे ख़र्च कैसे करें।

दरिया की सैर तो हुई, पर विशेष आनन्द न आया।

3

कई महीनों तक आशा की मनोवृत्तियों को जगाने का असफल प्रयत्न करके लालाजी ने समझ लिया कि इसकी पैदाइश ही मुहर्रमी है। लेकिन फिर भी निराश न हुए। ऐसे व्यापार में एक बड़ी रकम लगाने के बाद वे उसमें अधिक-से-अधिक लाभ उठाने की वाणिज्य-प्रवृत्ति को कैसे त्याग देते? विनोद की नई-नई योजनाएँ पैदा की जातीं–ग्रामोफोन अगर बिगड़ गया है, गाता नहीं, या साफ आवाज़ नहीं निकलती, तो उसकी मरम्मत करानी पड़ेगी। उसे उठाकर रख देना तो मूर्खता है।

इधर बूढ़ा महाराज एकाएक बीमार होकर घर चला गया था और उसकी जगह उसका सत्रह-अठारह साल का जवान लड़का आ गया था। कुछ अजीब गँवार था। बिलकुल झगड़-उजड़। कोई बात ही न समझता था। जितने फूलके बनाता, उतनी तरह के। हाँ, एक बात समान होती। सब बीच में मोटे होते, किनारे पतले। दाल कभी तो इतनी पतली जैसे चाय, कभी इतनी गाढ़ी, जैसे दही। नमक कभी इतना कम कि बिलकुल फीका, कभी इतना तेज़ कि नींबू का शाखीन। आशा मुँह-हाथ धोकर चौके में पहुँच जाती और इस ढपोरसंख को भोजन पकाना सिखाती। एक दिन उसने कहा–'तुम कितने नालायक आदमी हो जुगल। आख़िर इतनी उम्र तक तुम घास खोदते रहे या झाड़ झोंकते रहे कि फुलके, तक नहीं बना सकते? जुगल आँखों में आँसू भरकर कहता–बहूजी, अभी मेरी उम्र ही क्या है? सत्रहवीं ही तो पूरा हुआ है।'

आशा को उसकी बात पर हँसी आ गई। उसने कहा-'तो रोटियाँ पकाना क्या दस-पाँच साल में आता है?'

'आप एक महीना सिखा दें बहूजी, फिर देखिए मैं आपको कैसे फुलके खिलाता हूँ कि जी खुश हो जाय। जिस दिन मुझे फुलके बनाने आ जायेंगे, मैं आपसे कोई इनाम लूँगा। सालन तो अब मैं कुछ-कुछ बनाने लगा हूँ क्यों न?' आशा ने हौसला बढ़ाने वाली मुस्कराहट के साथ कहा–'सालन नहीं, वह बनाना आता है। अभी कल ही नमक इतना तेज़ था कि खाया न गया। मसाले में कचाँध आ रही थी।

'मैं जब सालन बना रहा था, तब आप यहाँ कब थीं?'

'अच्छा, तो मैं यहाँ बैठी रहूँ, तब तुम्हारा सालन बढ़िया पकेगा?'

'आप बैठी रहती हैं, तब मेरी अक्ल ठिकाने रहती है।'

आशा को जुगल की इन भोली बातों पर खूब हँसी आ रही थी। हँसी को रोकना चाहती थी, पर इस तरह निकल पड़ती थी, जैसे भरी बोतल उड़ेल दी गई हो।

‘और मैं नहीं रहती तब?’

‘तब तो आपके कमरे के द्वार पर जा बैठती है। वहीं बैठकर अपनी तक़दीर को रोती है।’

आशा ने हँसी को रोककर पूछा–‘क्यों, रोती क्यों है?’

‘यह न पूछिए बहूजी आप इन बातों को नहीं समझेंगी।’

आशा ने उसके मुँह की ओर प्रश्न की आँखों से देखा। उसका आशय कुछ तो समझ गई, पर न समझने का बहाना किया।

‘तुम्हारे दादा आ जायेंगे, तब तुम चले जाओगे।’

‘और क्या करूँगा बहूजी! यहाँ कोई काम दिलवा दीजिएगा, तो पड़ा रहूँगा। मुझे मोटर चलाना सिखवा दीजिए। आपको ख़ूब सैर कराया करूँगा। नहीं, नहीं बहूजी, आप हट जाइए, मैं पतीली उतार लूँगा, ऐसी अच्छी साड़ी है, आपकी कहीं कोई दाग़ पड़ जाय, तो क्या हो?’

आशा पतीली उतार रही थी। जुगल ने उसके हाथ से सँड़सी ले लेनी चाही। ‘दूर रहो, फूहड़ तो तुम हो ही। कहीं पतीली पाँव पर गिरा ली, तो महीनों झींकोगे।’ जुगल के मुख पर उदासी छा गई।

आशा ने मुस्कराकर पूछा–‘क्यों, मुँह क्यों लटक गया सरकार का?’

जुगल रुआँसा होकर बोला–‘आप मुझे डाँट देती हैं, बहूजी, तब मेरा दिल टूट जाता है। सरकार कितना ही घुड़कें, मुझे बिलकुल ही दुःख नहीं होता। आपकी नज़र कड़ी देखकर मेरा ख़ून सर्द हो जाता है।’

आशा ने दिलासा दिया–‘मैंने तुम्हें डाँटा तो नहीं, केवल यही तो कहा कि कहीं पतीली तुम्हारे पाँव पर गिर पड़े तो क्या हो?’

‘हाथ तो आपका भी है। कहीं आपके ही हाथ से छूट पड़े तो?’

लाला डंगामल ने रसोई-घर के द्वार पर आकर कहा–‘आशा, ज़रा यहाँ आना। देखो, तुम्हारे लिये कितने सुन्दर गमले लाया हूँ। तुम्हारे कमरे के सामने रखे जायेंगे। तुम यहाँ धुएँ-धकड़ से क्यों हलकान होती हो? इस लड़के से कह दो कि जल्दी महाराज को बुलाए, नहीं तो मैं कोई दूसरा रख लूँगा। महाराज की कमी नहीं है। आख़िर कब तक कोई रियायत करे! गधे को ज़रा भी तमीज़ नहीं आई। सुनता है जुगल, लिख दे आज अपने बाप को।’

चूल्हे पर तवा रखा हुआ था। आशा रोटियाँ बेलने में लगी थी। जुगल तवे के लिये रोटियों का इंतज़ार कर रहा था। ऐसी हालत में भला, आशा कैसे गमले देखने जाती?

उसने कहा–‘जुगल रोटियाँ टेढ़ी-मेढ़ी बेल डालेगा।’

लालाजी ने कुछ चिढ़कर कहा–‘अगर रोटियाँ टेढ़ी-मेढ़ी बेलेगा, तो निकाल दिया जायगा।’

आशा अनसुनी करके बोली–‘दस-पाँच दिन में सीख जायगा, निकालने की क्या ज़रूरत है?’

'तुम आकर बतला दो, गमले कहाँ रखे जायें।'

'कहती तो हूँ, रोटियाँ बेलकर आ जाती हूँ।'

'नहीं, मैं कहता हूँ तुम रोटियाँ मत बेलो।'

'आप ख़ामाख़ाह ज़िद करते हैं।'

लालाजी सन्नाटे में आ गये। आशा ने कभी इतनी रुखाई से उन्हें जवाब न दिया था और यह केवल रुखाई न थी; इसमें कटुता भी थी। लज्जित होकर चले गये। उन्हें ऐसा क्रोध आ रहा था कि इन गमलों को तोड़कर फेंक दें और सारे पौधों को चूल्हे में डाल दें।

जुगल ने सहमे हुए स्वर में कहा–'आप चली जायें बहूजी, सरकार बिगड़ जायेंगे।'

'बको मत, जल्दी-जल्दी फुलके सेंको नहीं तो निकाल दिये जाओगे और आज मुझसे रुपये लेकर अपने लिये कपड़े बनवा लो। भिखमंगों की-सी सूरत बनाए घूमते हो। और बाल क्यों इतने बढ़ा रखे हैं? तुम्हें नाई भी नहीं जुड़ता?' जुगल ने दूर की बात सोची। बोला–'कपड़े बनवा लूँ तो दादा को हिसाब क्या दूँगा?'

'अरे पागल! मैं हिसाब में नहीं देने को कहती। मुझसे ले जाना।'

जुगल जाहिलपन की हँसी-हँसा।

'आप बनवाएँगी, तो अच्छे कपड़े लूँगा। खद्दर के मलमल का कुर्ता, खद्दर की धोती, रेशमी चादर, अच्छा-सा चप्पल।'

आशा ने मीठी मुस्कान से कहा–'और अगर अपने दाम से बनवाने पड़े?'

'तब कपड़े ही क्यों बनाऊँगा।'

'बड़े चालाक हो तुम।'

जुगल ने अपनी बुद्धिमत्ता का प्रदर्शन किया–'आदमी अपने घर में सूखी रोटियाँ खाकर सो रहता है, लेकिन दावत में तो अच्छे-अच्छे पकवान ही खाता है। यहाँ भी यदि रूखी-सूखी रोटियाँ मिलें, तो यह दावत में जायें ही नहीं।'

'यह सब मैं नहीं जानती। एक आड़े का कुर्ता बनवा लो और एक टोपी ले लो, हजामत के लिये दो आने पैसे ऊपर से ले लो।'

जुगल ने मान करके कहा–'रहने दीजिए। मैं नहीं लेता। अच्छे कपड़े पहनकर निकलूँगा, तब तो आपकी याद आएगी। सड़ियल कपड़े पहनकर तो और जी जलेगा।'

'तुम स्वार्थी हो, मुफ़्त के कपड़े लोगे और साथ ही बढ़िया भी।'

'जब यहाँ से जाने लगूँ, तब आप मुझे अपना एक चित्र दीजिएगा।'

'मेरा चित्र लेकर क्या करोगे?'

'अपनी कोठरी में लगाऊँगा और नित्य देखा करूँगा। बस, वही साड़ी पहनकर खिंचवाना, जो कल पहनी थी और यही मोतियों की माला भी हो। मुझे नंगी-नंगी सूरत अच्छी नहीं लगती। आपके पास तो बहुत गहने होंगे। आप पहनती क्यों नहीं।'

'तो तुम्हें गहने बहुत अच्छे लगते हैं?'

'बहुत।'

लालाजी ने फिर आकर जलते हुए मन से कहा—'अभी तक तुम्हारी रोटियाँ नहीं पकी जुगल? अगर कल से तूने अपने-आप अच्छी रोटियाँ न पकायीं, तो मैं तुझे निकाल दूँगा।'

आशा ने तुरन्त हाथ-मुँह धोया और बड़े प्रसन्न मन से लालाजी के साथ गमले देखने चली। इस समय उसकी छवि में प्रफुल्लता का रोगन था, बातों में भी जैसे शक्कर घुली हुई थी। लालाजी का सारा खिसियानापन मिट गया था। उसने गमलों को लुब्ध आँखों से देखा। उसने कहा—'मैं इनमें से कोई गमला न जाने दूँगी। सब मेरे कमरे के सामने रखवाना, सब! कितने सुन्दर पौधे हैं, वाह! इनके हिंदी नाम भी मुझे बतला देना।'

लालाजी ने छेड़ा—'सब गमले लेकर क्या करोगी? दस-पाँच पसन्द कर लो। शेष मैं बाहर रखवा दूँगा।'

'जी नहीं। मैं एक भी न छोड़ूँगी। सब यहीं रखे जायेंगे।'

'बड़ी लालचिन हो तुम।'

'लालचिन ही सही। मैं आपको एक भी न दूँगी।'

'दो-चार तो दे दो। इतनी मेहनत से लाया हूँ।'

'जी नहीं, इनमें से एक भी न मिलेगा।'

4

दूसरे दिन आशा ने अपने को आभूषण से खूब सजाया और फिरोज़ी साड़ी पहनकर निकली, तब लालाजी की आँखों में ज्योति आ गई। समझे, अवश्य ही अब उनके प्रेम का जादू 'कुछ-कुछ' चल रहा है, नहीं तो उनके बार-बार के आग्रह करने पर भी, बार-बार याचना करने पर भी, उसने कोई आभूषण न पहना था। कभी-कभी मोतियों का हार गले में डाल लेती थी, वह भी ऊपरी मन से। आज वह आभूषणों से अलंकृत होकर फूली नहीं समाती, इतरायी जाती है, मानो कहती हो, देखो मैं कितनी सुंदर हूँ।

लालाजी पर घड़ों का नशा चढ़ा हुआ था। वे चाहते थे, उनके मित्र और बंधु-वर्ग आकर इस सोने की रानी के दर्शनों से अपनी आँखें ठंडी करें और देखें कि वह कितनी सुखी, संतुष्ट और प्रसन्न है। जिन विद्रोहियों ने विवाह के समय तरह-तरह की शंकाएँ की थीं, वे आँखें खोलकर देखें कि डंगामल कितना सुखी है, विश्वास, अनुराग और अनुभव ने नया चमत्कार किया है?

उन्होंने प्रस्ताव दिया—चलो, कहीं घूम आएँ। बड़ी मज़ेदार हवा चल रही है। आशा इस वक्त कैसे जा सकती थी? अभी उसे रसोई में जाना था, वहाँ से कहीं बारह-एक बजे फुर्सत मिलेगी। फिर घर के दूसरे धंधे सिर पर सवार हो जायेंगे। सैर-सपाटे के पीछे क्या घर चौपट कर दे?

सेठजी ने उसका हाथ पकड़ लिया और कहा–'नहीं, आज मैं तुम्हें रसोई में न जाने दूँगा।'

'महाराज के किये कुछ न होगा।'

'तो आज उसकी शामत भी आ जायगी।'

आशा के मुख पर से वह प्रफुल्लता जाती रही। मन भी उदास हो गया। एक सोफे पर लेटकर बोली–'आज न जाने क्यों कलेजे में मीठा-मीठा दर्द हो रहा है। ऐसा दर्द कभी नहीं होता था।'

'सेठजी घबरा उठे।'

'यह दर्द कब से हो रहा है?'

'हो तो रहा है रात से ही, लेकिन अभी कुछ कम हो गया था। अब फिर होने लगा है। रह-रहकर जैसे चुभन हो जाती है।'

सेठजी एक बात सोचकर दिल-ही-दिल में खिल उठे। अब वे गोलियाँ रंग ला रही हैं। राजवैद्य जी ने कहा भी था कि ज़रा सोच-समझकर इनका सेवन कीजिएगा। क्यों न हो! पुराने और परीक्षित नुस्खे हैं इनके पास। उन्होंने कहा–'तो रात से ही यह दर्द हो रहा है? तुमने मुझसे कहा नहीं, नहीं तो वैद्य जी से कोई दवा मँगवाता।'

'मैंने समझा था, आप-ही-आप अच्छा हो जायगा, मगर अब बढ़ रहा है।'

'कहाँ दर्द हो रहा है? ज़रा देखूँ। कुछ सूजन तो नहीं है।'

सेठजी ने आशा के आँचल की तरफ़ हाथ बढ़ाया। आशा ने शरमाकर सिर झुका लिया। उसने कहा–'यह तुम्हारी शरारत मुझे अच्छी नहीं लगती। मैं अपनी जान से मरती हूँ और तुम्हें हँसी सूझती है। जाकर कोई दवा ला दो।'

सेठजी अपने पुंस्त्व का यह डिप्लोमा पाकर उससे कहीं ज़्यादा प्रसन्न हुए, जितना रायबहादुरी पाकर होते। इस विजय का डंका पीटे बिना उन्हें कैसे चैन आ सकता था? जो लोग उनके विवाह के विषय में द्वेषमय टिप्पणियाँ कर रहे थे, उन्हें नीचा दिखाने का कितना अच्छा अवसर हाथ आया है और इतनी जल्दी। पहले पंडित भोलानाथ के पास गये और भाग्य ठोककर बोले–'भई, मैं तो बड़ी विपत्ति में फँस गया। कल से उनके कलेजे में दर्द हो रहा है। कुछ बुद्धि काम नहीं करती। कहती है, ऐसा दर्द पहले कभी नहीं हुआ था।

भोलानाथ ने कुछ बहुत हमदर्दी-सी दिखायी।

सेठजी यहाँ से उठकर अपने दूसरे मित्र लाला फागमल के पास पहुँचे और उनसे भी लगभग इन्हीं शब्दों में यह शोक-संवाद कहा।

फागमल बड़ा शोहदा था। मुस्कराकर बोला–'मुझे तो आपकी शरारत मालूम होती है।'

सेठजी की बांछें खिल गईं। उन्होंने कहा–'मैं अपना दुःख सुना रहा हूँ और तुम्हें दिल्लगी सूझती है। ज़रा भी आदमियत तुममें नहीं है।'

'मैं दिल्लगी नहीं कर रहा हूँ। इसमें दिल्लगी की क्या बात है? वे हैं कमसिन, कोमलांगी, आप ठहरे पुराने लठैत, दंगल के पहलवान। बस! अगर यह बात न निकले तो मूँछ कुँड़वा लूँ।

सेठजी की आँखें जगमगा उठीं। मन में यौवन की भावना प्रबल हो उठी और उसके साथ ही मुख पर भी यौवन की झलक आ गई। छाती जैसे कुछ फैल गई। चलते समय उनके पग कुछ अधिक मज़बूती से ज़मीन पर पड़ने लगे और सिर की टोपी भी न जाने कैसे बाँकी हो गई। आकृति से बाँकपन की शान बरसने लगी।

5

जुगल ने आशा को सिर से पाँव तक जगमगाते देखकर कहा–'बस बहूजी, आप इसी तरह पहने-ओढ़े रहा करें। आज मैं आपको चूल्हे के पास न आने दूँगा। आशा ने नयन-बाण चलाकर कहा–'क्यों, आज यह नया हुक्म क्यों? पहले तो तुमने कभी मना नहीं किया।'

'आज की बात दूसरी है।'

'ज़रा सुनूँ क्या बात है?'

'मैं डरता हूँ आप कहीं नाराज़ न हो जायें?'

'नहीं-नहीं, कहो, मैं नाराज़ न होऊँगी।'

'आप बहुत सुन्दर लग रही हैं।'

लाला डंगामल ने असंख्य बार आशा के रूप और यौवन की प्रशंसा की थी, मगर उनकी प्रशंसा में उसे बनावट की गंध आती थी। यह शब्द उनके मुख से निकलकर कुछ ऐसे लगते थे, जैसे कोई पंगु दौड़ने की चेष्टा कर रहा हो। जुगल के इन सीधे शब्दों में एक उन्माद था, नशा था, एक चोट थी। आशा की सारी देह प्रकम्पित हो गई।

'तुम मुझे नज़र लगा दोगे जुगल, इस तरह क्यों घूरते हो?'

'जब यहाँ से चला जाऊँगा तब आपकी बहुत याद आएगी।'

'रसोई पकाकर तुम सारे दिन क्या किया करते हो? दिखाई नहीं देते।'

'सरकार रहते हैं, इसीलिये नहीं आता। फिर अब तो मुझे जवाब मिल रहा है। देखिए भगवान कहाँ ले जाते हैं।'

आशा की मुख-मुद्रा कठोर हो गई। उसने कहा–'कौन तुम्हें जवाब देता है?'

'सरकार ही तो कहते हैं तुझे निकाल दूँगा।'

'अपना काम किए जाओ, कोई नहीं निकालेगा। अब तो तुम फुलके भी अच्छे बनाने लगे।'

'सरकार हैं बड़े गुस्सेवर।'

'दो-चार दिन में उनका मिज़ाज ठीक किए देती हूँ।'

'आपके साथ चलते हैं, तो आपके बाप-से लगते हैं।'

'तुम बड़े मुँहफट हो। ख़बरदार, ज़बान सँभालकर बातें किया करो।' किन्तु अप्रसन्नता का यह झीना आवरण उसके मनोरहस्य को न छिपा सका। वह प्रकाश की भाँति उसके अंदर से निकल पड़ता था।

जुगल ने फिर उसी निर्भीकता से कहा–'मेरा मुँह कोई बंद कर ले, यहाँ तो सभी यही कहते हैं। मेरा ब्याह कोई 50 साल की बुढ़िया से कर दे, तो मैं घर छोड़कर भाग जाऊँ। या तो ख़ुद ज़हर खा लूँ या उसे ज़हर देकर मार डालूँ। फाँसी ही तो होगी?

आशा उस कृत्रिम क्रोध को कायम न रख सकी। जुगल ने उसकी हृदय-वीणा के तारों पर मिजराब की ऐसी चोट मारी थी कि उसके बहुत जब्त करने पर भी मन की व्यथा बाहर निकल आई। उसने कहा–'भाग्य भी तो कोई वस्तु है।'

'ऐसा भाग्य जाय भाड़ में।'

'तुम्हारा ब्याह किसी बुढ़िया से ही करूँगी, देख लेना।'

'तो मैं भी ज़हर खा लूँगा, देख लीजिएगा।'

'क्यों, बुढ़िया तुम्हें जवान स्त्री से ज़्यादा प्यार करेगी, ज़्यादा सेवा करेगी। तुम्हें सीधे रास्ते पर रखेगी।'

'यह सब माँ का काम है। बीवी जिस काम के लिये है, उसी काम के लिये है।'

'आख़िर बीवी किस काम के लिये है?'

'आप मालकिन हैं, नहीं तो बता देता, बीवी किस काम के लिये है।'

मोटर की आवाज़ आई। न जाने कैसे आशा के सिर का आँचल खिसककर कंधे पर आ गया। उसने जल्दी से आँचल खींचकर सिर पर रख लिया और यह कहती हुई अपने कमरे की ओर लपकी कि लाला भोजन करके चले जायें, तब आना।

अलग्योझा

भोला महतो ने पहली स्त्री के मर जाने के बाद दूसरी सगाई की, तो उसके लड़के रग्घू के लिये बुरे दिन आ गये। रग्घू की उम्र उस समय केवल दस वर्ष की थी। चैन से गाँव में गुल्ली-डंडा खेलता-फिरता था। माँ के आते ही चक्की में जुतना पड़ा। पन्ना रूपवती स्त्री थी, रूप और गर्व में चोली-दामन का नाता है। वह अपने हाथों से कोई मोटा काम न करती। गोबर रग्घू निकालता, बैलों को सानी रग्घू देता। रग्घू ही जूठे बरतन माँजता। भोला की आँखें कुछ ऐसी फिरीं कि उसे रग्घू में सब बुराइयाँ-ही-बुराइयाँ नज़र आतीं। पन्ना की बातों को वह प्राचीन मर्यादानुसार आँखें बंद करके मान लेता था। रग्घू की शिकायतों की ज़रा भी परवाह न करता। नतीजा यह हुआ कि रग्घू ने शिकायत करना ही छोड़ दिया। किसके सामने रोये? बाप ही नहीं, सारा गाँव उसका दुश्मन था। बड़ा जिद्दी लड़का है, पन्ना को तो कुछ समझता ही नहीं: बेचारी उस पर दुलार करती है, खिलाती-पिलाती है, यह उसी का फल है। दूसरी औरत होती, तो निबाह न होता। वह तो कहो, पन्ना इतनी सीधी-सादी है कि निबाह हो जाता है। सबल की शिकायतें सब सुनते हैं, निर्बल की फ़रियाद भी कोई नहीं सुनता! रग्घू का हृदय माँ की ओर से दिन-दिन फटता जाता था। यहाँ तक कि आठ साल गुज़र गये और एक दिन भोला के नाम भी मृत्यु का सन्देश आ पहुँचा।

पन्ना के चार बच्चे थे–तीन बेटे और एक बेटी। इतना बड़ा ख़र्च और कमाने वाला कोई नहीं। रग्घू अब क्यों बात पूछने लगा? यह मानी हुई बात थी। अपनी स्त्री लाएगा और अलग रहेगा। स्त्री आकर और भी आग लगाएगी। पन्ना को चारों ओर अँधेरा ही दिखाई देता था, पर कुछ भी हो, वह रग्घू की आश्रित बनकर घर में रहेगी। जिस घर में उसने राज़ किया, उसमें अब लौंडी न बनेगी। जिस लौंडे को अपना गुलाम समझा, उसका मुँह न ताकेगी। वह सुन्दर थीं, अवस्था अभी कुछ ऐसी ज़्यादा न थी। जवानी अपनी पूरी बहार पर थी। क्या वह कोई दूसरा घर नहीं कर सकती? यही न होगा, लोग हँसेंगे। बला से! उसकी बिरादरी में क्या ऐसा होता नहीं? ब्राह्मण, ठाकुर थोड़ी ही थी कि नाक कट जाएगी। यह तो उन्हीं ऊँची जातियों में होता है कि घर में चाहे जो कुछ करो, बाहर पर्दा ढका रहे। वह तो संसार को दिखाकर दूसरा घर कर सकती है, फिर वह रग्घू कि दबैल बनकर क्यों रहे?

भोला को मरे एक महीना गुज़र चुका था। संध्या हो गयी थी। पन्ना इसी चिन्ता में पड़ी हुई थी कि सहसा उसे ख़याल आया, लड़के घर में नहीं हैं। यह बैलों के लौटने की बेला है, कहीं कोई लड़का उनके नीचे न आ जाए। अब द्वार पर कौन है, जो उनकी देख-भाल करेगा?

रग्घू को मेरे लड़के फूटी आँखों नहीं भाते। कभी हँसकर नहीं बोलता। घर से बाहर निकली, तो देखा, रग्घू सामने झोंपड़े में बैठा ऊख की गँडेरिया बना रहा है, लड़के उसे घेरे खड़े हैं और छोटी लड़की उसकी गर्दन में हाथ डाले उसकी पीठ पर सवार होने की चेष्टा कर रही है। पन्ना को अपनी आँखों पर विश्वास न आया। आज तो यह नयी बात है। शायद दुनिया को दिखाता है कि मैं अपने भाइयों को कितना चाहता हूँ और मन में छुरी रखी हुई है। घात मिले तो जान ही ले ले! काला साँप है, काला साँप! कठोर स्वर में बोली–तुम सब-के-सब वहाँ क्या करते हो? घर में आओ, साँझ की बेला है, गोरू आते होंगे।

रग्घू ने विनीत नेत्रों से देखकर कहा–मैं तो हूँ ही काकी, डर किस बात का है?

बड़ा लड़का केदार बोला–काकी, रग्घू दादा ने हमारे लिये दो गाड़ियाँ बना दी हैं। यह देख, एक पर हम और खुन्नू बैठेंगे, दूसरी पर लछमन और झुनियाँ। दादा दोनों गाड़ियाँ खींचेंगे।

यह कहकर वह एक कोने से दो छोटी-छोटी गाड़ियाँ निकाल लाया। चार-चार पहिए लगे थे। बैठने के लिये तख़्ते और रोक के लिये दोनों तरफ़ बाज़ू थे।

पन्ना ने आश्चर्य से पूछा–ये गाड़ियाँ किसने बनाईं?

केदार ने चिढ़कर कहा–रग्घू दादा ने बनाई हैं, और किसने! भगत के घर से बसूला और रूखानी माँग लाए और चटपट बना दीं। ख़ूब दौड़ती हैं काकी! बैठ खुन्नू मैं खींचूँ।

खुन्नू गाड़ी में बैठ गया। केदार खींचने लगा। चर-चर शोर हुआ, मानो गाड़ी भी इस खेल में लड़कों के साथ शरीक है। लछमन ने दूसरी गाड़ी में बैठकर कहा–दादा, खींचो।

रग्घू ने झुनियाँ को भी गाड़ी में बिठा दिया और गाड़ी खींचता हुआ दौड़ा। तीनों लड़के तालियाँ बजाने लगे। पन्ना चकित नेत्रों से यह दृश्य देख रही थी और सोच रही थी कि यह वही रग्घू है या कोई और।

थोड़ी देर के बाद दोनों गाड़ियाँ लौटीं: लड़के घर में जाकर इस यानयात्रा के अनुभव बयान करने लगे। कितने ख़ुश थे सब, मानो हवाई जहाज पर बैठ आये हों।

खुन्नू ने कहा–काकी सब पेड़ दौड़ रहे थे।

लछमन और बछियाँ कैसी भागीं, सब-की-सब दौड़ीं!

केदार–काकी, रग्घू दादा दोनों गाड़ियाँ एक साथ खींच ले जाते हैं।

झुनियाँ सबसे छोटी थी। उसकी व्यंजना-शक्ति उछल-कूद और नेत्रों तक परिमित थी, तालियाँ बजा-बजाकर नाच रही थी।

खुन्नू–अब हमारे घर गाय भी आ जाएगी काकी! रग्घू दादा ने गिरधारी से कहा है कि हमें एक गाय ला दो। गिरधारी बोला, कल लाऊँगा।

केदार–तीन सेर दूध देती है काकी! ख़ूब दूध पीएँगे।

इतने में रग्घू भी अन्दर आ गया। पन्ना ने अवहेलना की दृष्टि से देखकर पूछा–क्यों रग्घू! तुमने गिरधारी से कोई गाय माँगी है?

रग्घू ने क्षमा-प्रार्थना के भाव से कहा–हाँ, माँगी तो है, कल लाएगा।

पन्ना–रुपये किसके घर से आयेंगे, यह भी सोचा है?

रग्घू–सब सोच लिया है काकी! मेरी यह मुहर नहीं है। इसके पच्चीस रुपये मिल रहे हैं, पाँच रुपये बछिया के मुजा दे दूँगा! बस, गाय अपनी हो जाएगी।

पन्ना सन्नाटे में आ गयी। अब उसका अविश्वासी मन भी रग्घू के प्रेम और सज्जनता को अस्वीकार न कर सका। बोली–मुहर को क्यों बेचे देते हो? गाय की अभी कौन जल्दी है? हाथ में पैसे हो जाएँ, तो ले लेना। सूना-सूना गला अच्छा न लगेगा। इतने दिनों गाय नहीं रही, तो क्या लड़के नहीं जिए?

रग्घू दार्शनिक भाव से बोला–बच्चों के खाने-पीने के यही दिन हैं काकी! इस उम्र में न खाया, तो फिर कब खाएँगे। मुहर पहनना मुझे अच्छा भी नहीं मालूम होता। लोग समझते होंगे कि बाप तो गया। इसे मुहर पहनने की सूझी है। भोला महतो गाय की चिन्ता ही में चल बसे। न रुपये आए और न गाय मिली। मजबूर थे। रग्घू ने यह समस्या कितनी सुगमता से हल कर दी। आज जीवन में पहली बार पन्ना को रग्घू पर विश्वास आया, बोली–जब गहना ही बेचना है तो अपनी मुहर क्यों बेचोगे? मेरी हँसुली ले लेना।

रग्घू–नहीं काकी! वह तुम्हारे गले में बहुत अच्छी लगती है। मर्दों का क्या, मुहर पहनें या न पहनें।

पन्ना–चल, मैं बूढ़ी हुई। अब हँसुली पहनकर क्या करना है। तू अभी लड़का है, तेरा गला अच्छा न लगेगा।

रग्घू मुस्कराकर बोला–तुम अभी से कैसे बूढ़ी हो गयी? गाँव में है कौन तुम्हारे बराबर?

रग्घू की सरल आलोचना ने पन्ना को लज्जित कर दिया। उसके रूखे-मुरछाए मुख पर प्रसन्नता की लाली दौड़ गयी।

2

पाँच साल गुज़र गये। रग्घू का-सा मेहनती, ईमानदार, बात का धनी दूसरा किसान गाँव में न था। पन्ना की इच्छा के बिना कोई काम न करता। उसकी उम्र अब 23 साल की हो गयी थी। पन्ना बार-बार कहती, भइया, बहू को बिदा करा लाओ। कब तक नैहर में पड़ी रहेगी? सब लोग मुझी को बदनाम करते हैं कि यही बहू को नहीं आने देती, मगर रग्घू टाल देता था। कहता कि अभी जल्दी क्या है? उसे अपनी स्त्री के रंग-ढंग का कुछ परिचय दूसरों से मिल चुका था। ऐसी औरत को घर में लाकर वह अपनी शांति में बाधा नहीं डालना चाहता था।

आख़िर एक दिन पन्ना ने ज़िद करके कहा–तो तुम न लाओगे?

'कह दिया कि अभी कोई जल्दी नहीं।'

'तुम्हारे लिये जल्दी न होगी, मेरे लिये तो जल्दी है। मैं आज आदमी भेजती हूँ।'

'पछताओगी काकी, उसका मिज़ाज अच्छा नहीं है।'

'तुम्हारी बला से। जब मैं उससे बोलूँगी ही नहीं, तो क्या हवा से लड़ेगी? रोटियाँ तो बना लेगी। मुझसे भीतर-बाहर का सारा काम नहीं होता, मैं आज बुलाए लेती हूँ।'

'बुलाना चाहती हो, बुला लो, मगर फिर यह न कहना कि यह मेहरिया को ठीक नहीं करता, उसका गुलाम हो गया।'

'न कहूँगी, जाकर दो साड़ियाँ और मिठाई ले आ।'

तीसरे दिन मुलिया मैके से आ गयी। दरवाज़े पर नगाड़े बजे, शहनाइयों की मधुर ध्वनि आकाश में गूँजने लगी। मुँह-दिखावे की रस्म अदा हुई। वह इस मरुभूमि में निर्मल जलधारा थी। गेहुआँ रंग था, बड़ी-बड़ी नोकीली पलकें, कपोलों पर हल्की सुर्खी, आँखों में प्रबल आकर्षण। रग्घू उसे देखते ही मंत्रमुग्ध हो गया।

प्रातःकाल पानी का घड़ा लेकर चलती, तब उसका गेहुआँ रंग प्रभात की सुनहरी किरणों से कुंदन हो जाता, मानो उषा अपनी सारी सुगंध, सारा विकास और उन्माद लिये मुस्कराती चली जाती हो।

3

मुलिया मैके से ही जली-भुनी आई थी। मेरा शौहर छाती फाड़कर काम करे और पन्ना रानी बनी बैठी रहे, उसके लड़के रईसजादे बने घूमें। मुलिया से यह बरदाश्त न होगा। वह किसी की गुलामी न करेगी। अपने लड़के तो अपने होते ही नहीं, भाई किसके होते हैं? जब तक पर नहीं निकलते हैं, रग्घू को घेरे हुए हैं। ज्यों ही ज़रा सयाने हुए, पर झाड़कर निकल जायेंगे, बात भी न पूछेंगे।

एक दिन उसने रग्घू से कहा–तुम्हें इस तरह गुलामी करनी हो, तो करो, मुझसे न होगी।

रग्घू–तो फिर क्या करूँ, तू ही बता? लड़के तो अभी घर का काम करने लायक भी नहीं हैं।

मुलिया–लड़के रावत के हैं, कुछ तुम्हारे नहीं हैं। यही पन्ना है, जो तुम्हें दाने-दाने को तरसाती थी। सब सुन चुकी हूँ। मैं लौंडी बनकर न रहूँगी। रुपये-पैसे का मुझे हिसाब नहीं मिलता। न जाने तुम क्या लाते हो और वह क्या करती है। तुम समझते हो, रुपये घर ही में तो हैं, मगर देख लेना, तुम्हें जो एक फूटी कौड़ी भी मिले।

रग्घू–रुपये-पैसे तेरे हाथ में देने लगूँ तो दुनिया क्या कहेगी, यह तो सोच।

मुलिया–दुनिया जो चाहे, कहे। दुनिया के हाथों बिकी नहीं हूँ। देख लेना, भाड़ लीपकर हाथ काला ही रहेगा। फिर तुम अपने भाइयों के लिये मरो, मैं क्यों मरूँ?

रग्घू ने कुछ जवाब न दिया। उसे जिस बात का भय था, वह इतनी जल्द सिर आ पड़ी। अब अगर उसने बहुत तत्थो-थंभो किया, तो साल-छह महीने और काम चलेगा। बस, आगे यह डोंगा चलता नज़र नहीं आता। बकरे की माँ कब तक ख़ैर मनाएगी?

एक दिन पन्ना ने महुए का सुखावन डाला। बरसात शुरू हो गयी थी। बखार में अनाज गीला हो रहा था। मुलिया से बोली–बहू, ज़रा देखती रहना, मैं तालाब से नहा आऊँ?

मुलिया ने लापरवाही से कहा–मुझे नींद आ रही है, तुम बैठकर देखो। एक दिन न नहाओगी तो क्या होगा?

पन्ना ने साड़ी उतारकर रख दी, नहाने न गयी। मुलिया का वार खाली गया।

कई दिन के बाद एक शाम को पन्ना धान रोपकर लौटी, अँधेरा हो गया था। दिन-भर की भूखी थी। आशा थी, बहू ने रोटी बना रखी होंगी, मगर देखा तो यहाँ चूल्हा ठंडा पड़ा हुआ था और बच्चे मारे भूख के तड़प रहे थे। मुलिया से आहिस्ता से पूछा—आज अभी चूल्हा नहीं जला?

केदार ने कहा—आज दोपहर को भी चूल्हा नहीं जला काकी! भाभी ने कुछ बनाया ही नहीं।

पन्ना—तो तुम लोगों ने खाया क्या?

केदार—कुछ नहीं, रात की रोटियाँ थीं, खुन्नू और लछमन ने खाईं। मैंने सत्तू खा लिया।

पन्ना—और बहू?

केदार—वह पड़ी सो रही है, कुछ नहीं खाया।

पन्ना ने उसी वक्त चूल्हा जलाया और खाना बनाने बैठ गयी। आटा गूँधती थी और रोती थी। क्या नसीब है? दिन-भर खेत में जली, घर आई तो चूल्हे के सामने जलना पड़ा।

केदार का चौदहवाँ साल था। भाभी के रंग-ढंग देखकर सारी स्थित समझ रहा था। बोला—काकी, भाभी अब तुम्हारे साथ रहना नहीं चाहती।

पन्ना ने चौंककर पूछा—क्या कुछ कहती थी?

केदार—कहती कुछ नहीं थी, मगर है उसके मन में यही बात। फिर तुम क्यों नहीं उसे छोड़ देतीं? जैसे चाहे रहे, हमारा भी भगवान है?

पन्ना ने दाँतों से जीभ दबाकर कहा—चुप, मेरे सामने ऐसी बात भूलकर भी न कहना। रग्घू तुम्हारा भाई नहीं, तुम्हारा बाप है। मुलिया से कभी बोलोगे तो समझ लेना, ज़हर खा लूँगी।

4

दशहरे का त्योहार आया। इस गाँव से कोस-भर दूर एक पुरवे में मेला लगता था। गाँव के सब लड़के मेला देखने चले। पन्ना भी लड़कों के साथ चलने को तैयार हुई, मगर पैसे कहाँ से आएँ? कुंजी तो मुलिया के पास थी।

रग्घू ने आकर मुलिया से कहा—लड़के मेले जा रहे हैं, सबों को दो-दो पैसे दे दो।

मुलिया ने त्योरियाँ चढ़ाकर कहा—पैसे घर में नहीं हैं।

रग्घू—अभी तो तिलहन बिका था, क्या इतनी जल्दी रुपये उठ गये?

मुलिया—हाँ, उठ गये?

रग्घू—कहाँ उठ गये? ज़रा सुनूँ, आज त्योहार के दिन लड़के मेला देखने न जायेंगे?

मुलिया—अपनी काकी से कहो, पैसे निकालें, गाड़कर क्या करेंगी?

खूँटी पर कुंजी लटक रही थी। रग्घू ने कुंजी उतारी और चाहा कि संदूक खोले, लेकिन मुलिया ने उसका हाथ पकड़ लिया और बोली—कुंजी मुझे दे दो, नहीं तो ठीक न होगा।

खाने-पहनने को भी चाहिए, काग़ज़-किताब को भी चाहिए, उस पर मेला देखने को भी चाहिए। हमारी कमाई इसलिये नहीं है कि दूसरे खाएँ और मूँछों पर ताव दें।

पन्ना ने रग्घू से कहा–भइया, क्या पैसे होंगे? लड़के मेला देखने न जायेंगे।

रग्घू ने झिड़ककर कहा–मेला देखने क्यों न जायेंगे? सारा गाँव जा रहा है। हमारे ही लड़के न जायेंगे?

यह कहकर रग्घू ने अपना हाथ छुड़ा लिया और पैसे निकालकर लड़कों को दे दिए, मगर कुंजी जब मुलिया को देने लगा, तब उसने उसे आँगन में फेंक दिया और मुँह लपेटकर लेट गयी! लड़के मेला देखने न गये।

इसके बाद दो दिन गुज़र गये। मुलिया ने कुछ नहीं खाया और पन्ना भी भूखी रही। रग्घू कभी इसे मनाता, कभी उसे, पर न यह उठती, न वह। आख़िर रग्घू ने हैरान होकर मुलिया से पूछा–कुछ मुँह से तो कह, चाहती क्या है?

मुलिया ने धरती को सम्बोधित करके कहा–मैं कुछ नहीं चाहती, मुझे मेरे घर पहुँचा दो।

रग्घू–अच्छा उठ, बना-खा। पहुँचा दूँगा।

मुलिया ने रग्घू की ओर आँखें उठाई। रग्घू उसकी सूरत देखकर डर गया। वह माधुर्य, वह मोहकता, वह लावण्य गायब हो गया था। दाँत निकल आए थे, आँखें फट गयी थीं और नथुने फड़क रहे थे। अंगारे की-सी लाल आँखों से देखकर बोली–अच्छा, तो काकी ने यह सलाह दी है, यह मंत्र पढ़ाया है? तो यहाँ ऐसी कच्ची नहीं हूँ। तुम दोनों की छाती पर मूँग दलूँगी। हो किस फेर में?

रग्घू–अच्छा, तो मूँग ही दल लेना। कुछ खा-पी लेगी, तभी तो मूँग दल सकेगी।

मुलिया–अब तो तभी मुँह में पानी डालूँगी, जब घर अलग हो जाएगा। बहुत झेल चुकी, अब नहीं झेला जाता। रग्घू सन्नाटे में आ गया। एक दिन तक उसके मुँह से आवाज़ ही न निकली। अलग होने की उसने स्वप्न में भी कल्पना न की थी। उसने गाँव में दो-चार परिवारों को अलग होते देखा था। वह ख़ूब जानता था, रोटी के साथ लोगों के हृदय भी अलग हो जाते हैं। अपने हमेशा के लिये ग़ैर हो जाते हैं। फिर उनमें वही नाता रह जाता है, जो गाँव के आदमियों में। रग्घू ने मन में ठान लिया था कि इस विपत्ति को घर में न आने दूँगा: मगर होनहार के सामने उसकी एक न चली। आह! मेरे मुँह में कालिख लगेगी, दुनिया यही कहेगी कि बाप के मर जाने पर दस साल भी एक में निबाह न हो सका। फिर किससे अलग हो जाऊँ? जिनको गोद में खिलाया, जिनको बच्चों की तरह पाला, जिनके लिये तरह-तरह के कष्ट झेले, उन्हीं से अलग हो जाऊँ? अपने प्यारों को घर से निकाल बाहर करूँ? उसका गला फँस गया। काँपते हुए स्वर में बोला–तू क्या चाहती है कि मैं अपने भाइयों से अलग हो जाऊँ? भला सोच तो, कहीं मुँह दिखाने लायक रहूँगा?

मुलिया–तो मेरा इन लोगों के साथ निबाह न होगा।

रग्घू–तो तू अलग हो जा। मुझे अपने साथ क्यों घसीटती है?

मुलिया–तो मुझे क्या तुम्हारे घर में मिठाई मिलती है? मेरे लिये क्या संसार में जगह नहीं है?

रग्घू–तेरी जैसी मर्ज़ी, जहाँ चाहे रह! मैं अपने घर वालों से अलग नहीं हो सकता। जिस दिन इस घर में दो चूल्हे जलेंगे, उस दिन मेरे कलेजे के दो टुकड़े हो जायेंगे। मैं यह चोट नहीं सह सकता। तुझे जो तकलीफ़ हो, वह मैं दूर कर सकता हूँ। माल-असबाब की मालकिन तू है ही-अनाज-पानी तेरे ही हाथ है, अब रह क्या गया है? अगर कुछ काम-धंधा करना नहीं चाहती, मत कर। भगवान ने मुझे कमाई दी होती, तो मैं तुझे तिनका तक उठाने न देता। तेरे यह सुकुमार हाथ-पाँव मेहनत-मज़दूरी करने के लिये बनाए ही नहीं गये हैं, मगर क्या करूँ, अपना कुछ बस ही नहीं है। फिर भी तेरा जी कोई काम करने को न चाहे, मत कर! मगर मुझसे अलग होने को न कह, तेरे पैरों पड़ता हूँ।

मुलिया ने सिर से अंचल खिसकाया और ज़रा समीप आकर बोली–मैं काम करने से नहीं डरती, न बैठे-बैठे खाना चाहती हूँ, मगर मुझसे किसी की धौंस नहीं सही जाती। तुम्हारी ही काकी घर का काम-काज करती हैं, तो अपने लिये करती हैं, अपने बाल-बच्चों के लिये करती हैं। मुझ पर कुछ एहसान नहीं करतीं, फिर मुझ पर धौंस क्यों जमाती हैं? उन्हें अपने बच्चे प्यारे होंगे, मुझे तो तुम्हारा आसरा है। मैं अपनी आँखों से यह नहीं देख सकती कि सारा घर तो चैन करे, ज़रा-ज़रा-से बच्चे तो दूध पीयें और जिसके बल-बूते पर गृहस्थी बनी हुई है, वह मट्ठे को तरसे। कोई उसको पूछने वाला न हो। ज़रा अपना मुँह तो देखो, कैसी सूरत निकल आई है। औरों के तो चार बरस में अपने पट्ठे तैयार हो जायेंगे। तुम तो दस साल में खाट पर पड़ जाओगे। बैठ जाओ, खड़े क्यों हो? क्या मारकर भागोगे? मैं तुम्हें जबरदस्ती न बाँध लूँगी, या मालकिन का हुक्म नहीं है? सच कहूँ, तुम बड़े कठ-कलेजी हो। अगर मैं जानती कि ऐसे निर्मोही से पाला पड़ेगा, तो इस घर में भूल से न आती। आती भी तो मन न लगाती, मगर अब तो मन तुमसे लग गया। घर भी जाऊँ, तो मन यहाँ ही रहेगा और तुम जो हो, मेरी बात नहीं पूछते।

मुलिया की ये रसीली बातें रग्घू पर कोई असर न डाल सकीं। वह उसी रुखाई से बोला–मुलिया, मुझसे यह न होगा। अलग होने का ध्यान करते ही मेरा मन न जाने कैसा हो जाता है। यह चोट मुझसे न सही जाएगी।

मुलिया ने परिहास करके कहा–तो चूड़ियाँ पहनकर अन्दर बैठो न! लाओ मैं मूँछें लगा लूँ। मैं तो समझती थी कि तुममें भी कुछ कल-बल है। अब देखती हूँ, तो निरे मिट्टी के लौंदे हो।

पन्ना दालान में खड़ी दोनों की बातचीत सुन रही थी। अब उससे न रहा गया। सामने आकर रग्घू से बोली–जब वह अलग होने पर तुली हुई है, फिर तुम क्यों उसे जबरदस्ती मिलाए रखना चाहते हो? तुम उसे लेकर रहो, हमारे भगवान ने निबाह दिया, तो अब क्या डर। अब तो भगवान की दया से तीनों लड़के सयाने हो गये हैं, अब कोई चिन्ता नहीं।

रग्घू ने आँसू-भरी आँखों से पन्ना को देखकर कहा–काकी, तू भी पागल हो गयी है क्या? जानती नहीं, दो रोटियाँ होते ही दो मन हो जाते हैं।

पन्ना–जब वह मानती ही नहीं, तब तुम क्या करोगे? भगवान की मर्ज़ी होगी, तो कोई क्या करेगा? परालब्ध में जितने दिन एक साथ रहना लिखा था, उतने दिन रहे। अब उसकी यही मर्ज़ी है, तो यही सही। तुमने मेरे बाल-बच्चों के लिये जो कुछ किया, वह भूल नहीं सकती। तुमने इनके सिर पर हाथ न रखा होता, तो आज इनकी न जाने क्या गति होती, न जाने किसके द्वार पर ठोकरें खाते होते, न जाने कहाँ-कहाँ भीख माँगते फिरते। तुम्हारा जस मरते दम तक गाऊँगी। अगर मेरी खाल तुम्हारे जूते बनाने के काम आती, तो ख़ुशी से दे दूँ। चाहे तुमसे अलग हो जाऊँ, पर जिस घड़ी पुकारोगे, कुत्ते की तरह दौड़ी आऊँगी। यह भूलकर भी न सोचना कि तुमसे अलग होकर मैं तुम्हारा बुरा चेतूँगी। जिस दिन तुम्हारा अनभल मेरे मन में आएगा, उसी दिन विष खाकर मर जाऊँगी। भगवान करे, तुम दूधों नहाओ, पूतों फलो! मरते दम तक यही असीस मेरे रोयें-रोयें से निकलती रहेगी और अगर लड़के भी अपने बाप के हैं। तो मरते दम तक तुम्हारा पोस मानेंगे।

यह कहकर पन्ना रोती हुई वहाँ से चली गयी। रग्घू वहीं मूर्ति की तरह बैठा रहा। आसमान की ओर टकटकी लगी थी और आँखों से आँसू बह रहे थे।

5

पन्ना की बातें सुनकर मुलिया समझ गयी कि अपनी पौ-बारह हैं। चटपट उठी, घर में झाड़ू लगाई, चूल्हा जलाया और कुएँ से पानी लाने चली। उसकी टेक पूरी हो गयी थी।

गाँव में स्त्रियों के दो दल होते हैं–एक बहुओं का, दूसरा सासों का! बहुएँ सलाह और सहानुभूति के लिये अपने दल में जाती हैं, सासें अपने में। दोनों की पंचायतें अलग होती हैं। मुलिया को कुएँ पर दो-तीन बहुएँ मिल गईं। एक से पूछा–आज तो तुम्हारी बुढ़िया बहुत रो-धो रही थी।

मुलिया ने विजय को गर्व से कहा–इतने दिनों से घर की मालकिन बनी हुई हैं, राज-पाट छोड़ते किसे अच्छा लगता है? बहन, मैं उनका बुरा नहीं चाहती, लेकिन एक आदमी की कमाई में कहाँ तक बरकत होगी। मेरे भी तो यही खाने-पीने, पहनने-ओढ़ने के दिन हैं। अभी उनके पीछे मरो, फिर बाल-बच्चे हो जाएँ, उनके पीछे मरो। सारी ज़िन्दगी रोते ही कट जाएगी।

एक बहू–बुढ़िया यही चाहती है कि यह सब जन्म-भर लौंडी बनी रहें। मोटा-झोटा खाएँ और पड़ी रहें।

दूसरी बहू–किस भरोसे पर कोई मरे? अपने लड़के तो बात नहीं पूछें, पराए लड़कों का क्या भरोसा? कल इनके हाथ-पैर हो जायेंगे, फिर कौन पूछता है! अपनी-अपनी मेहरियों का मुँह देखेंगे। पहले ही से फटकार देना अच्छा है, फिर तो कोई कलंक न होगा।

मुलिया पानी लेकर गयी, खाना बनाया और रग्घू से बोली–जाओ, नहा आओ, रोटी तैयार है।

रग्घू ने मानो सुना ही नहीं। सिर पर हाथ रखकर द्वार की तरफ़ ताकता रहा।

मुलिया–क्या कहती हूँ, कुछ सुनाई देता है? रोटी तैयार है, जाओ, नहा आओ।

रग्घू–सुन तो रहा हूँ, क्या बहरा हूँ? रोटी तैयार है तो जाकर खा ले। मुझे भूख नहीं है।

मुलिया ने फिर नहीं कहा। जाकर चूल्हा बुझा दिया, रोटियाँ उठाकर छींके पर रख दीं और मुँह ढाँककर लेट रही।

ज़रा देर में पन्ना आकर बोली–खाना तैयार है, नहा-धोकर खा लो! बहू भी भूखी होगी।

रग्घू ने झुँझलाकर कहा–काकी तू घर में रहने देगी कि मुँह में कालिख लगाकर कहीं निकल जाऊँ? खाना तो खाना ही है, आज न खाऊँगा, कल खाऊँगा, लेकिन अभी मुझसे न खाया जाएगा। केदार क्या अभी मदरसे से नहीं आया?

पन्ना–अभी तो नहीं आया, आता ही होगा।

पन्ना समझ गयी कि जब तक वह खाना बनाकर लड़कों को न खिलाएगी और ख़ुद न खाएगी, रग्घू न खाएगा। इतना ही नहीं, उसे रग्घू से लड़ाई करनी पड़ेगी, उसे जली-कटी सुनानी पड़ेगी। उसे यह दिखाना पड़ेगा कि मैं ही उससे अलग होना चाहती हूँ, नहीं तो वह इसी चिन्ता में घुल-घुलकर प्राण दे देगा। यह सोचकर उसने अलग चूल्हा जलाया और खाना बनाने लगी। इतने में केदार और खुन्नू मदरसे से आ गये।

पन्ना ने कहा–आओ बेटा, खा लो, रोटी तैयार है।

केदार ने पूछा–भइया को भी बुला लूँ न?

पन्ना–तुम आकर खा लो। उसकी रोटी बहू ने अलग बनाई हैं।

खुन्नू–जाकर भइया से पूछ न आऊँ?

पन्ना–जब उनका जी चाहेगा, खाएँगे। तू बैठकर खा, तुझे इन बातों से क्या मतलब? जिसका जी चाहेगा खाएगा, जिसका जी न चाहेगा, न खाएगा। जब वह और उसकी बीवी अलग रहने पर तुले हैं, तो कौन मनाए?

केदार–तो क्यों अम्माँजी, क्या हम अलग घर में रहेंगे?

पन्ना–उनका जी चाहे, एक घर में रहें, जी चाहे आँगन में दीवार डाल लें।

खुन्नू ने दरवाज़े पर आकर झाँका, सामने फूस की झोंपड़ी थी, वहीं खाट पर पड़ा रग्घू नारियल पी रहा था।

खुन्नू–भइया तो अभी नारियल लिये बैठे हैं।

पन्ना–जब जी चाहेगा, खाएँगे।

केदार–भइया ने भाभी को डाँटा नहीं?

मुलिया अपनी कोठरी में पड़ी सुन रही थी। बाहर आकर बोली–भइया ने तो नहीं डाँटा, अब तुम आकर डाँटो।

केदार के चेहरे का रंग उड़ गया। फिर जबान न खोली। तीनों लड़कों ने खाना खाया और बाहर निकले। लू चलने लगी थी। आम के बाग़ में गाँव के लड़के-लड़कियाँ हवा से गिरे हुए आम चुन रहे थे। केदार ने कहा–आज हम भी आम चुनने चलें, ख़ूब आम गिर रहे हैं।

खुन्नू–दादा जो बैठे हैं?

लछमन–मैं न जाऊँगा, दादा घुड़केंगे।

केदार–वह तो अब अलग हो गये।

लछमन–तो अब हमको कोई मारेगा, तब भी दादा न बोलेंगे?

केदार–वाह, तब क्यों न बोलेंगे?

रग्घू ने तीनों लड़कों को दरवाज़े पर खड़े देखा, पर कुछ बोला नहीं। पहले तो वह घर के बाहर निकलते ही उन्हें डाँट बैठता था, पर आज वह मूर्ति के समान निश्चल बैठा रहा। अब लड़कों को कुछ साहस हुआ। कुछ दूर और आगे बढ़े। रग्घू अब भी न बोला, कैसे बोले? वह सोच रहा था–काकी ने लड़कों को खिला-पिला दिया, मुझसे पूछा तक नहीं। क्या उसकी आँखों पर भी पर्दा पड़ गया है? अगर मैंने लड़कों को पुकारा और वह न आएँ तो? मैं उनको मार-पीट तो न सकूँगा। लू में सब मारे-मारे फिरेंगे। कहीं बीमार न पड़ जाएँ। उसका दिल मसोसकर रह जाता था, लेकिन मुँह से कुछ कह न सकता था। लड़कों ने देखा कि यह बिलकुल नहीं बोलते, तो निर्भय होकर चल पड़े।

सहसा मुलिया ने आकर कहा–अब तो उठोगे कि अब भी नहीं? जिनके नाम पर फाका कर रहे हो, उन्होंने मजे से लड़कों को खिलाया और खुद खाया, अब आराम से सो रही है। 'मोर पिया बात न पूछें, मोर सुहागिन पाँव।' एक बार भी तो मुँह से न फूटा कि चलो भइया, खा लो।

रग्घू को इस समय मर्मांतक पीड़ा हो रही थी। मुलिया के इन कठोर शब्दों ने घाव पर नमक छिड़क दिया। दु:खित नेत्रों से देखकर बोला–तेरी जो मर्ज़ी थी, वही तो हुआ। अब जा, ढोल बजा!

मुलिया–नहीं, तुम्हारे लिये थाली परोसे बैठी है।

रग्घू–मुझे चिढ़ा मत! तेरे पीछे मैं भी बदनाम हो रहा हूँ। जब तू किसी की होकर नहीं रहना चाहती, तो दूसरे को क्या गरज है, जो तेरी ख़ुशामद करे? जाकर काकी से पूछ, लड़के आम चुनने गये हैं, उन्हें पकड़ लाऊँ?

मुलिया अँगूठा दिखाकर बोली–यह जाता है। तुम्हें सौ बार गरज हो, जाकर पूछो।

इतने में पन्ना भी भीतर से निकल आयी। रग्घू ने पूछा–लड़के बगीचे में चले गये काकी, लू चल रही है।

पन्ना–अब उनका कौन पुछत्तर है? बगीचे में जाएँ, पेड़ पर चढ़ें, पानी में डूबें। मैं अकेली क्या-क्या करूँ?

रग्घू–जाकर पकड़ लाऊँ?

पन्ना–जब तुम्हें अपने मन से नहीं जाना है, तो फिर मैं जाने को क्यों कहूँ? तुम्हें रोकना होता, तो रोक न देते? तुम्हारे सामने ही तो गये होंगे?

पन्ना की बात पूरी भी न हुई थी कि रग्घू ने नारियल कोने में रख दिया और बाग़ की तरफ़ चला।

6

रग्घू लड़कों को लेकर बाग़ से लौटा, तो देखा मुलिया अभी तक झोंपड़े में खड़ी है। बोला–तू जाकर खा क्यों नहीं लेती? मुझे तो इस बेला भूख नहीं है।

मुलिया ऐंठकर बोली–हाँ, भूख क्यों लगेगी! भाइयों ने खाया, वह तुम्हारे पेट में पहुँच ही गया होगा।

रग्घू ने दाँत पीसकर कहा–मुझे जला मत मुलिया, नहीं अच्छा न होगा! खाना कहीं भागा नहीं जाता। एक बेला न खाऊँगा, तो मर न जाऊँगा! क्या तू समझती है, घर में आज कोई बात हो गयी है? तूने घर में चूल्हा नहीं जलाया, मेरे कलेजे में आग लगी है। मुझे घमंड था कि और चाहे कुछ हो जाए, पर मेरे घर में फूट का रोग न आने पाएगा, पर तूने घमंड चूर कर दिया। परालब्ध की बात है।

मुलिया तिनककर बोली–सारा मोह-छोह तुम्हीं को है कि और किसी को है? मैं तो किसी को तुम्हारी तरह बिसूरते नहीं देखती।

रग्घू ने ठंडी साँस खींचकर कहा–मुलिया, घाव पर नोन न छिड़क। तेरे ही कारन मेरी पीठ में धूल लग रही है। मुझे इस गृहस्थी का मोह न होगा, तो किसे होगा? मैंने ही तो इसे मर-मर के जोड़ा है। जिनको गोद में खिलाया, वही अब मेरे पट्टीदार होंगे। जिन बच्चों को मैं डाँटता था, उन्हें आज कड़ी आँखों से भी नहीं देख सकता। मैं उनके भले के लिये भी कोई बात करूँ, तो दुनिया यही कहेगी कि यह अपने भाइयों को लूटे लेता है। जा मुझे छोड़ दे, अभी मुझसे कुछ न खाया जाएगा।

मुलिया–मैं कसम रख दूँगी, नहीं चुपके से चले चलो।

रग्घू–देख, अब भी कुछ नहीं बिगड़ा है। अपनी हठ छोड़ दे।

मुलिया–हमारा ही लहू पिये, जो खाने न उठे!

रग्घू ने कानों पर हाथ रखकर कहा–यह तूने क्या किया मुलिया? मैं तो उठ ही रहा था। चल खा लूँ। नहाने-धोने कौन जाए, लेकिन इतनी कहे देता हूँ कि चाहे चार की जगह छह रोटियाँ खा जाऊँ, चाहे तू मुझे घी के मटके ही में डुबा दे, पर यह दाग़ मेरे दिल से न मिटेगा।

मुलिया–दाग़-साग सब मिट जाएगा। पहले सबको ऐसा ही लगता है। देखते नहीं हो, उधर कैसी चैन की वंशी बज रही है, वह तो मना ही रही थी कि किसी तरह यह सब अलग हो जाएँ। अब वह पहले की-सी चाँदी तो नहीं है कि जो कुछ घर में आवे, सब गायब! अब क्यों हमारे साथ रहने लगीं?

रग्घू ने आहत स्वर में कहा–इसी बात का तो मुझे गम है। काकी से मुझे ऐसी आशा न थी।

रग्घू खाने बैठा, तो कौर विष के घूँट-सा लगता था। जान पड़ता था, रोटियाँ भूसी की हैं। दाल पानी-सी लगती। पानी कंठ के नीचे न उतरता था, दूध की तरफ़ देखा तक नहीं। दो-चार ग्रास खाकर उठ आया, जैसे किसी प्रियजन के श्राद्ध का भोजन हो।

रात का भोजन भी उसने इसी तरह किया। भोजन क्या किया, कसम पूरी की। रात-भर उसका चित्त उद्विग्न रहा। एक अज्ञात शंका उसके मन पर छाई हुई थी, जैसे भोला महतो द्वार पर बैठा रो रहा हो। वह कई बार चौंककर उठा। ऐसा जान पड़ा, भोला उसकी ओर तिरस्कार की आँखों से देख रहा है।

वह दोनों जून भोजन करता था, पर जैसे शत्रु के घर। भोला की शोकमग्न मूर्ति आँखों से न उतरती थी। रात को उसे नींद न आती। वह गाँव में निकलता, तो इस तरह मुँह चुराए, सिर झुकाए मानो गो-हत्या की हो।

7

पाँच साल गुज़र गये। रग्घू अब दो लड़कों का बाप था। आँगन में दीवार खिंच गयी थी, खेतों में मेंड़ें डाल दी गयी थीं और बैल-बछिए बाँध लिये गये थे। केदार की उम्र अब उन्नीस की हो गयी थी। उसने पढ़ना छोड़ दिया था और खेती का काम करता था। खुन्नू गाय चराता था। केवल लछमन अब तक मदरसे जाता था। पन्ना और मुलिया दोनों एक-दूसरे की सूरत से जलती थीं। मुलिया के दोनों लड़के बहुधा पन्ना ही के पास रहते। वहीं उन्हें उबटन मलती, वही काजल लगाती, वही गोद में लिये फिरती: मगर मुलिया के मुँह से अनुग्रह का एक शब्द भी न निकलता। न पन्ना ही इसकी इच्छुक थी। वह जो कुछ करती निर्व्याज भाव से करती थी। उसके दो-दो लड़के अब कमाऊ हो गये थे। लड़की खाना पका लेती थी। वह ख़ुद ऊपर का काम-काज कर लेती। इसके विरुद्ध रग्घू अपने घर का अकेला था, वह भी दुर्बल, अशक्त और जवानी में बूढ़ा। अभी आयु तीस वर्ष से अधिक न थी, लेकिन बाल खिचड़ी हो गये थे। कमर भी झुक चली थी। खाँसी ने जीर्ण कर रखा था। देखकर दया आती थी। और खेती पसीने की वस्तु है। खेती की जैसी सेवा होनी चाहिए, वह उससे न हो पाती। फिर अच्छी फसल कहाँ से आती? कुछ ऋण भी हो गया था। वह चिन्ता और भी मारे डालती थी। चाहिए तो यह था कि अब उसे कुछ आराम मिलता। इतने दिनों के निरन्तर परिश्रम के बाद सिर का बोझ कुछ हल्का होता, लेकिन मुलिया की स्वार्थपरता और अदूरदर्शिता ने लहराती हुई खेती उजाड़ दी। अगर सब एक साथ रहते, तो वह अब तक पेंशन पा जाता, मजे में द्वार पर बैठा हुआ नारियल पीता। भाई काम करते, वह सलाह देता। महतो बना फिरता। कहीं किसी के झगड़े चुकाता, कहीं साधु-संतों की सेवा करता, वह अवसर हाथ से निकल गया। अब तो चिन्ता-भार दिन-दिन बढ़ता जाता था।

आख़िर उसे धीमा-धीमा ज्वर रहने लगा। हृदय-शूल, चिन्ता, कड़ा परिश्रम और अभाव का यही पुरस्कार है। पहले कुछ परवाह न की। समझा आप-ही-आप अच्छा हो जाएगा: मगर कमज़ोरी बढ़ने लगी, तो दवा की फ़िक्र हुई। जिसने जो बता दिया, खा लिया, डाक्टरों और वैद्यों के पास जाने की सामर्थ्य कहाँ? और सामर्थ्य भी होती, तो रुपये ख़र्च कर देने के सिवा और नतीजा ही क्या था? जीर्ण ज्वर की औषधि आराम और पुष्टिकारक भोजन है। न वह बसंत-मालती का सेवन कर सकता था और न आराम से बैठकर बलवर्धक भोजन कर सकता था। कमज़ोरी बढ़ती ही गयी।

पन्ना को अवसर मिलता, तो वह आकर उसे तसल्ली देती–लेकिन उसके लड़के अब रग्घू से बात भी न करते थे। दवा-दारू तो क्या करते, उसका और मजाक उड़ाते। भैया समझते थे कि हम लोगों से अलग होकर सोने की ईंट रख लेंगे। भाभी भी समझती थीं, सोने से लद जाऊँगी। अब देखें कौन पूछता है? सिसक-सिसककर न मरें तो कह देना। बहुत 'हाय! हाय!' भी अच्छी नहीं होती। आदमी उतना काम करे, जितना हो सके। यह नहीं कि रुपये के लिये जान दे दे।

पन्ना कहती–रग्घू बेचारे का कौन दोष है?

केदार कहता–चल, मैं ख़ूब समझता हूँ। भैया की जगह मैं होता, तो डंडे से बात करता। मजाल थी कि औरत यों ज़िद करती। यह सब भैया की चाल थी। सब सधी-बधी बात थी।

आख़िर एक दिन रग्घू का टिमटिमाता हुआ जीवन-दीपक बुझ गया। मौत ने सारी चिन्ताओं का अंत कर दिया। अंत समय उसने केदार को बुलाया था, पर केदार को ऊख में पानी देना था। डरा, कहीं दवा के लिये न भेज दें। बहाना बना दिया।

8

मुलिया का जीवन अन्धकारमय हो गया। जिस भूमि पर उसने मनसूबों की दीवार खड़ी की थी, वह नीचे से खिसक गयी थी। जिस खूँटे के बल पर वह उछल रही थी, वह उखड़ गया था। गाँव वालों ने कहना शुरू किया, ईश्वर ने कैसा तत्काल दंड दिया। बेचारी मारे लाज के अपने दोनों बच्चों को लिये रोया करती। गाँव में किसी को मुँह दिखाने का साहस न होता। प्रत्येक प्राणी उससे यह कहता हुआ मालूम होता था–'मारे घमण्ड के धरती पर पाँव न रखती थी: आख़िर सज़ा मिल गयी कि नहीं!' अब इस घर में कैसे निर्वाह होगा? वह किसके सहारे रहेगी? किसके बल पर खेती होगी? बेचारा रग्घू बीमार था। दुर्बल था, पर जब तक जीता रहा, अपना काम करता रहा। मारे कमज़ोरी के कभी-कभी सिर पकड़कर बैठ जाता और ज़रा दम लेकर फिर हाथ चलाने लगता था। सारी खेती तहस-नहस हो रही थी, उसे कौन सँभालेगा? अनाज की डाँठें खलिहान में पड़ी थीं, ऊख अलग सूख रही थी। वह अकेली क्या-क्या करेगी? फिर सिंचाई अकेले आदमी का तो काम नहीं। तीन-तीन मज़दूरों को कहाँ से लाएँ! गाँव में मज़दूर थे ही कितने। आदमियों के लिये खींचा-तानी हो रही थी। क्या करें, क्या न करे।

इस तरह तेरह दिन बीत गये। क्रिया-कर्म से छुट्टी मिली। दूसरे ही दिन सवेरे मुलिया ने दोनों बालकों को गोद में उठाया और अनाज माँड़ने चली। खलिहान में पहुँचकर उसने एक को तो पेड़ के नीचे घास के नर्म बिस्तर पर सुला दिया और दूसरे को वहीं बैठाकर अनाज माँड़ने लगी। बैलों को हाँकती थी और रोती थी। क्या इसीलिये भगवान ने उसको जन्म दिया था? देखते-देखते क्या से क्या हो गया? इन्हीं दिनों पिछले साल भी अनाज माँड़ा गया था। वह रग्घू के लिये लोटे में शरबत और मटर की घुँघी लेकर आई थी। आज कोई उसके आगे है, न पीछे: लेकिन किसी की लौंडी तो नहीं हूँ! उसे अलग होने का अब भी पछतावा न था।

एकाएक छोटे बच्चे का रोना सुनकर उसने उधर ताका, तो बड़ा लड़का उसे चुमकारकर कह रहा था–बैया तुप रहो, तुप रहो। धीरे-धीरे उसके मुँह पर हाथ फेरता था और चुप कराने के

लिये विकल था। जब बच्चा किसी तरह चुप न हुआ तो वह खुद उसके पास लेट गया और उसे छाती से लगाकर प्यार करने लगा, मगर जब यह प्रयत्न भी सफल न हुआ, तो वह रोने लगा।

उसी समय पन्ना दौड़ी आयी और छोटे बालक को गोद में उठाकर प्यार करती हुई बोली–लड़कों को मुझे क्यों न दे आयी बहू? हाय! हाय! बेचारा धरती पर पड़ा लोट रहा है। जब मैं मर जाऊँ तो जो चाहे करना, अभी तो जीती हूँ, अलग हो जाने से बच्चे तो नहीं अलग हो गये।

मुलिया ने कहा–तुम्हें भी तो छुट्टी नहीं थी अम्माँ, क्या करती?

पन्ना–तो तुझे यहाँ आने की ऐसी क्या जल्दी थी? डाठ माँड़ न जाती। तीन-तीन लड़के तो हैं और किस दिन काम आयेंगे? केदार तो कल ही माँड़ने को कह रहा था, पर मैंने कहा, पहले ऊख में पानी दे लो, फिर आज माँड़ना, मँड़ाई तो दस दिन बाद भी हो सकती है, ऊख की सिंचाई न हुई तो सूख जाएगी। कल से पानी चढ़ा हुआ है, परसों तक खेत पुर जाएगा। तब मँड़ाई हो जाएगी। तुझे विश्वास न आएगा, जब से भैया मरे हैं, केदार को बड़ी चिन्ता हो गयी है। दिन में सौ-सौ बार पूछता है, भाभी बहुत रोती तो नहीं हैं? देख, लड़के भूखे तो नहीं हैं। कोई लड़का रोता है, तो दौड़ा आता है, देख अम्माँ, क्या हुआ, बच्चा क्यों रोता है? कल रोकर बोला–अम्माँ, मैं जानता कि भैया इतनी जल्दी चले जायेंगे, तो उनकी कुछ सेवा कर लेता। कहाँ जगाए-जगाए उठता था, अब देखती हो, पहर रात से उठकर काम में लग जाता है। खुन्नू कल ज़रा-सा बोला, पहले हम अपनी ऊख में पानी दे लेंगे, तब भैया की ऊख में देंगे। इस पर केदार ने ऐसा डाँटा कि खुन्नू के मुँह से फिर बात न निकली। बोला, कैसी तुम्हारी और कैसी हमारी ऊख? भैया ने जिला न लिया होता, तो आज या तो मर गये होते या कहीं भीख माँगते होते। आज तुम बड़े ऊखवाले बने हो! यह उन्हीं का पुण्य-प्रताप है कि आज भले आदमी बने बैठे हो। परसों रोटी खाने को बुलाने गयी, तो मँड़ैया में बैठा रो रहा था। पूछा, क्यों रोता है? तो बोला, अम्माँ, भैया इसी 'अलग्योझे' के दुख से मर गये, नहीं अभी उनकी उमर ही क्या थी! यह उस वक्त न सूझा, नहीं उनसे क्यों बिगाड़ करते?

यह कहकर पन्ना ने मुलिया की ओर संकेतपूर्ण दृष्टि से देखकर कहा–तुम्हें वह अलग न रहने देगा बहू, कहता है, भैया हमारे लिये मर गये तो हम भी उनके बाल-बच्चों के लिये मर जायेंगे।

मुलिया की आँखों से आँसू जारी थे। पन्ना की बातों में आज सच्ची वेदना, सच्ची सांत्वना, सच्ची चिन्ता भरी हुई थी। मुलिया का मन कभी उसकी ओर इतना आकर्षित न हुआ था। जिनसे उसे व्यंग्य और प्रतिकार का भय था, वे इतने दयालु, इतने शुभेच्छु हो गये थे।

आज पहली बार उसे अपनी स्वार्थपरता पर लज्ज़ा आई। पहली बार आत्मा ने अलग्योझे पर धिक्कारा।

9

इस घटना को हुए पाँच साल गुज़र गये। पन्ना आज बूढ़ी हो गयी है। केदार घर का मालिक है। मुलिया घर की मालकिन है। खुन्नू और लछमन के विवाह हो चुके हैं: मगर केदार अभी तक कँवारा है। कहता है–मैं विवाह न करूँगा। कई जगहों से बातचीत हुई, कई सगाइयाँ आयीं, पर उसने हामी न भरी। पन्ना ने कंपे लगाए, जाल फैलाए, पर वह न फँसा।

कहता–औरतों से कौन सुख? मेहरिया घर में आयी और आदमी का मिज़ाज बदला। फिर जो कुछ है, वह मेहरिया है। माँ-बाप, भाई-बन्धु सब पराए हैं। जब भैया जैसे आदमी का मिज़ाज बदल गया, तो फिर दूसरों की क्या गिनती? दो लड़के भगवान के दिए हैं और क्या चाहिए। बिना ब्याह किए दो बेटे मिल गये, इससे बढ़कर और क्या होगा? जिसे अपना समझो, वह अपना है: जिसे ग़ैर समझो, वह ग़ैर है।

एक दिन पन्ना ने कहा–तेरा वंश कैसे चलेगा?

केदार–मेरा वंश तो चल रहा है। दोनों लड़कों को अपना ही समझता हूँ।

पन्ना–समझने ही पर है, तो तू मुलिया को भी अपनी मेहरिया समझता होगा?

केदार ने झेंपते हुए कहा–तुम तो गाली देती हो अम्माँ!

पन्ना–गाली कैसी, तेरी भाभी ही तो है!

केदार–मेरे जेसे लट्ठ-गँवार को वह क्यों पूछने लगी!

पन्ना–तू करने को कह, तो मैं उससे पूछूँ?

केदार–नहीं मेरी अम्माँ, कहीं रोने-गाने न लगे।

पन्ना–तेरा मन हो, तो मैं बातों-बातों में उसके मन की थाह लूँ?

केदार–मैं नहीं जानता, जो चाहे कर।

पन्ना केदार के मन की बात समझ गयी। लड़के का दिल मुलिया पर आया हुआ है, पर संकोच और भय के मारे कुछ नहीं कहता।

उसी दिन उसने मुलिया से कहा–क्या करूँ बहू, मन की लालसा मन में ही रह जाती है। केदार का घर भी बस जाता, तो मैं निश्चिंत हो जाती।

मुलिया–वह तो करने को ही नहीं कहते।

पन्ना–कहता है, ऐसी औरत मिले, जो घर में मेल से रहे, तो कर लूँ।

मुलिया–ऐसी औरत कहाँ मिलेगी? कहीं ढूँढ़ो।

पन्ना–मैंने तो ढूँढ़ लिया है।

मुलिया–सच! किस गाँव की है?

पन्ना–अभी न बताऊँगी, पर यह जानती हूँ कि उससे केदार की सगाई हो जाए, तो घर बन जाए और केदार की ज़िन्दगी भी सफल हो जाए। न जाने लड़की मानेगी कि नहीं।

मुलिया–मानेगी क्यों नहीं अम्माँ, ऐसा सुन्दर कमाऊ, सुशील वर और कहाँ मिलता है? उस जनम का कोई साधु-महात्मा है, नहीं तो लड़ाई-झगड़े के डर से कौन बिन-ब्याहा रहता है। कहाँ रहती है, मैं जाकर उसे मना लाऊँगी।

पन्ना–तू चाहे, तो उसे मना ले। तेरे ही ऊपर है।

मुलिया–मैं आज ही चली जाऊँगी, अम्माँ, उसके पैरों पड़कर मना लाऊँगी।

पन्ना–बता दूँ, वह तू ही है!

मुलिया लजाकर बोली–तुम तो अम्माँजी, गाली देती हो।

पन्ना–गाली कैसी, देवर ही तो है!

मुलिया–मुझ जैसी बुढ़िया को वह क्यों पूछेंगे?

पन्ना–वह तुझी पर दाँत गढ़ाए बैठा है। तेरे सिवा कोई और उसे भाती ही नहीं। डर के मारे कहता नहीं, पर उसके मन की बात मैं जानती हूँ।

वैधव्य के शोक से मुरझाया हुआ मुलिया का पीत बदन कमल की भाँति अरुण हो उठा। दस वर्षों में जो कुछ खोया था, वह इसी एक क्षण में मानो ब्याज के साथ मिल गया। वही लावण्य, वही विकास, वही आकर्षण, वही लोच।

ईदगाह

रमजान के पूरे तीस रोज़ों के बाद ईद आयी है। कितना मनोहर, कितना सुहावना प्रभाव है। वृक्षों पर अजीब हरियाली है, खेतों में कुछ अजीब रौनक है, आसमान पर कुछ अजीब लालिमा है। आज का सूर्य देखो, कितना प्यारा, कितना शीतल है, यानी संसार को ईद की बधाई दे रहा है। गाँव में कितनी हलचल है ईदगाह जाने की तैयारियाँ हो रही हैं। किसी के कुरते में बटन नहीं है, पड़ोस के घर में सूई-धागा लेने दौड़ा जा रहा है। किसी के जूते कड़े हो गये हैं, उनमें तेल डालने के लिये तेली के घर पर भागा जाता है। जल्दी-जल्दी बैलों को सानी-पानी दे दें। ईदगाह से लौटते-लौटते दोपहर हो जाएगी। तीन कोस का पैदल रास्ता, फिर सैकड़ों आदमियों से मिलना-भेंटना, दोपहर के पहले लौटना असम्भव है। लड़के सबसे ज़्यादा प्रसन्न हैं। किसी ने एक रोज़ा रखा है, वह भी दोपहर तक, किसी ने वह भी नहीं, लेकिन ईदगाह जाने की ख़ुशी उनके हिस्से की चीज़ है। रोज़े बड़े-बूढ़ों के लिये होंगे। इनके लिये तो ईद है। रोज़ ईद का नाम रटते थे, आज वह आ गयी। अब जल्दी पड़ी है कि लोग ईदगाह क्यों नहीं चलते। इन्हें गृहस्थी चिन्ताओं से क्या प्रयोजन! सेवैयों के लिये दूध और शक्कर घर में है या नहीं, इनकी बला से, ये तो सेवैयाँ खाएँगे। वह क्या जानें कि अब्बाजान क्यों बदहवास चौधरी कायमअली के घर दौड़े जा रहे हैं। उन्हें क्या ख़बर कि चौधरी आँखें बदल लें, तो यह सारी ईद, मुहर्रम हो जाए। उनकी अपनी जेबों में तो कुबेर का धन भरा हुआ है। बार-बार जेब से अपना ख़जाना निकालकर गिनते हैं और ख़ुश होकर फिर रख लेते हैं। महमूद गिनता है, एक-दो, दस,-बारह, उसके पास बारह पैसे हैं। मोहसिन के पास एक, दो, तीन, आठ, नौ, पंद्रह पैसे हैं। इन्हीं अनगिनती पैसों में अनगिनती चीज़ें लाएँगें—खिलौने, मिठाइयाँ, बिगुल, गेंद और जाने क्या-क्या।

और सबसे ज़्यादा प्रसन्न है हामिद। वह चार-पाँच साल का ग़रीब सूरत, दुबला-पतला लड़का, जिसका बाप गत वर्ष हैज़े की भेंट हो गया और माँ न जाने क्यों पीली होती-होती एक दिन मर गयी। किसी को नहीं पता क्या बीमारी थी। कहती तो कौन सुनने वाला था? दिल पर जो कुछ बीतती थी, वह दिल में ही सहती थी और जब न सहा गया, तो संसार से विदा हो गयी। अब हामिद अपनी बूढ़ी दादी अमीना की गोद में सोता है और उतना ही प्रसन्न है। उसके अब्बाजान रुपये कमाने गये हैं। बहुत सी थैलियाँ लेकर आयेंगे। अम्मीजान अल्लाह मियाँ के घर से उसके लिये बड़ी अच्छी-अच्छी चीज़ें लाने गयी हैं, इसलिये हामिद प्रसन्न है। आशा तो बड़ी चीज़ है, और फिर बच्चों की आशा! उनकी कल्पना तो राई का पर्वत बना लेती है।

हामिद के पाँव में जूते नहीं हैं, सिर पर एक पुरानी-धुरानी टोपी है, जिसका गोटा काला पड़ गया है, फिर भी वह प्रसन्न है। जब उसके अब्बाजान थैलियाँ और अम्मीजान नियामतें लेकर आएँगी, तो वह दिल से अरमान निकाल लेगा। तब देखेगा, मोहसिन, नूरे और सम्मी कहाँ से उतने पैसे निकालेंगे। अभागिन अमीना अपनी कोठरी में बैठी रो रही है। आज ईद का दिन, उसके घर में दाना नहीं! आज आबिद होता, तो क्या इसी तरह ईद आती और चली जाती! इस अन्धकार और निराशा में वह डूबी जा रही है। किसने बुलाया था इस निगोड़ी ईद को? इस घर में उसका काम नहीं, लेकिन हामिद! उसे किसी के मरने-जीने से क्या मतलब? उसके अन्दर प्रकाश है, बाहर आशा। विपत्ति अपना सारा दलबल लेकर आए, हामिद की आनंद-भरी चितवन उसका विध्वंस कर देगी।

हामिद भीतर जाकर दादी से कहता है—तुम डरना नहीं अम्माँ, मैं सबसे पहले आऊँगा। बिलकुल न डरना। अमीना का दिल कचोट रहा है। गाँव के बच्चे अपने-अपने बाप के साथ जा रहे हैं। हामिद का बाप अमीना के सिवा और कौन है! उसे कैसे अकेले मेले जाने दे? उस भीड़-भाड़ से बच्चा कहीं खो जाए तो क्या हो? नहीं, अमीना उसे यों न जाने देगी। नन्ही-सी जान! तीन कोस चलेगा कैसे? पैर में छाले पड़ जायेंगे। जूते भी तो नहीं हैं। वह थोड़ी-थोड़ी दूर पर उसे गोद में ले लेती, लेकिन यहाँ सेवैयाँ कौन पकाएगा? पैसे होते तो लोटते-लोटते सब सामग्री जमा करके चटपट बना लेती। यहाँ तो घंटों चीज़ें जमा करने में लगेंगे। माँगे का ही तो भरोसा ठहरा। उस दिन फहीमन के कपड़े सिले थे। आठ आने पैसे मिले थे। उस अठन्नी को ईमान की तरह बचाती चली आती थी, इसी ईद के लिये लेकिन कल ग्वालन सिर पर सवार हो गयी तो क्या करती? हामिद के लिये कुछ नहीं है, तो दो पैसे का दूध तो चाहिए ही। अब तो कुल दो आने पैसे बच रहे हैं। तीन पैसे हामिद की जेब में, पाँच अमीना के बटुवें में। यही तो बिसात है और ईद का त्योहार, अल्ला ही बेड़ा पार लगाए। धोबन और नाइन और मेहतरानी और चुड़िहारिन सभी तो आएँगी। सभी को सेवैयाँ चाहिए और थोड़ा किसी को आँखों नहीं लगता। किस-किस से मुँह चुराएगी? और मुँह क्यों चुराए? साल-भर का त्योहार है। ज़िन्दगी ख़ैरियत से रहे, उनकी तकदीर भी तो उसी के साथ है: बच्चे को ख़ुदा सलामत रखे, ये दिन भी कट जायेंगे।

गाँव से मेला चला। और बच्चों के साथ हामिद भी जा रहा था। कभी सब-के-सब दौड़कर आगे निकल जाते। फिर किसी पेड़ के नीचे खड़े होकर साथ वालों का इंतज़ार करते। यह लोग क्यों इतना धीरे-धीरे चल रहे हैं? हामिद के पैरों में तो जैसे पर लग गये हैं। वह कभी थक सकता है? शहर का दामन आ गया। सड़क के दोनों ओर अमीरों के बगीचे हैं। पक्की चारदीवारी बनी हुई है। पेड़ों में आम और लीचियाँ लगी हुई हैं। कभी-कभी कोई लड़का कंकड़ी उठाकर आम पर निशान लगाता है। माली अन्दर से गाली देता हुआ निकलता है। लड़के वहाँ से एक फर्लांग पर हैं। खूब हँस रहे हैं। माली को कैसा उल्लू बनाया है।

बड़ी-बड़ी इमारतें आने लगीं। यह अदालत है, यह कालेज है, यह क्लबघर है। इतने बड़े कालेज में कितने लड़के पढ़ते होंगे? सब लड़के नहीं हैं जी! बड़े-बड़े आदमी हैं, सच! उनकी बड़ी-बड़ी मूँछें हैं। इतने बड़े हो गये, अभी तक पढ़ने जाते हैं। न जाने कब तक पढ़ेंगे

और क्या करेंगे इतना पढ़कर! हामिद के मदरसे में दो-तीन बड़े-बड़े लड़के हैं, बिलकुल तीन कौड़ी के। रोज़ मार खाते हैं, काम से जी चुराने वाले। इस जगह भी उसी तरह के लोग होंगे और क्या। क्लबघर में जादू होता है। सुना है, यहाँ मुर्दों की खोपड़ियाँ दौड़ती हैं। और बड़े-बड़े तमाशे होते हैं, पर किसी को अन्दर नहीं जाने देते। और वहाँ शाम को साहब लोग खेलते हैं। बड़े-बड़े आदमी खेलते हैं, मूँछों-दाढ़ी वाले। और मेमें भी खेलती हैं, सच! हमारी अम्माँ को यह दे दो, क्या नाम है, बैट, तो उसे पकड़ ही न सके। घुमाते ही लुढ़क जाएँ।

महमूद ने कहा–हमारी अम्मीजान का तो हाथ काँपने लगे, अल्लाह कसम।

मोहसिन बोला–चलो, मनों आटा पीस डालती हैं। ज़रा-सा बैट पकड़ लेगी, तो हाथ काँपने लगेंगे! सैकड़ों घड़े पानी रोज़ निकालती हैं। पाँच घड़े तो तेरी भैंस पी जाती है। किसी मेम को एक घड़ा पानी भरना पड़े, तो आँखों तक अँधेरी आ जाए।

महमूद–लेकिन दौड़ती तो नहीं, उछल-कूद तो नहीं सकतीं।

मोहसिन–हाँ, उछल-कूद तो नहीं सकतीं; लेकिन उस दिन मेरी गाय खुल गयी थी और चौधरी के खेत में जा घुसी थी, अम्माँ इतना तेज़ दौड़ीं कि मैं उन्हें न पा सका, सच।

आगे चले। हलवाइयों की दुकानें शुरू हुईं। आज ख़ूब सजी हुई थीं। इतनी मिठाइयाँ कौन खाता? देखो न, एक-एक दुकान पर मनों होंगी। सुना है, रात को जिन्नात आकर खरीद ले जाते हैं। अब्बा कहते थे कि आधी रात को एक आदमी हर दुकान पर जाता है और जितना माल बचा होता है, वह तुलवा लेता है और सचमुच के रुपये देता है, बिलकुल ऐसे ही रुपये।

हामिद को यक़ीन न आया–ऐसे रुपये जिन्नात को कहाँ से मिल जायेंगे?

मोहसिन ने कहा–जिन्नात को रुपये की क्या कमी? जिस ख़जाने में चाहें चले जाएँ। लोहे के दरवाज़े तक उन्हें नहीं रोक सकते जनाब, आप हैं किस फेर में! हीरे-जवाहरात तक उनके पास रहते हैं। जिससे ख़ुश हो गये, उसे टोकरों जवाहरात दे दिए। अभी यहीं बैठे हैं, पाँच मिनट में कलकत्ता पहुँच जाएँ।

हामिद ने फिर पूछा–जिन्नात बहुत बड़े-बड़े होते हैं?

मोहसिन–एक-एक सिर आसमान के बराबर होता है जी! ज़मीन पर खड़ा हो जाए तो उसका सिर आसमान से जा लगे, मगर चाहे तो एक लोटे में घुस जाए।

हामिद–लोग उन्हें कैसे ख़ुश करते होंगे? कोई मुझे यह मंतर बता दे तो एक जिन को ख़ुश कर लूँ।

मोहसिन–अब यह तो न जानता, लेकिन चौधरी साहब के काबू में बहुत-से जिन्नात हैं। कोई चीज़ चोरी हो जाए, चौधरी साहब उसका पता लगा देंगे ओर चोर का नाम बता देंगे। जुमराती का बछवा उस दिन खो गया था। तीन दिन हैरान हुए, कहीं न मिला तब झख मारकर चौधरी के पास गये। चौधरी ने तुरन्त बता दिया, मवेशीखाने में है और वहीं मिला। जिन्नात आकर उन्हें सारे जहान की ख़बर दे जाते हैं।

अब उसकी समझ में आ गया कि चौधरी के पास क्यों इतना धन है और क्यों उनका इतना सम्मान है।

आगे चले। यह पुलिस लाइन है। यहीं सब कानिसटिबिल कवायद करते हैं। रैटन! फाय फो! रात को बेचारे घूम-घूमकर पहरा देते हैं, कहीं चोरियाँ न हो जाएँ। मोहसिन ने प्रतिवाद किया–यह कानिसटिबिल पहरा देते हैं? तभी तुम बहुत जानते हो, अजी हज़रत, यह चोरी करते हैं। शहर के जितने चोर-डाकू हैं, सब इनसे मुहल्ले में जाकर 'जागते रहो! जागते रहो!' पुकारते हैं। तभी इन लोगों के पास इतने रुपये आते हैं। मेरे मामू एक थाने में कानिसटिबिल हैं। बीस रुपया महीना पाते हैं, लेकिन पचास रुपये घर भेजते हैं। अल्लाह कसम! मैंने एक बार पूछा था कि मामू, आप इतने रुपये कहाँ से पाते हैं? हँसकर कहने लगे–बेटा, अल्लाह देता है। फिर आप ही बोले–हम लोग चाहें तो एक दिन में लाखों मार लाएँ। हम तो इतना ही लेते हैं, जिसमें अपनी बदनामी न हो और नौकरी न चली जाए।

हामिद ने पूछा–यह लोग चोरी करवाते हैं, तो कोई इन्हें पकड़ता नहीं?

मोहसिन उसकी नादानी पर दया दिखाकर बोला–अरे, पागल! इन्हें कौन पकड़ेगा! पकड़ने वाले तो यह लोग खुद हैं, लेकिन अल्लाह, इन्हें सज़ा भी खूब देता है। हराम का माल हराम में जाता है। थोड़े ही दिन हुए, मामू के घर में आग लग गयी। सारी लेई-पूँजी जल गयी। एक बरतन तक न बचा। कई दिन पेड़ के नीचे सोए, अल्लाह कसम, पेड़ के नीचे! फिर न जाने कहाँ से एक सौ क़र्ज़ लाए तो बरतन-भाँड़े आए।

हामिद–एक सौ तो पचास से ज़्यादा होते हैं?

'कहाँ पचास, कहाँ एक सौ। पचास एक थैली-भर होता है। सौ तो दो थैलियों में भी न आएँ?

अब बस्ती घनी होने लगी। ईदगाह जाने वालों की टोलियाँ नज़र आने लगीं। एक से एक भड़कीले वस्त्र पहने हुए। कोई इक्के-ताँगे पर सवार, कोई मोटर पर, सभी इत्र में बसे, सभी के दिलों में उमंग। ग्रामीणों का यह छोटा-सा दल अपनी विपन्नता से बेख़बर, सन्तोष और धैर्य में मगन चला जा रहा था। बच्चों के लिये नगर की सभी चीज़ें अनोखी थीं। जिस चीज़ की ओर ताकते, ताकते ही रह जाते और पीछे से आने की आवाज़ होने पर भी न चेतते। हामिद तो मोटर के नीचे जाते-जाते बचा।

सहसा ईदगाह नज़र आई। ऊपर इमली के घने वृक्षों की छाया है। नीचे पक्का फर्श है, जिस पर जाजम बिछा हुआ है। और रोज़ेदारों की पंक्तियाँ एक के पीछे एक न जाने कहाँ तक चली गयी हैं, पक्की जगत के नीचे तक, जहाँ जाजम भी नहीं है। नए आने वाले आकर पीछे की कतार में खड़े हो जाते हैं। आगे जगह नहीं है। यहाँ कोई धन और पद नहीं देखता। इस्लाम की निगाह में सब बराबर हैं। इन ग्रामीणों ने भी वजू किया और पिछली पंक्ति में खड़े हो गये। कितना सुन्दर संचालन है, कितनी सुन्दर व्यवस्था! लाखों सिर एक साथ सिजदे में झुक जाते हैं, फिर सब-के-सब एक साथ खड़े हो जाते हैं, एक साथ झुकते हैं और एक साथ खड़े हो जाते हैं, कई बार यही क्रिया होती है, जैसे बिजली की लाखों बत्तियाँ एक साथ प्रदीप्त हों और एक साथ बुझ जाएँ और यही क्रम चलता रहे। कितना अपूर्व दृश्य था, जिसकी सामूहिक क्रियाएँ, विस्तार और अनंतता हृदय को श्रद्धा, गर्व और आत्मानंद से भर देती थीं, मानो भ्रातृत्व का एक सूत्र इन समस्त आत्माओं को एक लड़ी में पिरोए हुए है।

2

नमाज़ खत्म हो गयी। लोग आपस में गले मिल रहे हैं। तब मिठाई और खिलौने की दुकानों पर धावा होता है। ग्रामीणों का यह दल इस विषय में बालकों से कम उत्साही नहीं है। यह देखो, हिंडोला है, एक पैसा देकर चढ़ जाओ। कभी आसमान पर जाते हुए मालूम होंगे, कभी ज़मीन पर गिरते हुए। यह चर्खी है, लकड़ी के हाथी, घोड़े, ऊँट, छड़ों में लटके हुए हैं। एक पैसा देकर बैठ जाओ और पच्चीस चक्करों का मजा लो। महमूद, मोहसिन, नूरे और सम्मी इन घोड़ों और ऊँटों पर बैठते हैं। हामिद दूर खड़ा है। तीन ही पैसे तो उसके पास हैं। अपने कोष का एक-तिहाई ज़रा-सा चक्कर खाने के लिये नहीं दे सकता।

सब चर्खियों से उतरते हैं। अब खिलौने लेंगे। उधर दुकानों की कतार लगी हुई है। तरह-तरह के खिलौने हैं–सिपाही और गुजरिया, राजा और वक़ील, भिश्ती और धोबिन और साधु। वाह! कितने सुन्दर खिलौने हैं। अब बोलना ही चाहते हैं। महमूद सिपाही लेता है, खाकी वर्दी और लाल पगड़ी वाला, कंधे पर बंदूक रखे हुए, मालूम होता है, अभी कवायद किए चला आ रहा है। मोहसिन को भिश्ती पसंद आया। कमर झुकी हुई है, ऊपर मशक रखे हुए है। मशक का मुँह एक हाथ से पकड़े हुए है। कितना प्रसन्न है! शायद कोई गीत गा रहा है। बस, मशक से पानी उँड़ेलना ही चाहता है। नूरे को वक़ील से प्रेम है। कैसी विद्वत्ता है उसके मुख पर! काला चोगा, नीचे सफेद अचकन, अचकन के सामने की जेब में घड़ी, सुनहरी जंजीर, एक हाथ में क़ानून का पोथा लिये हुए। मालूम होता है, अभी किसी अदालत से जिरह या बहस किए चले आ रहे हैं। यह सब दो-दो पैसे के खिलौने हैं। हामिद के पास कुल तीन पैसे हैं, इतने महँगे खिलौने वह कैसे ले? खिलौना कहीं हाथ से छूट पड़े तो चूर-चूर हो जाए। ज़रा पानी पड़े तो सारा रंग घुल जाए। ऐसे खिलौने लेकर वह क्या करेगा, किस काम के!

मोहसिन कहता है–मेरा भिश्ती रोज़ पानी दे जाएगा साँझ-सबेरे।

महमूद–और मेरा सिपाही घर का पहरा देगा, कोई चोर आएगा, तो फौरन बंदूक से फैर कर देगा।

नूरे–और मेरा वक़ील ख़ूब मुक़दमा लड़ेगा।

सम्मी–और मेरी धोबिन रोज़ कपड़े धोएगी।

हामिद खिलौनों की निंदा करता है–मिट्टी ही के तो हैं, गिरे तो चकनाचूर हो जाएँ, लेकिन ललचाई हुई आँखों से खिलौनों को देख रहा है और चाहता है कि ज़रा देर के लिये उन्हें हाथ में ले सकता। उसके हाथ अनायास ही लपकते हैं, लेकिन लड़के इतने त्यागी नहीं होते हैं, विशेषकर जब अभी नया शौक है। हामिद ललचाता रह जाता है। खिलौने के बाद मिठाइयाँ आती हैं। किसी ने रेवड़ियाँ ली हैं, किसी ने गुलाबजामुन किसी ने सोहन-हलवा। मजे से खा रहे हैं। हामिद बिरादरी से पृथक् है। अभागे के पास तीन पैसे हैं। क्यों नहीं कुछ लेकर खाता? ललचाई आँखों से सबकी ओर देखता है।

मोहसिन कहता है–हामिद रेवड़ी ले जा, कितनी ख़ुशबूदार हैं!

हामिद को संदेह हुआ, ये केवल क्रूर विनोद है। मोहसिन इतना उदार नहीं है, लेकिन यह जानकर भी वह उसके पास जाता है। मोहसिन दोने से एक रेवड़ी निकालकर हामिद की ओर बढ़ाता है। हामिद हाथ फैलाता है। मोहसिन रेवड़ी अपने मुँह में रख लेता है। महमूद नूरे और सम्मी ख़ूब तालियाँ बजा-बजाकर हँसते हैं। हामिद खिसिया जाता है।

मोहसिन–अच्छा, अबकी ज़रूर देंगे हामिद, अल्लाह कसम, ले जा।

हामिद–रखे रहो। क्या मेरे पास पैसे नहीं हैं?

सम्मी–तीन ही पैसे तो हैं। तीन पैसे में क्या-क्या लोगे?

महमूद–हमसे गुलाबजामुन ले जाओ हामिद। मोहमिन बदमाश है।

हामिद–मिठाई कौन बड़ी नेमत है? किताब में इसकी कितनी बुराइयाँ लिखी हैं?

मोहसिन–लेकिन दिल में कह रहे होगे कि मिले तो खा लें। अपने पैसे क्यों नहीं निकालते?

महमूद–सब समझते हैं, इसकी चालाकी। जब हमारे सारे पैसे ख़र्च हो जायेंगे, तो हमें ललचा-ललचाकर खाएगा।

मिठाइयों के बाद कुछ दुकानें लोहे की चीज़ों की, कुछ गिलट और कुछ नकली गहनों की। लड़कों के लिये यहाँ कोई आकर्षण न था। वे सब आगे बढ़ जाते हैं, हामिद लोहे की दुकान पर रुक जाता है। कई चिमटे रखे हुए थे। उसे ख़याल आया, दादी के पास चिमटा नहीं है। तवे से रोटियाँ उतारती हैं, तो हाथ जल जाता है। अगर वह चिमटा ले जाकर दादी को दे दे तो वह कितना प्रसन्न होंगी! फिर उनकी उँगलियाँ कभी न जलेंगी। घर में एक काम की चीज़ हो जाएगी। खिलौने से क्या फायदा? व्यर्थ में पैसे खराब होते हैं। ज़रा देर ही तो ख़ुशी होती है। फिर तो खिलौने को कोई आँख उठाकर नहीं देखता। यह तो घर पहुँचते-पहुँचते टूट-फूटकर बराबर हो जायेंगे। चिमटा कितने काम की चीज़ है। रोटियाँ तवे से उतार लो, चूल्हे में सेंक लो। कोई आग माँगने आये तो चटपट चूल्हे से आग निकालकर उसे दे दो। अम्माँ बेचारी को कहाँ फ़ुर्सत है कि बाज़ार आएँ और इतने पैसे ही कहाँ मिलते हैं? रोज़ हाथ जला लेती हैं। हामिद के साथी आगे बढ़ गये हैं। सबील पर सब-के-सब शर्बत पी रहे हैं। देखो, सब कितने लालची हैं। इतनी मिठाइयाँ लीं, मुझे किसी ने एक भी न दी। उस पर कहते हैं, मेरे साथ खेलो। मेरा यह काम करो। अब अगर किसी ने कोई काम करने को कहा, तो पूछूँगा। खाएँ मिठाइयाँ, आप मुँह सड़ेगा, फोड़े-फुन्सियाँ निकलेंगी, आपकी जबान चटोरी हो जाएगी। तब घर से पैसे चुराएँगे और मार खाएँगे। किताब में झूठी बातें थोड़े ही लिखी हैं। मेरी जबान क्यों खराब होगी? अम्माँ चिमटा देखते ही दौड़कर मेरे हाथ से ले लेंगी और कहेंगी–मेरा बच्चा अम्माँ के लिये चिमटा लाया है। कितना अच्छा लड़का है। इन लोगों के खिलौनों पर कौन इन्हें दुआएँ देगा? बड़ों की दुआएँ सीधे अल्लाह के दरबार में पहुँचती हैं और तुरंत सुनी जाती हैं। मैं भी इनके मिज़ाज क्यों सहूँ? मैं ग़रीब सही, किसी से कुछ माँगने तो नहीं जाता। आख़िर अब्बाजान कभी-न-कभी आयेंगे। अम्माँ भी आएँगी ही। फिर इन लोगों से पूछूँगा, कितने खिलौने लोगे? एक-एक को टोकरियों खिलौने दूँ और दिखा दूँ कि दोस्तों के साथ इस तरह का सलूक किया जाता है। यह नहीं कि एक पैसे की रेवड़ियाँ लीं, तो

चिढ़ा-चिढ़ाकर खाने लगे। सब-के-सब हँसेंगे कि हामिद ने चिमटा लिया है। हँसें! मेरी बला से! उसने दुकानदार से पूछा–यह चिमटा कितने का है?

दुकानदार ने उसकी ओर देखा और कोई आदमी साथ न देखकर कहा–तुम्हारे काम का नहीं है जी!

'बिकाऊ है कि नहीं?'

'बिकाऊ क्यों नहीं है? और यहाँ क्यों लाद लाए हैं?'

'तो बताते क्यों नहीं, कै पैसे का है?'

'छह पैसे लगेंगे।'

हामिद का दिल बैठ गया।

'ठीक-ठीक पाँच पैसे लगेंगे, लेना हो लो, नहीं चलते बनो।'

हामिद ने कलेजा मजबूत करके कहा तीन पैसे लोगे?

यह कहता हुआ व आगे बढ़ गया कि दुकानदार की घुड़कियाँ न सुने। लेकिन दुकानदार ने घुड़कियाँ नहीं दी। बुलाकर चिमटा दे दिया। हामिद ने उसे इस तरह कंधे पर रखा, मानो बंदूक है और शान से अकड़ता हुआ संगियों के पास आया। ज़रा सुनें, सब-के-सब क्या-क्या आलोचनाएँ करते हैं!

मोहसिन ने हँसकर कहा–यह चिमटा क्यों लाया पगले, इसे क्या करेगा?

हामिद ने चिमटे को ज़मीन पर पटक कर कहा–ज़रा अपना भिश्ती ज़मीन पर गिरा दो। सारी पसलियाँ चूर-चूर हो जाएँ बचा की।

महमूद बोला–तो यह चिमटा कोई खिलौना है?

हामिद–खिलौना क्यों नहीं है! अभी कंधे पर रखा, बंदूक हो गयी। हाथ में ले लिया, फकीरों का चिमटा हो गया। चाहूँ तो इससे मँजीरे का काम ले सकता हूँ। एक चिमटा जमा दूँ, तो तुम लोगों के सारे खिलौनों की जान निकल जाए। तुम्हारे खिलौने कितना ही ज़ोर लगाएँ, मेरे चिमटे का बाल भी बाँका नहीं कर सकते। मेरा बहादुर शेर है चिमटा। सम्मी ने खँजरी ली थी। प्रभावित होकर बोला–मेरी खँजरी से बदलोगे? दो आने की है।

हामिद ने खँजरी की ओर उपेक्षा से देखा–मेरा चिमटा चाहे तो तुम्हारी खँजरी का पेट फाड़ डाले। बस, एक चमड़े की झिल्ली लगा दी, ढब-ढब बोलने लगी। ज़रा-सा पानी लग जाए तो खत्म हो जाए। मेरा बहादुर चिमटा आग में, पानी में, आँधी में, तूफान में बराबर डटा खड़ा रहेगा।

चिमटे ने सभी को मोहित कर लिया, अब पैसे किसके पास धरे हैं? फिर मेले से दूर निकल आए हैं, नौ कब के बज गये, धूप तेज़ हो रही है। घर पहुँचने की जल्दी हो रही है। बाप से ज़िद भी करें, तो चिमटा नहीं मिल सकता। हामिद है बड़ा चालाक। इसीलिये बदमाश ने अपने पैसे बचा रखे थे।

अब बालकों के दो दल हो गये हैं। मोहसिन, महमूद, सम्मी और नूरे एक तरफ़ हैं, हामिद अकेला दूसरी तरफ़। शास्त्रार्थ हो रहा है। सम्मी तो विधर्मी हो गया! दूसरे पक्ष से जा मिला, लेकिन मोहसिन, महमूद और नूरे भी हामिद से एक-एक, दो-दो साल बड़े होने पर भी हामिद के आघातों से आतंकित हो उठे हैं। उसके पास न्याय का बल है और नीति की शक्ति। एक ओर मिट्टी है, दूसरी ओर लोहा, जो इस वक्त अपने को फ़ौलाद कह रहा है। वह अजेय है, घातक है। अगर कोई शेर आ जाए मियाँ भिश्ती के छक्के छूट जाएँ, जो मियाँ सिपाही मिट्टी की बंदूक छोड़कर भागे, वक़ील साहब की नानी मर जाए, चोगे में मुँह छिपाकर ज़मीन पर लेट जाएँ। मगर यह चिमटा, यह बहादुर, यह रुस्तमे-हिंद लपककर शेर की गर्दन पर सवार हो जाएगा और उसकी आँखें निकाल लेगा।

मोहसिन ने एड़ी-चोटी का ज़ोर लगाकर कहा—अच्छा, पानी तो नहीं भर सकता?

हामिद ने चिमटे को सीधा खड़ा करके कहा—भिश्ती को एक डाँट लगाएगा, तो दौड़ा हुआ पानी लाकर उसके द्वार पर छिड़कने लगेगा।

मोहसिन परास्त हो गया, पर महमूद ने कुमुक पहुँचाई—अगर बचा पकड़ जाएँ तो अदालत में बँधे-बँधे फिरेंगे। तब तो वक़ील साहब के पैरों पड़ेंगे।

हामिद इस प्रबल तर्क का जवाब न दे सका। उसने पूछा—हमें पकड़ने कौन आएगा?

नूरे ने अकड़कर कहा—यह सिपाही बंदूकवाला।

हामिद ने मुँह चिढ़ाकर कहा—यह बेचारे हम बहादुर रुस्तमे-हिंद को पकड़ेंगे! अच्छा लाओ, अभी ज़रा कुश्ती हो जाए। इसकी सूरत देखकर दूर से भागेंगे। पकड़ेंगे क्या बेचारे!

मोहसिन को एक नयी चोट सूझ गयी—तुम्हारे चिमटे का मुँह रोज़ आग में जलेगा।

उसने समझा था कि हामिद लाजवाब हो जाएगा, लेकिन यह बात न हुई। हामिद ने तुरंत जवाब दिया—आग में बहादुर ही कूदते हैं जनाब, तुम्हारे यह वक़ील, सिपाही और भिश्ती लौंडियों की तरह घर में घुस जायेंगे। आग में काम तो यह रुस्तमे-हिन्द ही कर सकता है।

महमूद ने एक ज़ोर लगाया—वक़ील साहब कुर्सी-मेज पर बैठेंगे, तुम्हारा चिमटा तो बाब. रचीखाने में ज़मीन पर पड़ा रहने के सिवा और क्या कर सकता है?

इस तर्क ने सम्मी और नूरे को भी सही कर दिया! कितने ठिकाने की बात कही है पट्ठे ने! चिमटा बावरचीखाने में पड़ा रहने के सिवा और क्या कर सकता है?

हामिद को कोई फड़कता हुआ जवाब न सूझा, तो उसने धाँधली शुरू की—मेरा चिमटा बावरचीखाने में नहीं रहेगा। वक़ील साहब कुर्सी पर बैठेंगे, तो जाकर उन्हें ज़मीन पर पटक देगा और उनका क़ानून उनके पेट में डाल देगा। बात कुछ बनी नहीं। खाली गाली-गलौज थी, लेकिन क़ानून को पेट में डालने वाली बात छा गयी। ऐसी छा गयी कि तीनों सूरमा मुँह ताकते रह गये मानो कोई धेलचा कनकौआ किसी गंडेवाले कनकौए को काट गया हो। क़ानून मुँह से बाहर निकलने वाली चीज़ है। उसको पेट के अन्दर डाल दिया जाना बेतुकी-सी बात होने पर भी कुछ नयापन रखती है। हामिद ने मैदान मार लिया। उसका चिमटा रुस्तमे-हिन्द है। अब इसमें मोहसिन, महमूद, नूरे सम्मी किसी को भी आपत्ति नहीं हो सकती।

विजेता को हारने वालों से तो सत्कार मिलना स्वाभाविक है, वह हामिद को भी मिला। औरों ने तीन-तीन, चार-चार आने पैसे ख़र्च किए, पर कोई काम की चीज़ न ले सके। हामिद ने तीन पैसे में रंग जमा लिया। सच ही तो है, खिलौनों का क्या भरोसा? टूट-फूट जायेंगे। हामिद का चिमटा तो बना रहेगा बरसों?

संधि की शर्तें तय होने लगीं। मोहसिन ने कहा—ज़रा अपना चिमटा दो, हम भी देखें। तुम हमार भिश्ती लेकर देखो। महमूद और नूरे ने भी अपने-अपने खिलौने पेश किए।

हामिद को इन शर्तों को मानने में कोई आपत्ति न थी। चिमटा बारी-बारी से सबके हाथ में गया और उनके खिलौने बारी-बारी से हामिद के हाथ में आए। कितने खूबसूरत खिलौने हैं।

हामिद ने हारने वालों के आँसू पोंछे—मैं तुम्हें चिढ़ा रहा था, सच! यह चिमटा भला इन खिलौनों की क्या बराबरी करेगा, मालूम होता है, अब बोले, अब बोले।

लेकिन मोहसिन की पार्टी को इस दिलासे से संतोष नहीं होता। चिमटे का सिलिका ख़ूब बैठ गया है। चिपका हुआ टिकट अब पानी से नहीं छूट रहा है।

मोहसिन—लेकिन इन खिलौनों के लिये कोई हमें दुआ तो न देगा?

महमूद—दुआ को लिये फिरते हो। उल्टे मार न पड़े। अम्माँ ज़रूर कहेंगी कि मेले में यही मिट्टी के खिलौने मिले?

हामिद को स्वीकार करना पड़ा कि खिलौनों को देखकर किसी की माँ इतनी ख़ुश न होगी, जितनी दादी चिमटे को देखकर होंगी। तीन पैसों ही में तो उसे सब-कुछ करना था और उन पैसों के इस उपयोग पर पछतावे की बिलकुल ज़रूरत न थी। फिर अब तो चिमटा रुस्तमे-हिन्द है और सभी खिलौनों का बादशाह।

रास्ते में महमूद को भूख लगी। उसके बाप ने केले खाने को दिये। महमूद ने केवल हामिद को साझी बनाया। उसके अन्य मित्र मुँह ताकते रह गये। यह उस चिमटे का प्रसाद था।

3

ग्यारह बजे गाँव में हलचल मच गयी। मेले वाले आ गये। मोहसिन की छोटी बहन दौड़कर भिश्ती उसके हाथ से छीन लिया और मारे ख़ुशी के जा उछली, तो मियाँ भिश्ती नीचे आ रहे और सुरलोक सिधारे। इस पर भाई-बहन में मार-पीट हुई। दोनों ख़ूब रोए। उसकी अम्माँ यह शोर सुनकर बिगड़ी और दोनों को ऊपर से दो-दो चाँटे और लगाए। मियाँ नूरे के वक़ील का अंत उनके प्रतिष्ठानुकूल इससे ज़्यादा गौरवमय हुआ। वक़ील ज़मीन पर या ताक पर तो नहीं बैठ सकता। उसकी मर्यादा का विचार तो करना ही होगा। दीवार में खूँटियाँ गाड़ी गईं। उन पर लकड़ी का एक पटरा रखा गया। पटरे पर काग़ज़ का कालीन बिछाया गया। वक़ील साहब राजा भोज की भाँति सिंहासन पर विराजे। नूरे ने उन्हें पंखा झलना शुरू किया। अदालतों में खस की टट्टियाँ और बिजली के पंखे रहते हैं। क्या यहाँ मामूली पंखा भी न हो! क़ानून की गर्मी दिमाग़ पर चढ़ जाएगी कि नहीं? बाँस का पंखा आया और नूरे हवा करने लगे। मालूम नहीं, पंखे की हवा से या पंखे की चोट से वक़ील साहब स्वर्गलोक से मृत्युलोक में आ रहे और

उनका माटी का चोला माटी में मिल गया! फिर बड़े ज़ोर-शोर से मातम हुआ और वक़ील साहब की अस्थि घूरे पर डाल दी गयी।

अब रहा महमूद का सिपाही। उसे चटपट गाँव का पहरा देने का चार्ज मिल गया, लेकिन पुलिस का सिपाही कोई साधारण व्यक्ति तो नहीं, जो अपने पैरों चले। वह पालकी पर चलेगा। एक टोकरी आई, उसमें कुछ लाल रंग के फटे-पुराने चिथड़े बिछाए गये, जिसमें सिपाही साहब आराम से लेटे। नूरे ने यह टोकरी उठाई और अपने द्वार का चक्कर लगाने लगे। उनके दोनों छोटे भाई सिपाही की तरह 'छोने वाले, जागते लहो' पुकारते चलते हैं। मगर रात तो अँधेरी होनी चाहिए, नूरे को ठोकर लग जाती है। टोकरी उसके हाथ से छूटकर गिर पड़ती है और मियाँ सिपाही अपनी बंदूक लिये ज़मीन पर आ जाते हैं और उनकी एक टाँग में विकार आ जाता है।

महमूद को आज ज्ञात हुआ कि वह अच्छा डाक्टर है। उसको ऐसा मरहम मिल गया है, जिससे वह टूटी टाँग को आनन-फानन जोड़ सकता है। केवल गूलर का दूध चाहिए। गूलर का दूध आता है। टाँग जवाब दे देती है। शल्य-क्रिया असफल हुई, तब उसकी दूसरी टाँग भी तोड़ दी जाती है। अब कम-से-कम एक जगह आराम से बैठ तो सकता है। एक टाँग से तो न चल सकता था, न बैठ सकता था। अब वह सिपाही संन्यासी हो गया है। अपनी जगह पर बैठा-बैठा पहरा देता है। कभी-कभी देवता भी बन जाता है। उसके सिर का झालरदार साफा खुरच दिया गया है। अब उसका जितना रूपांतर चाहो, कर सकते हो। कभी-कभी तो उससे बाट का काम भी लिया जाता है।

अब मियाँ हामिद का हाल सुनिए। अमीना उसकी आवाज़ सुनते ही दौड़ी और उसे गोद में उठाकर प्यार करने लगी। सहसा उसके हाथ में चिमटा देखकर वह चौंकी।

'यह चिमटा कहाँ था?'

'मैंने मोल लिया है।'

'कै पैसे में?

'तीन पैसे दिये।'

अमीना ने छाती पीट ली। यह कैसा बेसमझ लड़का है कि दोपहर हुआ, कुछ खाया न पिया। लाया क्या, चिमटा!

'सारे मेले में तुझे और कोई चीज़ न मिली, जो यह लोहे का चिमटा उठा लाया?'

हामिद ने अपराधी-भाव से कहा-तुम्हारी उँगलियाँ तवे से जल जाती थीं, इसलिये मैंने इसे लिया।

बुढ़िया का क्रोध तुरन्त स्नेह में बदल गया और स्नेह भी वह नहीं, जो प्रगल्भ होता है और अपनी सारी कसक शब्दों में बिखेर देता है। यह मूक स्नेह था, ख़ूब ठोस, रस और स्वाद से भरा हुआ। बच्चे में कितना त्याग, कितना सद्‌भाव और कितना विवेक है! दूसरों को खिलौने लेते और मिठाई खाते देखकर इसका मन कितना ललचाया होगा? इतना

जब्त इससे हुआ कैसे? वहाँ भी इसे अपनी बुढ़िया दादी की याद बनी रही। अमीना का मन गद्‌गद हो गया।

और अब एक बड़ी विचित्र बात हुई। हामिद के इस चिमटे से भी विचित्र। बच्चे हामिद ने बूढ़े हामिद का पार्ट खेला था। बुढ़िया अमीना बालिका अमीना बन गयी। वह रोने लगी। दामन फैलाकर हामिद को दुआएँ देती जाती थी और आँसू की बड़ी-बड़ी बूँदें गिराती जाती थी। हामिद इसका रहस्य क्या समझता!

गुल्ली डंडा

हमारे अंग्रेजी दोस्त मानें या न मानें मैं तो यही कहूँगा कि गुल्ली-डंडा सब खेलों का राजा है। अब भी कभी लड़कों को गुल्ली-डंडा खेलते देखता हूँ, तो जी लोट-पोट हो जाता है कि इनके साथ जाकर खेलने लगूँ। न लान की ज़रूरत, न कोर्ट की, न नेट की, न थापी की। मजे से किसी पेड़ से एक टहनी काट ली, गुल्ली बना ली, और दो आदमी भी आ जाए, तो खेल शुरू हो गया।

विलायती खेलों में सबसे बड़ा ऐब है कि उसके सामान महँगे होते हैं। जब तक कम-से-कम एक सैकड़ा न ख़र्च कीजिए, खिलाड़ियों में शुमार ही नहीं हो पाता। यहाँ गुल्ली-डंडा है कि बना हर्र-फिटकरी के चोखा रंग देता है; पर हम अंगरेजी चीज़ों के पीछे ऐसे दीवाने हो रहे हैं कि अपनी सभी चीज़ों से अरुचि हो गयी। स्कूलों में हरेक लड़के से तीन-चार रुपये सालाना केवल खेलने की फीस ली जाती है। किसी को यह नहीं सूझता कि भारतीय खेल खिलाएँ, जो बिना दाम-कौड़ी के खेले जाते हैं। अंगरेजी खेल उनके लिये हैं, जिनके पास धन है। ग़रीब लड़कों के सिर क्यों यह व्यसन मढ़ते हो? ठीक है, गुल्ली से आँख फूट जाने का भय रहता है, तो क्या क्रिकेट से सिर फूट जाने, तिल्ली फट जाने, टाँग टूट जाने का भय नहीं रहता! अगर हमारे माथे में गुल्ली का दाग़ आज तक बना हुआ है, तो हमारे कई दोस्त ऐसे भी हैं, जो थापी को बैसाखी से बदल बैठे। यह अपनी-अपनी रुचि है। मुझे गुल्ली ही सब खेलों से अच्छी लगती है और बचपन की मीठी स्मृतियों में गुल्ली ही सबसे मीठी है। वह प्रातःकाल घर से निकल जाना, वह पेड़ पर चढ़कर टहनियाँ काटना और गुल्ली-डंडे बनाना, वह उत्साह, वह खिलाड़ियों के जमघटे, वह पदना और पदाना, वह लड़ाई-झगड़े, वह सरल स्वभाव, जिससे छूत-अछूत, अमीर-ग़रीब का बिलकुल भेद न रहता था, जिसमें अमीराना चोचलों की, प्रदर्शन की, अभिमान की गुंजाइश ही न थी, यह उसी वक्त भूलेगा जब... जब...। घरवाले बिगड़ रहे हैं, पिताजी चौके पर बैठे वेग से रोटियों पर अपना क्रोध उतार रहे हैं, अम्माँ की दौड़ केवल द्वार तक है, लेकिन उनकी विचार-धारा में मेरा अन्धकारमय भविष्य टूटी हुई नौका की तरह डगमगा रहा है; और मैं हूँ कि पदाने में मस्त हूँ, न नहाने की सुधि है, न खाने की। गुल्ली है तो ज़रा-सी, पर उसमें दुनिया-भर की मिठाइयों की मिठास और तमाशों का आनंद भरा हुआ है।

मेरे हमजोलियों में एक लड़का 'गया' नाम का था। मुझसे दो-तीन साल बड़ा होगा। दुबला, बंदरों की-सी लम्बी-लम्बी, पतली-पतली उँगलियाँ, बंदरों की-सी चपलता, वही झल्लाहट।

गुल्ली कैसी ही हो, पर इस तरह लपकता था, जैसे छिपकली कीड़ों पर लपकती है। मालूम नहीं, उसके माँ-बाप थे या नहीं, कहाँ रहता था, क्या खाता था; पर था हमारे गुल्ली-क्लब का चैम्पियन। जिसकी तरफ़ वह आ जाए, उसकी जीत निश्चित थी। हम सब उसे दूर से आते देख, उसका दौड़कर स्वागत करते थे और अपना गोइयाँ बना लेते थे।

एक दिन मैं और गया दो ही खेल रहे थे। वह पदा रहा था। मैं पद रहा था, मगर कुछ विचित्र बात है कि पदाने में हम दिन-भर मस्त रह सकते हैं; पदना एक मिनट का भी अखरता है। मैंने गला छुड़ाने के लिये सब चालें चलीं, जो ऐसे अवसर पर शास्त्र-विहित न होने पर भी क्षम्य हैं, लेकिन गया अपना दाँव लिये बग़ैर मेरा पिंड न छोड़ता था।

मैं घर की ओर भागा। अनुनय-विनय का कोई असर न हुआ था।

गया ने मुझे दौड़कर पकड़ लिया और डंडा तानकर बोला—मेरा दाँव देकर जाओ। पदाया तो बड़े बहादुर बनके, पदने के बेर क्यों भागे जाते हो?

'तुम दिन-भर पदाओ तो मैं दिन-भर पदता रहूँ?'

'हाँ, तुम्हें दिन-भर पदना पड़ेगा।'

'न खाने जाऊँ, न पीने जाऊँ?'

'हाँ! मेरा दाँव दिये बिना कहीं नहीं जा सकते।'

'मैं तुम्हारा गुलाम हूँ?'

'हाँ, मेरे गुलाम हो।'

'मैं घर जाता हूँ, देखूँ मेरा क्या कर लेते हो!'

'घर कैसे जाओगे; कोई दिल्लगी है। दाँव दिया है, दाँव लेंगे।'

'अच्छा, कल मैंने अमरूद खिलाया था। वह लौटा दो।

'वह तो पेट में चला गया।'

'निकालो पेट से। तुमने क्यों खाया मेरा अमरूद?'

'अमरूद तुमने दिया, तब मैंने खाया। मैं तुमसे माँगने न गया था।'

'जब तक मेरा अमरूद न दोगे, मैं दाँव न दूँगा।'

मैं समझता था, न्याय मेरी ओर है। आख़िर मैंने किसी स्वार्थ से ही उसे अमरूद खिलाया होगा। कौन निःस्वार्थ किसी के साथ सलूक करता है। भिक्षा तक तो स्वार्थ के लिये देते हैं। जब गया ने अमरूद खाया, तो फिर उसे मुझसे दाँव लेने का क्या अधिकार है? रिश्वत देकर तो लोग ख़ून पचा जाते हैं, यह मेरा अमरूद यों ही हज़म कर जाएगा? अमरूद पैसे के पाँच वाले थे, जो गया के बाप को भी नसीब न होंगे। यह सरासर अन्याय था।

गया ने मुझे अपनी ओर खींचते हुए कहा—मेरा दाँव देकर जाओ, अमरूद-समरूद मैं नहीं जानता।

मुझे न्याय का बल था। वह अन्याय पर डटा हुआ था। मैं हाथ छुड़ाकर भागना चाहता था। वह मुझे जाने न देता! मैंने उसे गाली दी, उसने उससे कड़ी गाली दी, और गाली-ही नहीं, एक चाँटा जमा दिया। मैंने उसे दाँत काट लिया। उसने मेरी पीठ पर डंडा जमा दिया। मैं रोने लगा! गया मेरे इस अस्त्र का मुकाबला न कर सका। मैंने तुरन्त आँसू पोंछ डाले, डंडे की चोट भूल गया और हँसता हुआ घर जा पहुँचा! मैं थानेदार का लड़का एक नीच जात के लौंडे के हाथों पिट गया, यह मुझे उस समय भी अपमानजनक मालूम हुआ; लेकिन घर में किसी से शिकायत न की।

2

उन्हीं दिनों पिताजी का वहाँ से तबादला हो गया। नयी दुनिया देखने की ख़ुशी में ऐसा फूला कि अपने हमजोलियों से बिछुड़ जाने का बिलकुल दु:ख न हुआ। पिताजी दु:खी थे। वह बड़ी आमदनी की जगह थी। अम्माँजी भी दु:खी थीं, यहाँ सब चीज़ सस्ती थीं, और मुहल्ले की स्त्रियों से घराव-सा हो गया था, लेकिन मैं मारे ख़ुशी के फूला न समाता था। लड़कों में जीट उड़ा रहा था, वहाँ ऐसे घर थोड़े ही होते हैं। ऐसे-ऐसे ऊँचे घर हैं कि आसमान से बातें करते हैं। वहाँ के अँगरेजी स्कूल में कोई मास्टर लड़कों को पीटे, तो उसे जेहल हो जाए। मेरे मित्रों की फैली हुई आँखें और चकित मुद्रा बतला रही थी कि मुझसे उनकी निगाह में कितनी स्पर्धा हो रही थी! मानो कह रहे थे—तू भागवान हो भाई, जाओ। हमें तो इसी ऊजड़ ग्राम में जीना भी है और मरना भी।

बीस साल गुज़र गये। मैंने इंजीनियरी पास की और उसी जिले का दौरा करता हुआ उसी कस्बे में पहुँचा और डाकबँगले में ठहरा। उस स्थान को देखते ही इतनी मधुर बाल-स्मृतियाँ हृदय में जाग उठीं कि मैंने छड़ी उठाई और कस्बे की सैर करने निकला। आँखें किसी प्यासे पथिक की भाँति बचपन के उन क्रीड़ा-स्थलों को देखने के लिये व्याकुल हो रही थीं; पर उस परिचित नाम के सिवा वहाँ और कुछ परिचित न था। जहाँ खँडहर था, वहाँ पक्के मकान खड़े थे। जहाँ बरगद का पुराना पेड़ था, वहाँ अब एक सुन्दर बगीचा था। स्थान की काया-पलट हो गयी थी। अगर उसके नाम और स्थिति का ज्ञान न होता, तो मैं उसे पहचान भी न सकता। बचपन की संचित और अमर स्मृतियाँ बाँहें खोले अपने उन पुराने मित्रों से गले मिलने को अधीर हो रही थीं; मगर वह दुनिया बदल गयी थी। ऐसा जी होता था कि उस धरती से लिपटकर रोऊँ और कहूँ, तुम मुझे भूल गयी! मैं तो अब भी तुम्हारा वही रूप देखना चाहता हूँ।

सहसा एक खुली जगह में मैंने दो-तीन लड़कों को गुल्ली-डंडा खेलते देखा। एक क्षण के लिये मैं अपने को बिलकुल भूल गया। भूल गया कि मैं एक ऊँचा अफ़सर हूँ, साहबी ठाठ में, रौब और अधिकार के आवरण में।

जाकर एक लड़के से पूछा—क्यों बेटे, यहाँ कोई गया नाम का आदमी रहता है?

एक लड़के ने गुल्ली-डंडा समेटकर सहमे हुए स्वर में कहा—कौन गया? गया चमार?

मैंने यों ही कहा—हाँ-हाँ वही। गया नाम का कोई आदमी है तो? शायद वही हो।

'हाँ, है तो।'

'ज़रा उसे बुला सकते हो?'

लड़का दौड़ता हुआ गया और एक क्षण में एक पाँच हाथ के काले देव को साथ लिये आता दिखाई दिया। मैं दूर से ही पहचान गया। उसकी ओर लपकना चाहता था कि उसके गले लिपट जाऊँ, पर कुछ सोचकर रह गया। बोला–कहो गया, मुझे पहचानते हो?

गया ने झुककर सलाम किया–हाँ मालिक, भला पहचानूँगा क्यों नहीं! आप मजे में हो?

'बहुत मजे में। तुम अपनी कहो।'

'डिप्टी साहब का साईस हूँ।'

'मतई, मोहन, दुर्गा सब कहाँ हैं? कुछ ख़बर है?

'मतई तो मर गया, दुर्गा और मोहन दोनों डाकिया हो गये हैं। आप?'

'मैं तो जिले का इंजीनियर हूँ।'

'सरकार तो पहले ही बड़े जहीन थे?

'अब कभी गुल्ली-डंडा खेलते हो?'

गया ने मेरी ओर प्रश्न-भरी आँखों से देखा–अब गुल्ली-डंडा क्या खेलूँगा सरकार, अब तो धंधे से छुट्टी नहीं मिलती।

'आओ, आज हम-तुम खेलें। तुम पदाना, हम पदेंगे। तुम्हारा एक दाँव हमारे ऊपर है। वह आज ले लो।'

गया बड़ी मुश्किल से राजी हुआ। वह ठहरा टके का मज़दूर, मैं एक बड़ा अफ़सर। हमारा और उसका क्या जोड़? बेचारा झेंप रहा था। लेकिन मुझे भी कुछ कम झेंप न थी; इसलिये नहीं कि मैं गया के साथ खेलने जा रहा था, बल्कि इसलिये कि लोग इस खेल को अजूबा समझकर इसका तमाशा बना लेंगे और अच्छी-खासी भीड़ लग जाएगी। उस भीड़ में वह आनंद कहाँ रहेगा, पर खेले बग़ैर तो रहा नहीं जाता। आख़िर निश्चय हुआ कि दोनों जने बस्ती से बहुत दूर खेलेंगे और बचपन की उस मिठाई को ख़ूब रस ले-लेकर खायेंगे। मैं गया को लेकर डाकबँगले पर आया और मोटर में बैठकर दोनों मैदान की ओर चले। साथ में एक कुल्हाड़ी ले ली। मैं गंभीर भाव धारण किए हुए था, लेकिन गया इसे अभी तक मजाक ही समझ रहा था। फिर भी उसके मुख पर उत्सुकता या आनंद का कोई चिह्न न था। शायद वह हम दोनों में जो अंतर हो गया था, यही सोचने में मगन था।

मैंने पूछा–तुम्हें कभी हमारी याद आती थी गया? सच कहना।

गया झेंपता हुआ बोला–मैं आपको याद करता हुज़ूर, किस लायक हूँ। भाग में आपके साथ कुछ दिन खेलना बदा था; नहीं मेरी क्या गिनती?

मैंने कुछ उदास होकर कहा–लेकिन मुझे तो बराबर, तुम्हारी याद आती थी। तुम्हारा वह डंडा, जो तुमने तानकर जमाया था, याद है न?

गया ने पछताते हुए कहा–वह लड़कपन था सरकार, उसकी याद न दिलाओ।

'वाह! वह मेरे बाल-जीवन की सबसे रसीली याद है। तुम्हारे उस डंडे में जो रस था, वह तो अब न आदर-सम्मान में पाता हूँ, न धन में।'

इतनी देर में हम बस्ती से कोई तीन मील निकल आये। चारों तरफ़ सन्नाटा है। पश्चिम ओर कोसों तक भीमताल फैला हुआ है, जहाँ आकर हम किसी समय कमल पुष्प तोड़ ले जाते थे और उसके झूमक बनाकर कानों में डाल लेते थे। जेठ की संध्या केसर में डूबी चली आ रही है। मैं लपककर एक पेड़ पर चढ़ गया और एक टहनी काट लाया। चटपट गुल्ली-डंडा बन गया।

खेल शुरू हो गया। मैंने गुच्ची में गुल्ली रखकर उछाली। गुल्ली गया के सामने से निकल गयी। उसने हाथ लपकाया, जैसे मछली पकड़ रहा हो। गुल्ली उसके पीछे जाकर गिरी। यह वही गया है, जिसके हाथों में गुल्ली जैसे आप ही आकर बैठ जाती थी। वह दाहिने-बाएँ कहीं हो, गुल्ली उसकी हथेली में ही पहुँचती थी। जैसे गुल्लियों पर वशीकरण डाल देता हो। नयी गुल्ली, पुरानी गुल्ली, छोटी गुल्ली, बड़ी गुल्ली, नोकदार गुल्ली, सपाट गुल्ली सभी उससे मिल जाती थीं। जैसे उसके हाथों में कोई चुम्बक हो, गुल्लियों को खींच लेता हो; लेकिन आज गुल्ली को उससे वह प्रेम नहीं रहा। फिर तो मैंने पदाना शुरू किया। मैं तरह-तरह की धाँधलियाँ कर रहा था। अभ्यास की कसर बेईमानी से पूरी कर रहा था। चूक जाने पर भी डंडा खेले जाता था। हालाँकि शास्त्र के अनुसार 'गया' की बारी आनी चाहिए थी। गुल्ली पर ओछी चोट पड़ती और वह ज़रा दूर पर गिर पड़ती, तो मैं झपटकर उसे ख़ुद उठा लेता और दोबारा टाँड़ लगाता। गया यह सारी बे-कायदगियाँ देख रहा था; पर कुछ न बोलता था, जैसे उसे वह सब कायदे-क़ानून भूल गये। उसका निशाना कितना अचूक था। गुल्ली उसके हाथ से निकलकर टन से डंडे से आकर लगती थी। उसके हाथ से छूटकर उसका काम था डंडे से टकरा जाना, लेकिन आज वह गुल्ली डंडे में लगती ही नहीं! कभी दाहिने जाती है, कभी बाएँ, कभी आगे, कभी पीछे।

आध घंटे पदाने के बाद एक गुल्ली डंडे में आ लगी। मैंने धाँधली की–गुल्ली डंडे में नहीं लगी। बिलकुल पास से गयी; लेकिन लगी नहीं।

गया ने किसी प्रकार का असंतोष प्रकट नहीं किया।

'न लगी होगी।'

'डंडे में लगती तो क्या मैं बेईमानी करता?'

'नहीं भैया, तुम भला बेईमानी करोगे?'

बचपन में मजाल था कि मैं ऐसा घपला करके जीता बचता! यही गया गर्दन पर चढ़ बैठता, लेकिन आज मैं उसे कितनी आसानी से धोखा दिए चला जाता था। गधा है! सारी बातें भूल गया।

सहसा गुल्ली फिर डंडे से लगी और इतनी ज़ोर से लगी, जैसे बंदूक छूटी हो। इस प्रमाण के सामने अब किसी तरह की धाँधली करने का साहस मुझे इस वक्त भी न हो सका, लेकिन क्यों न एक बार सबको झूठ बताने की चेष्टा करूँ? मेरा हरज ही क्या है। मान गया

तो वाह-वाह, नहीं दो-चार हाथ पदना ही तो पड़ेगा। अँधेरा का बहाना करके जल्दी से छुड़ा लूँगा। फिर कौन दाँव देने आता है।

गया ने विजय के उल्लास में कहा–लग गयी, लग गयी। टन से बोली।

मैंने अनजान बनने की चेष्टा करके कहा–तुमने लगते देखा? मैंने तो नहीं देखा।

'टन से बोली है सरकार!'

'और जो किसी ईट से टकरा गयी हो?

मेरे मुख से यह वाक्य उस समय कैसे निकला, इसका मुझे खुद आश्चर्य है। इस सत्य को झुठलाना वैसा ही था, जैसे दिन को रात बताना। हम दोनों ने गुल्ली को डंडे में ज़ोर से लगते देखा था; लेकिन 'गया' ने मेरा कथन स्वीकार कर लिया।

'हाँ, किसी ईट में ही लगी होगी। डंडे में लगती तो इतनी आवाज़ न आती।'

मैंने फिर पदाना शुरू कर दिया; लेकिन इतनी प्रत्यक्ष धाँधली कर लेने के बाद गया की सरलता पर मुझे दया आने लगी; इसीलिये जब तीसरी बार गुल्ली डंडे में लगी, तो मैंने बड़ी उदारता से दाँव देना तय कर लिया।

गया ने कहा–अब तो अँधेरा हो गया है भैया, कल पर रखो।

मैंने सोचा, कल बहुत-सा समय होगा, यह न जाने कितनी देर पदाए, इसलिये इसी वक्त मुआमला साफ कर लेना अच्छा होगा।

'नहीं, नहीं। अभी बहुत उजाला है। तुम अपना दाँव ले लो।'

'गुल्ली सूझेगी नहीं।'

'कुछ परवाह नहीं।'

गया ने पदाना शुरू किया; पर उसे अब बिलकुल अभ्यास न था। उसने दो बार टाँड लगाने का इरादा किया; पर दोनों ही बार हुच गया। एक मिनिट से कम में वह दाँव खो बैठा। मैंने अपनी हृदय की विशालता का परिचय दिया।

'एक दाँव और खेल लो। तुम तो पहले ही हाथ में चूक गये।'

'नहीं भैया, अब अँधेरा हो गया।'

'तुम्हारा अभ्यास छूट गया। कभी खेलते नहीं?'

'खेलने का समय कहाँ मिलता है भैया!'

हम दोनों मोटर पर जा बैठे और चिराग जलते-जलते पड़ाव पर पहुँच गये। गया चलते-चलते बोला–कल यहाँ गुल्ली-डंडा होगा। सभी पुराने खिलाड़ी खेलेंगे। तुम भी आओगे? जब तुम्हें फ़ुर्सत हो, तभी खिलाड़ियों को बुलाऊँ।

मैंने शाम का समय दिया और दूसरे दिन मैच देखने गया। कोई दस-दस आदमियों की मंडली थी। कई मेरे लड़कपन के साथी निकले! अधिकांश युवक थे, जिन्हें मैं पहचान न सका। खेल शुरू हुआ। मैं मोटर पर बैठा-बैठा तमाशा देखने लगा। आज गया का खेल,

उसका नैपुण्य देखकर मैं चकित हो गया। टाँड़ लगाता, तो गुल्ली आसमान से बातें करती। कल की-सी वह झिझक, वह हिचकिचाहट, वह बेदिली आज न थी। लड़कपन में जो बात थी, आज उसने प्रौढ़ता प्राप्त कर ली थी। कहीं कल इसने मुझे इस तरह पदाया होता, तो मैं ज़रूर रोने लगता। उसके डंडे की चोट खाकर गुल्ली दो सौ गज की ख़बर लाती थी।

पदने वालों में एक युवक ने कुछ धाँधली की। उसने अपने विचार में गुल्ली लपक ली थी। गया का कहना था–गुल्ली ज़मीन में लगकर उछली थी। इस पर दोनों में ताल ठोकने की नौबत आई है। युवक दब गया। गया का तमतमाया हुआ चेहरा देखकर डर गया। अगर वह दब न जाता, तो ज़रूर मार-पीट हो जाती।

मैं खेल में न था; पर दूसरों के इस खेल में मुझे वही लड़कपन का आनन्द आ रहा था, जब हम सब कुछ भूलकर खेल में मस्त हो जाते थे। अब मुझे मालूम हुआ कि कल गया ने मेरे साथ खेला नहीं, केवल खेलने का बहाना किया। उसने मुझे दया का पात्र समझा। मैंने धाँधली की, बेईमानी की, पर उसे ज़रा भी क्रोध न आया। इसलिये कि वह खेल न रहा था, मुझे खेला रहा था, मेरा मन रख रहा था। वह मुझे पदाकर मेरा कचूमर नहीं निकालना चाहता था। मैं अब अफ़सर हूँ। यह अफ़सरी मेरे और उसके बीच में दीवार बन गयी है। मैं अब उसका लिहाज़ पा सकता हूँ, अदब पा सकता हूँ, साहचर्य नहीं पा सकता। लड़कपन था, तब मैं उसका समकक्ष था। यह पद पाकर अब मैं केवल उसकी दया योग्य हूँ। वह मुझे अपना जोड़ नहीं समझता। वह बड़ा हो गया है, मैं छोटा हो गया हूँ।

गिला

जीवन का बड़ा भाग इसी घर में गुज़र गया, पर कभी आराम न नसीब हुआ। मेरे पति संसार की दृष्टि में बड़े सज्जन, बड़े शिष्ट, बड़े उदार, बड़े सौम्य होंगे; लेकिन जिस पर गुज़रती है, वही जानता है। संसार को उन लोगों की प्रशंसा करने में आनंद आता है, जो अपने घर को भाड़ में झोंक रहे हों, ग़ैरों के पीछे अपना सर्वनाश किये डालते हों। जो प्राणी घरवालों के लिये मरता है, उसकी प्रशंसा संसार वाले नहीं करते। वह तो उनकी दृष्टि में स्वार्थी है, कृपण है, संकीर्ण हृदय है, आचार-भ्रष्ट है। इसी तरह जो लोग बाहर वालों के लिये मरते हैं, उनकी प्रशंसा घरवाले क्यों करने लगे? अब इन्हीं को देखो, सारे दिन मुझे जलाया करते हैं। मैं पर्दा तो नहीं करती; लेकिन सौदे-सुलफ के लिये बाज़ार जाना बुरा मालूम होता है। और, इनका यह हाल है, कि चीज़ मँगवाओ, तो ऐसी दुकान से लायेंगे, जहाँ कोई ग्राहक भूलकर भी न जाता हो। ऐसी दुकान पर न तो चीज़ अच्छी मिलती है, न तौल ठीक होती है, न दाम ही उचित होते हैं। यह दोष न होते, तो वह दुकान बदनाम ही क्यों होती; पर इन्हें ऐसी ही गयी-बीती दुकानों की चीज़ें लाने का मरज है। बार-बार कह दिया, साहब कि चलती हुई दुकान से सौदे लाया करो। वहाँ माल अधिक खपता है, इसलिये ताज़ा माल आता रहता है; पर इनकी तो टुटपुँजिया से बनती है, और वे इन्हें उल्टे छुरे से मूँड़ते हैं। गेहूँ लायेंगे, तो सारे बाज़ार से खराब, घुना हुआ चावल, ऐसा मोटा कि बैल भी न पूछे, दाल में कराई और कंकड़ भरे हुए। मनों लकड़ी जला डालो, क्या मजाल कि गले! घी लायेंगे तो आधा आधा तेल, या सोलहों आने काटोजेम और दरअसल घी से एक छटाँक कम! तेल लायेंगे तो मिलावट, बालों में डालो, तो चिकट जायें; पर दाम दे आयेंगे शुद्ध आँवले के तेल का! किसी चलती हुई नामी दुकान पर जाते तो इन्हें जैसे डर लगता है। शायद ऊँची दुकान और फीके पकवान के कायल हैं। मेरा अनुभव तो यह है, कि नीची दुकान पर ही सड़े पकवान मिलते हैं।

एक दिन की बात हो, तो बरदाश्त कर ली जाय। रोज़-रोज़ का टंटा नहीं सहा जाता। मैं पूछती हूँ; आख़िर आप टुटपुँजियों की दुकान पर जाते ही क्यों हैं? क्या उनके पालन-पोषण का ठीका तुम्हीं ने लिया है? आप फरमाते हैं, मुझे देखकर सब-के-सब बुलाने लगते हैं। वाह क्या कहना है! कितनी दूर की बात कही है। ज़रा इन्हें बुला लिया और ख़ुशामद के दो शब्द सुना दिये, थोड़ी-सी स्तुति कर दी, बस आपका मिज़ाज आसमान पर जा पहुँचा। फिर इन्हें सुधि नहीं रहती कि यह कूड़ा-करकट बाँध रहा है या क्या। पूछती हूँ, तुम उस रास्ते से जाते

ही क्यों हो? क्यों किसी दूसरे रास्ते से नहीं जाते। ऐसे उठाईगीरों को मुँह ही क्यों लगाते हो? इसका कोई जवाब नहीं? एक चुप सौ बाधाओं को हराती है?

एक बार एक गहना बनवाने को दिया। मैं तो महाशय को जानती थी। इनसे कुछ पूछना व्यर्थ समझा। अपने पहचान के एक सुनार को बुला रही थी। संयोग से आप भी विराजमान थे। बोले–यह संप्रदाय विश्वास के योग्य नहीं, धोखा खाओगी। मैं एक सुनार को जानता हूँ, मेरे साथ का पढ़ा हुआ है, बरसों साथ-साथ खेले हैं, वह मेरे साथ चालबाजी नहीं कर सकता। मैंने भी समझा, जब इनका मित्र है और वह भी बचपन का, तो कहाँ तक दोस्ती का हक़ न निभायेगा। सोने का एक आभूषण और सौ रुपये इनके हवाले किये। इस भलेमानस ने वह आभूषण और रुपये न जाने किस बेईमान को दे दिये कि बरसों के झंझट के बाद जब चीज़ बनकर आयी, तो आठ आने ताँबा और इतनी भद्दी कि देखकर घिन लगती थी। बरसों की अभिलाषा धूल में मिल गयी। रो-पीटकर बैठ रही। ऐसे-ऐसे वफ़ादार तो इनके मित्र हैं; जिन्हें मित्र की गर्दन पर छुरी फेरने पर भी संकोच नहीं। इनकी दोस्ती भी उन्हीं लोगों से है, जो ज़माने भर के जट्टू, गिरहकट, लँगोटी में फाग खेलनेवाले, फाकेमस्त हैं, जिनका उद्यम ही इन जैसे आँख के अंधों से दोस्ती गाँठना है। नित्य ही एक-न-एक महाशय उधार माँगने के लिये सिर पर सवार रहते हैं और बिना लिये गला नहीं छोड़ते। मगर ऐसा कभी न हुआ कि किसी ने रुपये चुकाये हों। आदमी एक बार खोकर सीखता है, दो बार खोकर सीखता है, किंतु यह भलेमानस हज़ार बार खोकर भी नहीं सीखते! जब कहती हूँ, रुपये तो दे आये। अब माँग क्यों नहीं लाते! क्या मर गये तुम्हारे वह दोस्त? तो बस बगलें झाँककर रह जाते हैं। आपसे मित्रों को सूखा जवाब नहीं दिया जाता। ख़ैर, सूखा जवाब न दो। मैं भी नहीं कहती कि दोस्तों से बेमुरौवती करो; मगर चिकनी-चुपड़ी बातें तो बना सकते हो, बहाने तो कर सकते हो। किसी मित्र ने रुपये माँगे और आपके सिर पर बोझ पड़ा। बेचारे कैसे इनकार करें। आख़िर लोग जान जायेंगे कि नहीं कि यह महाशय भी खुक्खल ही हैं! इनकी हविस यह है कि दुनिया इन्हें संपन्न समझती रहे, चाहे मेरे गहने ही क्यों न गिरों रखने पड़ें। सच कहती हूँ, कभी-कभी तो एक-एक पैसे की तंगी हो जाती है और इन भले आदमी को रुपये जैसे घर में काटते हैं। जब तक रुपये के वारे-न्यारे न कर लें, इन्हें चैन नहीं। इनके करतूत कहाँ तक गाऊँ। मेरी तो नाक में दम आ गया। एक-न-एक मेहमान रोज़ यमराज की भाँति सिर पर सवार रहते हैं। न जाने कहाँ के बेफ़िक्रे इनके मित्र हैं। कोई कहीं से आकर मरता है, कोई कहीं से। घर क्या है, अपाहिजों का अड्डा है। ज़रा-सा तो घर, मुश्किल से दो पलंग, ओढ़ना-बिछौना भी फालतू नहीं, मगर आप हैं कि मित्रों को निमंत्रण देने को तैयार! आप तो अतिथि के साथ लेटेंगे, इसलिये इन्हें चारपाई भी चाहिए, ओढ़ना-बिछौना भी चाहिए, नहीं तो घर का पर्दा खुल जाय। जाता है मेरे बच्चों के सिर, गरमियों में तो ख़ैर कोई मुजायका नहीं; लेकिन जाड़ों में तो ईश्वर ही याद आते हैं। गरमियों में भी खुली छत पर तो मेहमानों का अधिकार हो जाता है, अब मैं बच्चों को लिये पिंजड़े में पड़ी फड़फड़ाया करूँ। इन्हें इतनी समझ भी नहीं, कि जब घर की यह दशा है; तो क्यों ऐसों को मेहमान बनायें, जिनके पास कपड़े-लत्ते तक नहीं। ईश्वर की दया से इनके सभी मित्र इसी श्रेणी के हैं। एक भी ऐसा माई का लाल नहीं, जो समय पड़ने

पर धेले की भी इनकी मदद कर सके। दो-एक बार महाशय को इसका अनुभव अत्यंत कटु अनुभव हो चुका है; मगर इस जड़ भरत ने जैसे आँखें न खोलने की कसम खा ली है। ऐसे ही दरिद्र भट्टाचार्यों से इनकी पटती है। शहर में इतने लक्ष्मी के पुत्र हैं, पर आपका किसी से परिचय नहीं। उनके पास जाते इनकी आत्मा दुखती है। दोस्ती गाँठेंगे ऐसों से, जिनके घर में खाने का ठिकाना नहीं।

एक बार हमारा कहार, छोड़कर चला गया और कई दिन कोई दूसरा कहार न मिला। किसी चतुर और कुशल कहार की तलाश में थी; किंतु आपको जल्द-से-जल्द कोई आदमी रख लेने की धुन सवार हो गयी। घर के सारे काम पूर्ववत् चल रहे थे, पर आपको मालूम हो रहा था कि गाड़ी रुकी हुई है। मेरा जूठे बरतन माँजना और अपना साग-भाजी के लिये बाज़ार जाना इनके लिये असह्य हो उठा। एक दिन जाने कहाँ से एक बाँगड़ू को पकड़ लाये। उसकी सूरत कहे देती थी कि कोई जाँगलू है; मगर आपने उसका ऐसा बखान किया, कि क्या कहूँ। बड़ा होशियार है, बड़ा आज्ञाकारी, परले सिरे का मेहनती, गजब का सलीकेदार और बहुत ही ईमानदार। ख़ैर, मैंने उसे रख लिया। मैं बार-बार क्यों इनकी बातों में आ जाती हूँ, इसका मुझे स्वयं आश्चर्य है। यह आदमी केवल रूप से आदमी था। आदमियत के और कोई लक्षण उसमें न थे। किसी काम की तमीज़ नहीं। बेईमान न था; पर गधा अव्वल दर्ज़े का। बेईमान होता, तो कम-से-कम इतनी तस्कीन तो होती कि ख़ुद खा जाता है। अभागा दुकानदारों के हाथों लुट जाता था। दस तक की गिनती उसे न आती थी। एक रुपया देकर बाज़ार भेजूँ तो संध्या तक हिसाब न समझ सके। क्रोध पी-पीकर रह जाती थी। रक्त खौलने लगता था कि दुष्ट के कान उखाड़ लूँ, मगर इन महाशय को उसे कभी कुछ कहते नहीं देखा, डाँटना तो दूर की बात है। आप नहा-धोकर धोती छाँट रहे हैं और वह दूर बैठा तमाशा देख रहा है। मैं तो उसका खून पी जाती; लेकिन इन्हें ज़रा भी गम नहीं। जब मेरे डाँटने पर धोती छाँटने जाता भी, तो आप उसे समीप न आने देते। बस, उसके दोषों को गुण बनाकर दिखाया करते थे; और इस प्रयास में सफल न होते, तो दोषों पर पर्दा डाल देते थे। मूर्ख को झाड़ू लगाने की तमीज़ न थी। मरदाना कमरा ही तो सारे घर में ढंग का एक कमरा है। उसमें झाड़ू लगाता, तो इधर की चीज़ उधर, ऊपर की नीचे; मानो कमरे में भूकंप आ गया हो। और गर्द का यह हाल, कि साँस लेना कठिन; पर आप शांतिपूर्वक कमरे में बैठे हैं, जैसे कोई बात ही नहीं। एक दिन मैंने उसे ख़ूब डाँटा—कल से ठीक-ठीक झाड़ू न लगाई तो कान पकड़कर निकाल दूँगी। सबेरे सोकर उठी, तो देखती हूँ कमरे में झाड़ू लगी हुई है और हरेक चीज़ करीने से रखी हुई है। गर्दगुबार का नाम नहीं। मैं चकित होकर देखने लगी, तो आप हँसकर बोले—देखती क्या हो; आज घूरे ने बड़े सबेरे उठकर झाड़ू लगाई है। मैंने समझा दिया। तुम ढंग तो बताती नहीं, उलटे डाँटने लगती हो।

मैंने समझा, ख़ैर, दुष्ट ने कम-से-कम एक काम तो सलीके से किया। अब रोज़ कमरा साफ-सुथरा मिलता। घूरे मेरी दृष्टि में विश्वासी बनने लगा। संयोग की बात, एक दिन मैं ज़रा मामूल से सबेरे उठ बैठी और कमरे में आयी, तो क्या देखती हूँ कि घूरे द्वार पर खड़ा है, और आप तन-मन से कमरे में झाड़ू लगा रहे हैं। मेरी आँखों में ख़ून उतर आया। उनके हाथ

से झाड़ू छीन कर घूरे के सिर जमा दी। हरामखोर को उसी दम निकाल बाहर किया। आप फरमाने लगे, उसका महीना तो चुका दो। वाह री समझ। एक तो काम न करे, उस पर आँखें दिखाये। उस पर पूरी मजूरी भी चुका दूँ। मैंने एक कौड़ी भी न दी। एक कुरता दिया था, वह भी छीन लिया। इस पर जड़ भरत महाशय मुझसे कई दिन रूठे रहे। घर छोड़कर भागे जाते थे। बड़ी मुश्किलों से रुके। ऐसे-ऐसे भोंदू भी संसार में पड़े हुए हैं। मैं न होती, तो शायद अब तक इन्हें किसी ने बाज़ार में बेच दिया होता।

एक दिन मेहतर ने उतारे कपड़ों का सवाल किया। इस बेकारी के ज़माने में फालतू कपड़े तो शायद पुलिस वालों या रईसों के घर में हों, मेरे घर में तो ज़रूरी कपड़े भी काफी नहीं। आपका वस्त्रालय एक बकची में आ जायगा, जो डाक के पारसल से कहीं भेजा जा सकता है। फिर इस साल जाड़ों के कपड़े बनवाने की नौबत न आयी। पैसे नज़र नहीं आते, कपड़े कहाँ से बनें। मैंने मेहतर को साफ जवाब दे दिया। कड़ाके का जाड़ा पड़ रहा था; इसका अनुभव मुझे कम न था। ग़रीबों पर क्या बीत रही है, इसका भी मुझे ज्ञान था। लेकिन मेरे या आपके पास खेद के सिवा इसका और क्या इलाज़ है। जब तक समाज का यह संगठन रहेगा, ऐसी शिकायतें पैदा होती रहेंगी। जब एक-एक अमीर और रईस के पास एक-एक मालगाड़ी कपड़ों से भरी हुई है, तब फिर निर्धनों को क्यों न नग्नता का कष्ट उठाना पड़े? ख़ैर मैंने तो मेहतर को जवाब दे दिया, आपने क्या किया कि आपका कोट उठाकर उसको भेंट कर दिया। मेरी देह में आग लग गयी। इतनी दानशील नहीं हूँ कि दूसरों को खिलाकर आप सो रहूँ, देवता के पास यही एक कोट था। आपको इसकी ज़रा भी चिन्ता न हुई कि पहनेंगे क्या? यश के लोभ ने जैसे बुद्धि ही हर ली। मेहतर ने सलाम किया, दुआएँ दीं, और अपनी राह ली। आप कई दिन सर्दी से ठिठुरते रहे। प्रातःकाल घूमने जाया करते थे। वह बंद हो गया। ईश्वर ने उन्हें हृदय भी एक विचित्र प्रकार का दिया है। फटे-पुराने कपड़े पहनते आपको ज़रा भी संकोच नहीं होता; मैं तो मारे लाज के गड़ जाती हूँ, पर आपको ज़रा फ़िक्र नहीं। कोई हँसता है, तो हँसे, आपकी बला से। अंत में जब मुझसे न देखा गया, तो एक कोट बनवा दिया। जी तो जलता था कि खूब सर्दी खाने दूँ; पर डरी कि कहीं बीमार पड़ जायें, तो और बुरा हो। आख़िर काम तो उन्हीं को करना है।

महाशय अपने दिल में समझते होंगे, मैं कितना विनीत, कितना परोपकारी हूँ। शायद इन्हें इन बातों का गर्व हो। मैं इन्हें परोपकारी नहीं समझती, न विनीत ही समझती हूँ, यह जड़ता है, सीधी-सादी निरीहता। जिस मेहतर को आपने अपना कोट दिया, उसे मैंने कई बार रात को शराब के नशे में मस्त झूमता देखा है और आपको दिखा भी दिया है। फिर दूसरों की विवेकहीनता की पुरौती हम क्यों करें? अगर आप विनीत और परोपकारी होते, तो घरवालों के प्रति भी तो आपके मन में कुछ उदारता होती। या सारी उदारता बाहरवालों के लिये ही सुरक्षित है? घरवालों को उसका अल्पांश भी न मिलना चाहिए? मेरी इतनी अवस्था बीत गयी; पर इस भले आदमी ने कभी अपने हाथों से मुझे एक उपहार भी न दिया। बेशक मैं जो चीज़ बाज़ार से मँगवाऊँ; उसे लाने में इन्हें ज़रा भी आपत्ति नहीं, बिलकुल उज़्र नहीं, मगर रुपये मैं दे दूँ, यह शर्त है। इन्हें ख़ुद कभी यह उमंग नहीं होती। यह मैं मानती हूँ कि बेचारे अपने लिये भी कुछ

नहीं लाते। मैं जो कुछ मँगवा दूँ, उसी पर संतुष्ट हो जाते हैं; मगर आख़िर आदमी कभी-कभी शौक की चीज़ें चाहता ही है। अन्य पुरुषों को देखती हूँ, स्त्री के लिये तरह-तरह के गहने, भाँति-भाँति के कपड़े, शौक-सिंगार की वस्तुएँ लाते रहते हैं। यहाँ इस व्यवहार का निषेध है। बच्चों के लिये भी मिठाइयाँ, खिलौने, बाजे शायद जीवन में एक बार भी न लाये हों। शपथ भी खा ली है; इसलिये मैं तो इन्हें कृपण कहूँगी, अरसिक कहूँगी, हृदय-शून्य कहूँगी, उदार नहीं कह सकती। दूसरों के साथ इनका जो सेवा-भाव है, उसका कारण है, इनका यश-लोभ और व्यावहारिक अज्ञानता। आपके विनय का यह हाल है कि जिस दफ़्तर में आप नौकर हैं, उसके किसी अधिकारी से आपका मेल-जोल नहीं। अफ़सरों को सलाम करना तो आपकी नीति के विरुद्ध है, नज़र या डाली तो दूर की बात है। और तो और, कभी किसी अफ़सर के घर नहीं जाते। इसका ख़ामियाजा आप न उठायें, तो कौन उठाये। औरों को रिआयती छुट्टियाँ मिलती हैं, आपका वेतन कटता है; औरों की तरक्कियाँ होती हैं, आपको कोई पूछता भी नहीं; हाज़िरी में पाँच मिनट की भी देर हो जाय, तो जवाब पूछा जाता है। बेचारे जी-तोड़कर काम करते हैं, कोई बड़ा कठिन काम आ जाता है, तो इन्हीं के सिर मढ़ा जाता है, इन्हें ज़रा भी आपत्ति नहीं। दफ़्तर में इन्हें 'घिस्सू', 'पिस्सू' आदि उपाधियाँ मिली हुई हैं, मगर पड़ाव कितना ही बड़ा मारें, इनके भाग्य में वही सूखी घास लिखी है। यह विनय नहीं है, स्वाधीन मनोवृत्ति भी नहीं है, मैं तो इसे समय-चातुरी का अभाव कहती हूँ, व्यावहारिक ज्ञान की क्षति कहती हूँ। आख़िर कोई अफ़सर आपसे क्यों प्रसन्न हो। इसलिये कि आप बड़े मेहनती हैं? दुनियाँ का काम मुरौवत और रवादारी से चलता है! अगर हम किसी से खिंचे रहें, तो कोई कारण नहीं कि वह भी हमसे न खिंचा रहे। फिर जब मन में क्षोभ होता है, तो वह दफ़्तरी व्यवहारों में भी प्रकट हो ही जाता है। जो मातहत अफ़सर को प्रसन्न रखने की चेष्टा करता है, जिसकी जात से अफ़सर का कोई व्यक्तिगत उपकार होता है, जिस पर वह विश्वास कर सकता है, उसका लिहाज़ वह स्वभावतः करता है। ऐसे सिरागियों से क्यों किसी को सहानुभूति होने लगी। अफ़सर भी तो मनुष्य है। उसके हृदय में जो सम्मान और विशिष्टता की कामना है, वह कहाँ पूरी हो। जब अधीनस्थ कर्मचारी ही उससे फिरन्ट रहें, तो क्या उसके अफ़सर उसे सलाम करने आयेंगे? आपने जहाँ नौकरी की, वहाँ से निकाले गये। कभी किसी दफ़्तर में दो-तीन साल से ज़्यादा न टिके। या तो अफ़सर से लड़ गये, या कार्याधिक्य के कारण छोड़ बैठे।

आपका कुटुंब-सेवा का दावा है। आपके कई भाई-भतीजे होते हैं, वह कभी इनकी बात भी नहीं पूछते; आप बराबर उनका मुँह ताकते रहते हैं।

इनके एक भाई साहब आजकल तहसीलदार हैं। घर की मिल्कियत उन्हीं की निगरानी में है। वह ठाट से रहते हैं। मोटर रख ली है; कई नौकर-चाकर हैं मगर यहाँ भूले से भी पत्र नहीं लिखते। एक बार हमें रुपये की बड़ी तंगी हुई। मैंने कहा, अपने भ्राताजी से क्यों नहीं माँग लेते? कहने लगे उन्हें क्यों चिन्ता में डालूँ। उन्हें भी तो अपना ख़र्च है। कौन-सी ऐसी बचत हो जाती होगी। जब मैंने बहुत मज़बूर किया; तो आपने पत्र लिखा। मालूम नहीं पत्र में क्या लिखा, पत्र लिखा या मुझे चकमा दे दिया; रुपये न आने थे, न आये। कई दिनों के बाद मैंने पूछा कुछ जवाब आया श्रीमान् के भाई साहब के दरबार से? आपने रुष्ट होकर कहा, अभी केवल एक सप्ताह

तो खत पहुँचे हुए, अभी क्या जवाब आ सकता है। एक सप्ताह और गुज़रा, मगर जवाब नदारद। अब आपका यह हाल है कि मुझे कुछ बातचीत करने का अवसर ही नहीं देते। इतने प्रसन्न-चित्त नज़र आते हैं कि क्या कहूँ। बाहर से आते हैं तो ख़ुश-ख़ुश! कोई-न-कोई शिगूफा लिये हुए। मेरी ख़ुशामद भी ख़ूब हो रही है, मेरे मैके वालों की प्रशंसा भी हो रही है, मेरे गृह-प्रबंध का बखान भी असाधारण रीति से किया जा रहा है। मैं इस महाशय की चाल समझ रही थी। यह सारी दिलजोई केवल इसलिये थी कि श्रीमान् के भाईसाहब के विषय में कुछ पूछ न बैठूँ। सारे राजनैतिक, आर्थिक, सामाजिक, आचारिक प्रश्नों की मुझसे व्याख्या की जाती थी, इतने विस्तार और गवेषणा के साथ कि विशेषज्ञ भी लोहा मान जायें। केवल इसलिये कि मुझे वह प्रसंग उठाने का अवसर न मिले; लेकिन मैं भला कब चूकने वाली थी। जब पूरे दो सप्ताह गुज़र गये और बीमे के रुपये भेजने की मिति, मौत की तरह सिर पर सवार हो गयी तो मैंने पूछा क्या हुआ, तुम्हारे भाई साहब ने श्रीमुख से कुछ फरमाया या अभी तक पत्र नहीं पहुँचा? आख़िर घर की जायदाद में हमारा भी कुछ हिस्सा है या नहीं? या हम किसी लौंडी-दासी की संतान हैं? पाँच सौ रुपये साल का नफा तो दस साल पहले था। अब तो एक हज़ार से कम न होगा, पर हमें कभी एक कानी कौड़ी भी नहीं मिली। मोटे हिसाब से हमें दो हज़ार मिलना चाहिए। दो हज़ार न हों, एक हज़ार हों, पाँच सौ हों, ढाई सौ हों, कुछ न हों, तो बीमा के प्रीमियम भर के तो हों। तहसीलदार साहब की आमदनी हमारी आमदनी की चौगुनी है, रिश्वतें भी लेते हैं; तो फिर हमारे रुपये क्यों नहीं देते? आप हें-हें, हाँ-हाँ, करने लगे। कहने लगे, वह बेचारे घर की मरम्मत करवाते हैं। बंधु-बाँधवों का स्वागत-सत्कार करते हैं, नातेदारियों में भेंट-भाँट भेजते हैं। और कहाँ से लावें जो हमारे पास भेजें? वाह री बुद्धि! मानो जायदाद इसीलिये होती है कि उसकी कमाई उसी में ख़र्च हो जाय। इस भले आदमी को बहाने गढ़ने भी नहीं आते। मुझसे पूछते मैं एक नहीं, हज़ार बता देती, एक-से-एक बढ़कर- कह देते घर में आग लग गयी, सब कुछ स्वाहा हो गया था, या चोरी हो गयी, तिनका तक न बचा या दस हज़ार का अनाज भरा था, उसमें घाटा रहा, या किसी से फ़ौजदारी हो गयी, उसमें दिवाला पिट गया। आपको सूझी भी तो लचर-सी बात। तकदीर ठोंककर बैठ रही। पड़ोस की एक महिला से रुपये क़र्ज़ लिये, तब जाकर काम चला। फिर भी आप भाई-भतीजों की तारीफ़ के पुल बाँधते हैं, तो मेरे शरीर में आग लग जाती है। ऐसे कौरवों से ईश्वर बचाये।

ईश्वर की दया से आपके दो बच्चे हैं, दो बच्चियाँ भी हैं। ईश्वर की दया कहूँ; या कोप कहूँ। सब-के-सब उधमी हो गये हैं कि ख़ुदा की पनाह! मगर क्या मजाल है कि यह भोंदू किसी को कड़ी आँखों से देखे! रात के आठ बजे गये हैं, युवराज अभी घूमकर नहीं आये। मैं घबरा रही हूँ, आप निश्चिंत बैठे अख़बार पढ़ रहे हैं। झल्लाई हुई जाती हूँ और अख़बार छीनकर कहती हूँ, जाकर ज़रा देखते क्यों नहीं, लौंडा कहाँ रह गया? न जाने तुम्हारा हृदय कितना कठोर है। ईश्वर ने तुम्हें संतान ही न जाने क्यों दे दी। पिता का पुत्र के साथ कुछ तो धर्म है। तब आप भी गर्म हो जाते हैं। अभी तक नहीं आया? बड़ा शैतान है। आज बचा आते हैं, तो कान उखाड़ लेता हूँ। मारे हंटरों के खाल उधेड़कर रख दूँगा। यों बिगड़कर तैश के साथ आप उसे खोजने निकलते हैं। संयोग की बात, आप उधर जाते हैं, इधर लड़का आ

जाता है। मैं पूछती हूँ, तू किधर से आ गया? तुझे वह ढूँढ़ने गये हुए हैं। देखना, आज कैसी मरम्मत होती है। यह आदत ही छूट जाएगी। दाँत पीस रहे थे। आते ही होंगे! छड़ी भी उनके हाथ में है। तुम इतने मन के हो गये हो कि बात नहीं सुनते! आज आटे-दाल का भाव मालूम होगा। लड़का सहम जाता है और लैंप जलाकर पढ़ने बैठ जाता है। महाशयजी दो-ढाई घंटे के बाद लौटते हैं; हैरान, परेशान और बदहवास। घर में पाँव रखते ही पूछते हैं आया कि नहीं?

मैं उनका क्रोध उत्तेजित करने के विचार से कहती हूँ—आकर बैठा तो है, जाकर पूछते क्यों नहीं? पूछकर हार गयी, कहाँ गया था, कुछ बोलता ही नहीं।

आप गरजकर कहते हैं—मन्नू, यहाँ आओ।

लड़का थरथर काँपता हुआ आकर आँगन में खड़ा हो जाता है। दोनों बच्चियाँ घर में छिप जाती हैं कि कोई बड़ा भयंकर कांड होने वाला है। छोटा बच्चा खिड़की से चूहे की तरह झाँक रहा है। आप क्रोध से बौखलाये हुए हैं। हाथ में छड़ी है ही, मैं भी वह क्रोधोन्मत्त आकृति देखकर पछताने लगती हूँ, कि कहाँ से इनसे शिकायत की? आप लड़के के पास जाते हैं, मगर छड़ी ज़माने के बदले आहिस्ते से उसके कंधों पर हाथ रखकर बनावटी क्रोध से कहते हैं—तुम कहाँ गये थे जी? मना किया जाता है, मानते नहीं हो। ख़बरदार, जो अब कभी इतनी देर होगी। आदमी शाम को घर चला आता है, या मटरगश्ती करता है?

मैं समझ रही हूँ कि यह भूमिका है। विषय अब आयेगा। भूमिका तो बुरी नहीं; लेकिन यहाँ तो भूमिका पर इति हो जाती है। बस, आपका क्रोध शांत हो गया। बिलकुल जैसे क्वार की घटा घेर-घार हुआ, काले बादल आये, गड़गड़ाहट हुई और गिरी क्या चार बूँदें! लड़का अपने कमरे में चला जाता है और शायद ख़ुशी से नाचने लगता है।

मैं पराभूत होकर कहती हूँ—तुम तो जैसे डर गये। भला दो-चार तमाचे तो लगाये होते! इसी तरह तो लड़के शेर हो जाते हैं।

आप फरमाते हैं—तुमने सुना नहीं, मैंने कितने ज़ोर से डाँटा! बचा की जान ही निकल गयी होगी। देख लेना, जो फिर कभी देर में आए।

'तुमने डाँटा तो नहीं, हाँ, आँसू पोंछ दिये।'

'तुमने मेरी डाँट सुनी नहीं?'

'क्या कहना है, आपकी डाँट का! लोगों के कान बहरे हो गये। लाओ, तुम्हारा गला सहला दूँ।'

आपने एक नया सिद्धांत निकाला है कि दंड देने से लड़के खराब हो जाते हैं। आपके विचार से लड़कों को आज़ाद रहना चाहिए। उन पर किसी तरह का बंधन, शासन या दबाव न होना चाहिए। आपके मत से शासन बालकों के मानसिक विकास में बाधक होता है। इसी का यह फल है कि लड़के बे-नकेल के ऊँट बने हुए हैं। कोई एक मिनट भी किताब खोल. कर नहीं बैठता। कभी गुल्ली-डंडा है, कभी गोलियाँ, कभी कनकौवे। श्रीमान भी लड़कों के साथ खेलते हैं, चालीस साल की उम्र और लड़कपन इतना। मेरे पिताजी के सामने मजाल थी कि कोई लड़का कनकौवा उड़ा ले, या गुल्ली-डंडा खेल सके। ख़ून पी जाते। प्रातःकाल से

लड़कों को लेकर बैठ जाते थे। स्कूल से ज्यों ही लड़के आते, फिर ले बैठते थे। बस, संध्या समय आधा घंटे की छुट्टी देते थे। रात को फिर जोत देते। यह नहीं कि आप तो अख़बार पढ़ा करें और लड़के गली-गली भटकते फिरें। कभी-कभी आप सींग कटाकर बछड़े बन जाते हैं। लड़कों के साथ ताश खेलने बैठा करते हैं। ऐसे बाप का भला लड़कों पर क्या रोब हो सकता है? पिताजी के सामने मेरे भाई सीधे ताक नहीं सकते थे। उनकी आवाज़ सुनते ही तहलका मच जाता था। उन्होंने घर में क़दम रखा और शांति का साम्राज्य हुआ। उसके सम्मुख जाते लड़कों के प्राण सूखते थे। उसी शासन की यह बरकत है कि सभी लड़के अच्छे-अच्छे पदों पर पहुँच गये। हाँ, स्वास्थ्य किसी का अच्छा नहीं है। तो पिताजी ही का स्वास्थ्य कौन बड़ा अच्छा था! बेचारे हमेशा किसी-न-किसी औषधि का सेवन करते रहते थे। और क्या कहूँ; एक दिन तो हद ही हो गयी। श्रीमानजी लड़कों को कनकौवा उड़ाने की शिक्षा दे रहे थे यों घुमाओ, यों गोता दो, यों खींचो, यों ढील दो। ऐसा तन-मन से सिखा रहे थे, मानो गुरु-मंत्र दे रहे हों। उस दिन मैंने इनकी ऐसी ख़बर ली कि याद करते होंगे—तुम कौन होते हो, मेरे बच्चों को बिगाड़ने वाले! तुम्हें घर से कोई मतलब नहीं है, न हो; लेकिन आप मेरे बच्चों को खराब न कीजिए। बुरी-बुरी आदतें न सिखाइए। आप उन्हें सुधार नहीं सकते, तो कम-से-कम बिगाड़िए मत। लगे बगलें झाँकने। मैं चाहती हूँ, एक बार यह भी गरम पड़ें, तो अपना चंडी रूप दिखाऊँ, पर यह इतना जल्द दब जाते हैं कि मैं हार जाती हूँ। पिताजी किसी लड़के को मेले-तमाशे न ले जाते थे। लड़का सिर पटककर मर जाय, मगर ज़रा भी न पसीजते थे और इन महात्माजी का यह हाल है कि एक-एक से पूछकर मेले ले जाते हैं चलो, चलो, वहाँ बड़ी बहार है, खूब आतिशबाजियाँ छूटेंगी, गुब्बारे उड़ेंगे, विलायती चर्खियाँ भी हैं। उन पर मजे से बैठना। और तो और, आप लड़कों को हाकी खेलने से भी नहीं रोकते। यह अंग्रेजी खेल भी कितने जानलेवा होते हैं, क्रिकेट, फुटबॉल, हॉकी एक-से-एक घातक। गेंद लग जाय तो जान लेकर ही छोड़े; पर आपको इन सभी खेलों से प्रेम है। कोई लड़का मैच में जीतकर आ जाता है, तो ऐसे फूल उठते हैं, मानो किला फ़तह कर आया हो। आपको इसकी ज़रा भी परवाह नहीं कि चोट-चपेट आ गयी, तो क्या होगा। हाथ-पाँव टूट गये, तो बेचारों की ज़िन्दगी कैसे पार लगेगी!

पिछले साल कन्या का विवाह था। आपको ज़िद थी कि दहेज के नाम कानी कौड़ी भी न देंगे, चाहे कन्या आजीवन क्वाँरी बैठी रहे। यहाँ भी आपका आदर्शवाद आ कूदा। समाज के नेताओं का छल-प्रपंच आये दिन देखते रहते हैं, फिर भी आपकी आँखें नहीं खुलतीं। जब तक समाज की यह व्यवस्था कायम है और युवती कन्या का अविवाहित रहना निंदास्पद है, तब तक यह प्रथा मिटने की नहीं। दो-चार ऐसे व्यक्ति भले ही निकल आवें जो दहेज के लिये हाथ न फैलावें; लेकिन इसका परिस्थिति पर कोई असर नहीं पड़ता और कुप्रथा ज्यों-की-त्यों बनी हुई है। पैसों की तो कमी नहीं है, दहेज की बुराइयों पर लेक्चर दे सकते हैं; लेकिन मिलते हुए दहेज को छोड़ देने वाला मैंने आज तक न देखा। जब लड़कों की तरह लड़कियों की शिक्षा और जीविका की सुविधाएँ निकल आयेंगी, तो यह प्रथा भी विदा हो जाएगी। उसके पहले संभव नहीं। मैंने जहाँ-जहाँ सन्देश भेजा दहेज का प्रश्न उठ खड़ा हुआ

और आपने प्रत्येक अवसर पर टाँग अड़ाई। अब इस तरह पूरा साल गुज़र गया और कन्या का सत्रहवाँ लग गया, तो मैंने एक जगह बात पक्की कर ली। आपने भी स्वीकार कर लिया, क्योंकि वरपक्ष ने लेन-देन का प्रश्न उठाया ही नहीं, हालाँकि अंतःकरण में उन लोगों को पूरा विश्वास था कि अच्छी रकम मिलेगी और मैंने भी तय कर लिया था कि यथाशक्ति कोई बात उठा न रखूँगी। विवाह के सकुशल होने में कोई संदेह न था; लेकिन इन महाशय के आगे मेरी एक न चली, यह प्रथा निंद्य है, यह रस्म निरर्थक है, यहाँ रुपये की क्या ज़रूरत? यहाँ गीतों का क्या काम? नाक में दम था। यह क्यों, वह क्यों, यह तो साफ दहेज है, तुमने मेरे मुँह में कालिख़ लगा दी, मेरी आबरू मिटा दी। ज़रा सोचिए इस परिस्थिति को कि बारात द्वार पर पड़ी हुई है और यहाँ बात-बात पर शास्त्रार्थ हो रहा है। विवाह का मुहूर्त आधी रात के बाद था। प्रथानुसार मैंने व्रत रखा; किंतु आपकी टेक थी कि व्रत की कोई ज़रूरत नहीं। जब लड़के के माता-पिता व्रत नहीं रखते, जब लड़का तक व्रत नहीं रखता, तो कन्या-पक्ष वाले ही व्रत क्यों रखें! मैं और सारा खानदान मना करता रहा; लेकिन आपने नाश्ता किया, भोजन किया। ख़ैर! कन्यादान का मुहूर्त आया। आप सदैव से इस प्रथा के विरोधी हैं। आप इसे निषिद्ध समझते हैं। कन्या क्या दान की वस्तु है? दान रुपये-पैसे, जगह-ज़मीन का हो सकता है। पशु-दान भी होता है, लेकिन लड़की का दान! एक लचर सी बात है। कितना समझाती हूँ; पुरानी प्रथा है, वेद-काल से होती चली आई है, शास्त्रों में इसकी व्यवस्था है; संबंधी समझा रहे हैं, पंडित समझा रहे हैं, पर आप हैं, कि कान पर जूँ नहीं रेंगती। हाथ जोड़ती हूँ, पैरों पड़ती हूँ, गिड़गिड़ाती हूँ, लेकिन मंडप के नीचे न गये। और मज़ा यह है कि आपने ही तो यह अनर्थ किया और आप ही मुझसे रूठ गये। विवाह के पश्चात् महीनों बोलचाल न रही। झक मारकर मुझी को मानना पड़ा।

किंतु सबसे बड़ी विडंबना यह है कि इन सारे दुर्गुणों के होते हुए भी मैं इनसे एक दिन भी पृथक नहीं रह सकती–एक क्षण का वियोग नहीं सह सकती। इन सारे दोषों पर भी मुझे इनसे प्रगाढ़ प्रेम है। इनमें यह कौन-सा गुण है, जिस पर मैं मुग्ध हूँ, मैं ख़ुद नहीं जानती; पर इनमें कोई बात ऐसी है, जो मुझे इनकी चेरी बनाये हुए है। वह ज़रा मामूली सी देर में घर आते हैं, तो प्राण नहीं में समा जाते हैं। आज यदि विधाता इनके बदले मुझे कोई विद्या और बुद्धि का पुतला, रूप और धन का देवता भी दे, तो मैं उसकी ओर आँखें उठाकर न देखूँ। यह धर्म की बेड़ी नहीं है, कदापि नहीं। प्रथागत पतिव्रत भी नहीं; बल्कि हम दोनों की प्रकृति में कुछ ऐसी क्षमताएँ, कुछ व्यवस्थाएँ उत्पन्न हो गयी हैं, मानो किसी मशीन के कल-पुरजे घिस-घिसाकर फिट हो गये हों, और एक पुरजे की जगह दूसरा पुरजा काम न दे सके, चाहे वह पहले से कितना ही सुडौल, नया और सुदृढ़ क्यों न हो। जाने हुए रास्ते से हम निःशंक आँखें बंद किये जाते हैं, उसके ऊँच-नीच, मोड़ और घुमाव सब हमारी आँखों में समाये हुए हैं। अनजान रास्ते पर चलना कितना कष्टप्रद होगा। शायद आज मैं इनके दोषों को गुणों से बदलने को भी तैयार न हूँगी।

शतरंज के खिलाड़ी

वाज़िदअली शाह का समय था। लखनऊ विलासिता के रंग में डूबा हुआ था। छोटे-बड़े, अमीर-ग़रीब, सभी विलासिता में डूबे हुए थे। कोई नृत्य और गान की मज़लिस सजाता था, तो कोई अफ़ीम की पीनक ही के मज़े लेता था। जीवन के प्रत्येक विभाग में आमोद-प्रमोद का प्राधान्य था। शासन विभाग में, साहित्य क्षेत्र में, सामाजिक व्यवस्था में, कला-कौशल में, उद्योग-धन्धों में, आहार-विहार में, सर्वत्र विलासिता व्याप्त हो रही थी। कर्मचारी विषय-वासना में, कविगण प्रेम और विरह के वर्णन में, कारीगर कलाबत्तू और चिकन बनाने में, व्यावसायी सुर में, इत्र मिस्सी और उबटन का रोज़गार करने में लिप्त था। सभी की आँखों में विलासिता का मद छाया हुआ था। संसार में क्या हो रहा है, इसकी किसी को ख़बर न थी। बटेर लड़ रहे हैं। तीतरों की लड़ाई के लिये पाली बदी जा रही है। कही चौरस बिछी हुयी है। पौ-बारह का शोर मचा हुआ है। कही शतरंज का घोर संग्राम छिड़ा हुआ है। राजा से लेकर रंक तक इसी धुन में मस्त थे। यहाँ तक कि फ़क़ीरों को पैसे मिलते तो वे रोटियाँ न लेकर अफ़ीम खाते या मदक पीते। शतरंज़ ताश, गंज़ीफ़ा खेलने में बुद्धि तीव्र होती है, विचार-शक्ति का विकास होता है, पेचीदा मसलों को सुलझाने की आदत पड़ती है, ये दलील ज़ोर के साथ पेश की जाती थी। (इस सम्प्रदाय के लोगों से दुनिया अब भी खाली नहीं है।) इसलिये अगर मिर्जा सज्जाद अली और मीर रौशन अली अपना अधिकांश समय बुद्धि-तीव्र करने में व्यतीत करते थे, तो किसी विचारशील पुरुष को क्या आपत्ति हो सकती थी? दोनों के पास मौरूसी जाग़ीरें थी, जीविका की कोई चिन्ता न थी। घर बैठे चख़ोतियाँ करते। आख़िर और करते ही क्या?

प्रात:काल दोनों मित्र नाश्ता करके बिसात बिछाकर बैठ जाते, मुहरे सज जाते और लड़ाई के दाँवपेच होने लगते थे। फिर ख़बर न होती थी कि कब दोपहर हुयी कब तीसरा पहर, कब शाम। घर के भीतर से बार-बार बुलावा आता था–'खाना तैयार है।' यहाँ से जबाव मिलता–'चलो आते हैं, दस्तर ख्वान बिछाओ।' यहाँ तक कि बावरची विवश होकर कमरे में ही खाना रख जाता था और दोनों मित्र दोनों काम साथ-साथ करते थे।

मिर्जा सज्जाद अली के घर में कोई बड़ा-बूढ़ा न था, इसलिये उन्हीं के दीवानखाने में बाजियाँ होती थी; मगर यह बात न थी कि मिर्जा के घर के और लोग उसके व्यवहार से ख़ुश हों। घरवाली का तो कहना ही क्या, मुहल्ले वाले, घर के नौकर-चाकर तक नित्य द्वेषपूर्ण टिप्पणियाँ किया करते थे, 'बड़ा मनहूस खेल है। घर को तबाह कर देता है। ख़ुदा न करे किसी को इसकी चट पड़े। आदमी दीन-दुनिया किसी के काम का नहीं रहता, न घर का न घाट

का। बुरा रोग है, यहाँ तक कि मिर्जा की बेग़म साहिबा को इससे इतना द्वेष था कि अवसर खोज-खोज कर पति को लताड़ती थी। पर उन्हें इसका अवसर मुश्किल से मिलता था। वह सोचती रहती थी, तब तक उधर बाज़ी बिछ जाती थी और रात को जब सो जाती थी, तब कहीं मिर्जा जी भीतर आते थे। हाँ नौकरों पर वह अपना गुस्सा उतारती रहती थी–'क्या पान माँगे हैं ? कह दो आकर ले जायें। खाने की भी फ़ुर्सत नहीं हैं? ले जाकर खाना सिर पटक दो, खायें चाहे कुत्ते को खिलावें।' पर रूबरु वह कुछ न कह सकती थी। उनको अपने पति से उतना मलाल न था, जितना मीर साहब से। उन्होंने उसका नाम मीर बिगाड़ू रख छोड़ा था। शायद मिर्जा जी अपनी सफ़ाई देने के लिये सारा इलज़ाम मीर साहब ही के सिर थोप देते थे।

एक दिन बेग़म साहिबा के सिर में दर्द होने लगा। उन्होंने लौंडी से कहा–'जाकर मिर्जा साहब को बुला लो। किसी हक़ीम के यहाँ से दवा ले आयें। दौड़, जल्दी कर।'

लौंडी गयी तो मिर्जा ने कहा–'चल, अभी आते हैं।'

बेग़म का मिज़ाज़ गरम था। इतनी ताब कहाँ कि उनके सिर में दर्द हो और पति शतरंज खेलता रहे। चेहरा सुर्ख हो गया। लौंडी से कहा–'जाकर कह, अभी चलिये नहीं तो वह आप ही हक़ीम के यहाँ चली जायेंगी।'

मिर्जा जी बड़ी दिलचस्प बाज़ी खेल रहे थे, दो ही किश्तों में मीर साहब की मात हुयी जाती थी, झल्लाकर बोले–'क्या ऐसा दम लबों पर है? ज़रा सब्र नहीं होता?'

मीर–अरे, तो जाकर सुन ही आइये न। औरतें नाज़ुक-मिज़ाज़ होती हैं।

मिर्जा–जी हाँ, चला क्यों न जाऊँ। दो किश्तों में आपको मात होती है।

मीर–जनाब, इस भरोसे में न रहियेगा। वह चाल सोची है कि आपके मुहरे धरे रहें और मात हो जाये। पर जाइये, सुन आइये, क्यों ख़्वाहम-ख़्वाह उनका दिल दुखाइयेगा?

मिर्जा–इसी बात पर मात ही कर के जाऊँगा।

मीर–मैं खेलूँगा ही नहीं। आप जाकर सुन आइये।

मिर्जा–अरे यार जाना ही पड़ेगा हक़ीम के यहाँ। सिर-दर्द ख़ाक नहीं है, मुझे परेशान करने का बहाना है।

मीर–कुछ भी हो, उनकी ख़ातिर तो करनी ही पड़ेगी।

मिर्जा–अच्छा, एक चाल और चल लूँ।

मीर–हरगिज़ नहीं, जब तक आप सुन न आवेंगे, मैं मुहरे में हाथ न लगाऊँगा।

मिर्जा साहब मजबूर होकर अन्दर गये तो बेग़म साहबा ने त्योरियाँ बदलकर लेकिन कराहते हुए कहा–तुम्हें निगोड़ी शतरंज इतनी प्यारी है! चाहे कोई मर ही जाए, पर उठने का नाम नहीं लेते! नौज कोई तुम जैसा आदमी हो!

मिर्जा–क्या कहूँ, मीर साहब मानते ही न थे। बड़ी मुश्किल से पीछा छुड़ाकर आया हूँ।

बेग़म–क्या जैसे वह ख़ुद निखट्टू ही, वैसे ही सबको समझते हैं? उनके भी बाल बच्चे हैं या सबका सफाया कर डाला है!

मिर्जा–बड़ा लती आदमी है। जब आ जाता है, तब मजबूर होकर खेलना पड़ता है।

बेग़म–दुत्कार क्यों नहीं देते?

मिर्जा–बराबर का आदमी है, उम्र में, दर्जे में, मुझसे दो अंगुल ऊँचे। मुलाहिज़ा करना ही पड़ता है।

बेग़म–तो मैं ही दुत्कार देती हूँ। नाराज हो जाएँगे, हो जाएँ। कौन किसी की रोटियाँ चला देता है। रानी रूठेगी, अपना सुहाग लेंगी। हिरिया, बाहर से शतरंज उठा ला। मीर साहब से कहना, मियाँ अब न खेलेंगे, आप तशरीफ़ ले जाइये।

मिर्जा–हाँ-हाँ, कहीं ऐसा ग़ज़ब भी न कर ना! जलील करना चाहती हो क्या? ठहर हिरिया, कहाँ जाती है!

बेग़म–जाने क्यों नहीं देते? मेरे ही ख़ून पिये, जो उसे रोके। अच्छा, उसे रोका, मुझे रोको तो जानूँ।

यह कहकर बेग़म साहिबा झल्लायी हुयी दीवानखाने की तरफ़ चलीं। मिर्जा बेचारे का रंग उड़ गया। बीवी की मिन्नतें करने लगे–ख़ुदा के लिए, तुम्हें हज़रत हुसेन की क़सम। मेरी ही मैयत देखें, जो उधर जाएँ।'

लेकिन बेग़म ने एक न मानी। दीवानखाने के द्वार तक चली गई। पर एकाएक पर पुरुष के सामने जाते हुए पाँव बँध गये। भीतर झाँका, संयोग से कमरा खाली था; मीर साहब ने दो मुहरे इधर-उधर कर दिये थे और अपनी सफ़ाई बताने के लिये बाहर टहल रहे थे। फिर क्या था, बेग़म ने अन्दर पहुँचकर बाज़ी उलट दी; मुहरे कुछ तख़्त के नीचे फेंक दिये, कुछ बाहर और किवाड़ अन्दर से बन्द करके कुंडी लगा दी। मीर साहब दरवाज़े पर तो थे ही, मुहरे बाहर फेंके जाते देखे, चूड़ियों की झनक भी कान में पड़ी। फिर दरवाज़ा बन्द हुआ, तो समझ गये बेग़म बिगड़ गई। घर की राह ली।

मिर्जा ने कहा–तुमने ग़ज़ब किया।

बेग़म–अब, मीर साहब इधर आये तो खड़े-खड़े निकलवा दूँगी। इतनी लौ ख़ुदा से लगाते तो क्या ग़रीब हो जाते? आप तो शतरंज खेलें और मैं यहाँ चूल्हे चक्की की फ़िक्र में सिर खपाऊँ। बोलो, जाते हो हकीम के यहाँ कि अब भी ताम्मुल है।

मिर्जा घर से निकले तो हकीम के घर जाने के बदले मीर साहब के घर पहुँचे और सारा वृत्तांत कहा। मीर साहब बोले–मैंने तो जब मुहरे बाहर आते देखे तभी ताड़ गया। फ़ौरन भागा। बड़ी गुस्सेवर मालूम होती हैं। मगर आपने उन्हें यों सिर पर चढ़ा रखा है, यह मुनासिब नहीं। उन्हें इससे क्या मतलब कि आप बाहर क्या करते हैं। घर का इन्तज़ाम करना उनका काम है, दूसरी बातों से उन्हें क्या सरोकार?

मिर्जा–ख़ैर, यह तो बताइये, अब कहाँ जमाव होगा?

मीर–इसका क्या ग़म? इतना बड़ा घर पड़ा हुआ है? बस यहीं जमे।

मिर्जा–लेकिन बेग़म साहब को कैसे मनाऊँगा? जब घर पर बैठा रहता था तब तो वह इतना बिगड़ती थीं, यहाँ बैठक होगी तो शायद ज़िन्दा न छोड़ेंगी।

मीर—अजी बकने भी दीजिये, दो-चार रोज़ में आप ही ठीक हो जायेंगी। हाँ, आप इतना कीजिये कि आज से ज़रा तन जाइये!

2

मीर साहब की बेग़म किसी अज्ञात कारण से उनका घर से दूर रहना ही उपयुक्त समझती थीं। इसलिये वह उनके शतरंज प्रेम की कभी आलोचना न करती बल्कि कभी-कभी मीर साहब को देर हो जाती तो याद दिला देती थीं। इन कारणों से मीर साहब को भ्रम हो गया था कि मेरी स्त्री अत्यन्त विनयशील और गम्भीर है। लेकिन जब दीवानख़ाने में बिसात बिछने लगी और मीर साहब दिन भर घर में रहने लगे तो उन्हें बड़ा कष्ट होने लगा। उनकी स्वाधीनता में बाधा पड़ गयी। दिन भर दरवाज़े पर झाँकने को तरस जातीं।

उधर नौकरों में काना-फूसी होने लगी। अब तक दिन भर पड़े-पड़े मक्खियाँ मारा करते थे। घर में चाहे कोई आये, चाहे कोई जाये, इनसे कुछ मतलब न था। आठों पहर की धौंस हो गयी। कभी पान लाने का हुक़्म होता, कभी मिठाई लाने का और हुक्का तो किसी प्रेमी के हृदय की भाँति नित्य जलता ही रहता था। वे बेग़म साहिबा से जा-जाकर कहते—हुज़ूर, मियाँ की शतरंज तो हमारे जी का जंजाल हो गई! दिन भर दौड़ते-दौड़ते पैरों में छाले पड़ गये। यह भी कोई खेल है कि सुबह को बैठे तो शाम ही कर दी। घड़ी-आध घड़ी दिल-बहलाव के लिये खेल लेना बहुत है। ख़ैर, हमें तो कोई शिक़ायत नहीं, हुज़ूर के गुलाम हैं, जो हुक़्म होगा बजा ही लायेंगे, मगर यह खेल मनहूस है। इसका खेलने वाला कभी पनपता नहीं, घर पर कोई-न-कोई आफत ज़रूर आती है। यहाँ तक कि इसके पीछे मुहल्ले के मुहल्ले तबाह होते देखे गये हैं। सारे मुहल्ले में यही चर्चा होती रहती है। हुज़ूर का नमक खाते हैं। अपने आका की बुराई सुन-सुनकर रंज होता है। मगर क्या करें? इस पर बेग़म साहिबा कहतीं—मैं तो ख़ुद इसको पसन्द नहीं करती, पर वह किसी की सुनते ही नहीं, क्या किया जाए?

मुहल्ले में भी दो-चार पुराने ज़माने के लोग थे। वे आपस में भाँति-भाँति के अमंगल की कल्पनाएँ करने लगे—अब खैरियत नहीं है। जब हमारे रईसों का यह हाल है, तो मुल्क का ख़ुदा ही हाफ़िज़। यह बादशाहत शतरंज के हाथों तबाह होगी, आसार बुरे हैं।

राज्य में हाहाकार मचा हुआ था। प्रजा दिन-दहाड़े लूटी जाती थी। कोई फ़रियाद सुनने वाला न था। देहातों की सारी दौलत लखनऊ में खिंची चली आती थी, और वह वेश्याओं में, भाँड़ो में और विलासता के अन्य अंगों की पूर्ति में उड़ जाती थी। अंग्रेज़ी कम्पनी का ऋण दिन-दिन बढ़ता जाता था। कमली दिन-दिन भीग कर भारी होती जाती थी। देश में सुव्यवस्था न होने के कारण वार्षिक कर भी न वसूल होता था। रेसिडेन्ट बार-बार चेतावनी देता था, पर यहाँ लोग विलासिता के नशे में चूर थे। किसी के कान में जूँ न रेंगती थी।

ख़ैर, मीर साहब के दीवानखाने में शतरंज होते महीने गुज़र गये। नये-नये नक्शे हल किये जाते, नये-नये बनाये जाते, नित नयी व्यूह रचना होती; कभी-कभी खेलते-खेलते भीड़ हो जाती। तू-तू, मैं-मैं तक की नौबत आ जाती। पर शीघ्र ही दोनों में मेल हो जाता। कभी-कभी ऐसा भी होता कि बाज़ी उठा दी जाती, मिर्जा जी रूठ कर अपने घर में जा बैठते। पर रातभर

की निद्रा के साथ सारा मनोमालिन्य शान्त हो जाता था। प्रातःकाल दोनों मित्र दीवानख़ाने में आ पहुँचते थे।

एक दिन दोनों मित्र बैठे शतरंज की दलदल में गोते लगा रहे थे कि इतने में घोड़े पर सवार एक बादशाही फ़ौज़ का अफ़सर मीर साहब का नाम पूछता हुआ आ पहुँचा। मीर साहब के होश उड़ गये। यह क्या बला सिर पर आयी? यह तलबी किस लिये हुई? अब ख़ैरियत नहीं नज़र आती! घर के दरवाज़े बन्द कर लिये। नौकर से बोले–"कह दो घर में नहीं हैं।"

सवार–"घर में नहीं, तो कहाँ हैं?"

नौकर–"यह मैं नहीं जानता। क्या काम है?"

सवार–"काम तुझे क्या बतालाऊँ? हुज़ूर से तलबी है, शायद फ़ौज के लिये कुछ सिपाही माँगे गये हैं। जागीरदारी है कि दिल्लगी?"

मोरचे पर जाना पड़ेगा तो आटे-दाल का भाव मालूम हो जाएगा।

नौकर–"अच्छा तो जाइए, कह दिया जाएगा।"

सवार–"कहने की बात नहीं। कल मैं ख़ुद आऊँगा। साथ ले जाने का हुक़्म हुआ है।"

सवार चला गया। मीर साहब की आत्मा काँप उठी। मिर्जा जी से बोले–"कहिए, जनाब, अब क्या होगा?"

मिर्जा–"बड़ी मुसीबत है। कहीं मेरी भी तलबी न हो।"

मीर–"कम्बख़्त कल आने को कह गया है।"

मिर्जा–"आफत है, और क्या! कहीं मोरचे पर जाना पड़ा तो बेमौत मरे।"

मीर–बस, यही एक तदबीर है कि घर पर मिलें ही नहीं। कल से गोमती पर कहीं वीराने में नक्शा जमे। वहाँ किसे ख़बर होगी? हजरत आकर लौट जाएँगे।

मिर्जा–"वल्लाह, आपको ख़ूब सूझी! इसके सिवा और कोई तदबीर नहीं है।"

इधर मीर साहब की बेग़म उस सवार से कह रही थीं–"तुमने ख़ूब धता बताया।"

उसने जवाब दिया–"ऐसे गावदियों को तो चुटकियों पर नचाता हूँ। इनकी सारी अक्ल और हिम्मत तो शतरंज ने चर ली। अब भूलकर भी घर न रहेंगे।"

3

दूसरे दिन से दोनों मित्र मुँह अँधेरे घर से निकल खड़े होते। बग़ल में एक छोटी-सी दरी दबाये, डिब्बे में गिलोरियाँ भरे, गोमती पार कर एक पुरानी वीरान मस्ज़िद में चले जाते, जिसे शायद नवाब आसफउद्दौला ने बनवाया था। रास्ते में तम्बाकू, चिलम और मदरिया ले लेते और मस्ज़िद में पहुँच, दरी बिछा, हुक्का भर शतरंज खेलने बैठ जाते थे। फिर उन्हें दीन-दुनिया की फ़िक्र न रहती थी। 'किस्त', 'शह' आदि दो-एक शब्दों के सिवा मुँह से और कोई वाक्य नहीं निकलता था। कोई योगी भी समाधि में इतना एकाग्र न होता। दोपहर को जब भूख मालूम होती तो दोनों मित्र किसी नानबाई की दुकान पर जाकर खाना खा आते

और एक चिलम हुक्का पीकर फिर संग्राम क्षेत्र में डट जाते। कभी-कभी तो उन्हें भोजन का भी ख़याल न रहता था।

इधर देश की राजनीतिक दशा में भयंकर हलचल मची हुयी थी। लोग बाल-बच्चों को ले-ले कर देहातों में भाग रहे थे। पर हमारे दोनों खिलाड़ियों को इसकी ज़रा भी फ़िक्र न थी। वे घर से आते तो गलियों में होकर। डर था कि कहीं किसी बादशाही मुलाजिम की निगाह न पड़ जाए, नहीं तो बेकार में पकड़े जाएँ, हज़ारों रुपये सालाना की जागीर मुफ़्त में ही हजम करना चाहते थे।

एक दिन दोनों मित्र मस्ज़िद के खंडहर में बैठे हुए शतरंज खेल रहे थे। मिर्जा की बाज़ी कुछ कमज़ोर थी। मीर साहब को किश्त पर किश्त दे रहे थे। इतने में कम्पनी के सैनिक आते हुए दिखाई दिये। यह गोरों की फ़ौज थी, जो लखनऊ पर अधिकार जमाने के लिये आ रही थी।

मीर साहब–"अंग्रेज़ी फ़ौज आ रही है, ख़ुदा ख़ैर करे!"

मिर्जा–"आने दीजिए, किश्त बचाइए। लो यह किश्त!"

मीर–"तोपख़ाना भी है। कोई पाँच हज़ार आदमी होंगे, कैसे जवान हैं। लाल बंदरों से मुँह हैं। सूरत देखकर खौफ मालूम होता है।"

मिर्जा–"जनाब, हीले न कीजिए। ये चकमें किसी और को दीजिएगा–यह किश्त!"

मीर–"आप भी अजीब आदमी हैं। यहाँ तो शहर पर आफत आयी हुयी है और आपको किश्त की सूझी है। कुछ ख़बर है कि शहर घिर गया तो घर कैसे चलेंगे?"

मिर्जा–"जब घर चलने का वक़्त आयेगा तो देखी जायेगी–यह किश्त, बस अब की शह में मात है।"

फ़ौज निकल गयी। दस बजे का समय था। फिर बाज़ी बिछ गयी। मिर्जा बोले–आज खाने की कैसे ठहरेगी?

मीर–"अजी, आज तो रोज़ा है। क्या आपको भूख ज़्यादा मालूम होती है?"

मिर्जा–"जी नहीं, शहर में जाने क्या हो रहा है?"

मीर–"शहर में कुछ न हो रहा होगा। लोग खाना खा-खाकर आराम से सो रहे होंगे। हुज़ूर नवाब साहब भी ऐशगाह में होंगे।"

दोनों सज्जन फिर जो खेलने बैठे तो तीन बज गए। अब की मिर्जा की बाज़ी कमज़ोर थी। चार का गजर बज रहा था कि फ़ौज की वापसी की आहट मिली। नवाब वाजिदअली शाह पकड़ लिये गये थे, और सेना उन्हें किसी अज्ञात स्थान को लिये जा रही थी। शहर में न कोई हलचल थी, न मार-काट। एक बूँद भी ख़ून नहीं गिरा था। आज तक किसी स्वाधीन देश के राजा की पराजय इतनी शान्ति से इस तरह ख़ून बहे बिना न हुयी होगी। यह अहिंसा न थी, जिस पर देवगण प्रसन्न होते हैं। यह कायरपन था, जिस पर बड़े-से-बड़े कायर आँसू

बहाते हैं। अवध के विशाल देश का नवाब बन्दी बना चला जाता था और लखनऊ ऐश की नींद में मस्त था। यह राजनीतिक अध:पतन की चरम सीमा थी।

मिर्जा ने कहा–"हुज़ूर नवाब को ज़ालिमों नें क़ैद कर लिया है।"

मीर–"होगा, यह लीजिए शह!"

मिर्जा–"जनाब, ज़रा ठहरिए। इस वक़्त इधर तबीयत ठीक नहीं लगती। बेचारे नवाब साहब इस वक़्त ख़ून के आँसू रो रहे होंगे।"

मीर–"रोया ही चाहें, यह ऐश वहाँ कहाँ नसीब होगा? यह किश्त।"

मिर्जा–"किसी के दिन बराबर नहीं जाते। कितनी दर्दनाक हालत है।"

मीर–"हाँ, सो तो है ही, यह लो फिर किश्त! बस अब की किश्त में मात है। बच नहीं सकते।"

मिर्जा–"ख़ुदा की क़सम, आप बड़े बेदर्द हैं। इतना बड़ा हादसा देखकर भी आपको दु:ख नहीं होता। हाय, ग़रीब वाजिदअली शाह!"

मीर–"पहले अपने बादशाह को तो बचाइए, फिर नवाब का मातम कीजिएगा। यह किश्त और मात! लाना हाथ!"

बादशाह को लिये हुए सेना सामने से निकल गयी। उनके जाते ही मिर्जा ने फिर बाज़ी बिछा ली। हार की चोट बुरी होती है। मीर ने कहा–आइए नवाब के मातम में मरसिया कह डालें। लेकिन मिर्जा की राजभक्ति अपनी हार के साथ लुप्त हो चुकी थी। वह हार का बदला चुकाने के लिये अधीर हो गए थे।

4

शाम हो गयी। खंडहर में चमगादड़ों ने चीखना शुरू किया। अबाबीलें आ-आकर अपने घोंसलों में चिपटीं। पर दोनों खिलाड़ी डटे हुए थे। मानो दोनों ख़ून के प्यासे सूरमा आपस में लड़ रहे हों। मिर्जा जी तीन बाज़ियाँ लगातार हार चुके थे; इस चौथी बाज़ी का भी रंग अच्छा न था। वह बार-बार जीतने का दृढ़-निश्चय कर सँभलकर खेलते थे लेकिन एक-न-एक चाल ऐसी बेढ़ब आ पड़ती थी, जिससे बाज़ी खराब हो जाती थी। हर बार हार के साथ प्रतिकार की भावना और उग्र होती जाती थी। उधर मीर साहब मारे उमंग के ग़ज़लें गाते थे, चुटकियाँ लेते थे, मानो कोई गुप्त धन पा गये हों। मिर्जा सुन-सुनकर झुँझलाते और हार की झेंप मिटाने के लिये उनकी दाद देते थे। ज्यों-ज्यों बाज़ी कमज़ोर पड़ती थी, धैर्य हाथ से निकलता जाता था। यहाँ तक कि वह बात-बात पर झुँझलाने लगे। 'जनाब' आप चाल न बदला कीजिए। यह क्या कि चाल चले और फिर उसे बदल दिया जाए। जो कुछ चलना है एक बार चल दीजिए। यह आप मुहरे पर ही क्यों हाथ रखे रहते हैं। मुहरे छोड़ दीजिए। जब तक आपको चाल न सूझे, मुहरा छुइए ही नहीं। आप एक-एक चाल आध-आध घंटे में चलते हैं। इसकी सनद नहीं। जिसे एक चाल चलने में पाँच मिनट से ज़्यादा लगें उसकी मात समझी जाए। फिर आपने चाल बदली? चुपके से मुहर वहीं रख दीजिए।

मीर साहब का फ़रज़ी पिटता था। बोले–मैंने चाल चली ही कब थी?

मिर्जा–आप चाल चल चुके हैं। मुहरा वहीं रख दीजिए, उसी घर में।

मीर–उसमें क्यों रखूँ? हाथ से मुहरा छोड़ा कब था?

मिर्जा–मुहरा आप क़यामत तक न छोड़ें, तो क्या चाल ही न होगी? फ़रज़ी पिटते देखा तो धाँधली करने लगे।

मीर–धाँधली आप करते हैं। हार-जीत तक़दीर से होती है। धाँधली करने से कोई नहीं जीतता।

मिर्जा–तो इस बाज़ी में आपकी मात हो गयी।

मीर–मुझे क्यों मात होने लगी?

मिर्जा–तो आप मुहरा उसी घर में रख दीजिए, जहाँ पहले रखा था।

मीर–वहाँ क्यों रखूँ? नहीं रखता।

मिर्जा–क्यों न रखिएगा? आपको रखना होगा।

तकरार बढ़ने लगी। दोनों अपनी-अपनी टेक पर अड़े थे। न यह दबता था, न वह। अप्रासंगिक बातें होने लगी। मिर्जा बोले–किसी ने खानदान में शतरंज खेली होती तब तो इसके क़ायदे जानते। वो तो हमेशा घास छीला किए, आप शतरंज क्या खेलिएगा? रियासत और ही चीज़ है। जागीर मिल जाने ही से कोई रईस नहीं हो जाता।

मीर–क्या! घास आपके अब्बाजान छीलते होंगे। यहाँ तो पीढ़ियों से शतरंज खेलते चले आते हैं?

मिर्जा–अजी जाइए भी, गाजीउद्दीन हैदर के यहाँ बावर्ची का काम करते-करते उम्र गुज़र गयी। आज रईस बनने चले हैं। रईस बनना कुछ दिल्लगी नहीं।

मीर–क्यों अपने बुजुर्ग़ों के मुँह पर कालिख लगाते हो, वे बावर्ची का काम करते होंगे। यहाँ तो बादशाह के दस्तरख़्वान पर खाना खाते चले आये हैं।

मिर्जा–अरे चल चरकटे, बहुत बढ़कर बातें न कर!

मीर–ज़बान सँभालिए, वरना बुरा होगा। मैं ऐसी बातें सुनने का आदी नहीं। यहाँ तो किसी ने आँखें दिखायीं कि उसकी आँखें निकालीं। है हौसला?

मिर्जा–आप मेरा हौसला देखना चाहते हैं, तो फिर आइए, आज दो-दो हाथ हो जाए, इधर या उधर।

मीर–तो यहाँ तुमसे दबने वाला कौन है?

दोनों दोस्तों ने कमर से तलवारें निकाल लीं। नवाबी ज़माना था। सभी तलवार, पेशकब्ज, कटार वगैरह बाँधते थे। दोनों विलासी थे, पर कायर न थे। उनमें राजनीतिक भावों का अध:पतन हो गया था। बादशाह के लिये क्यों मरें? पर व्यक्तिगत वीरता का अभाव न था।

दोनों ने पैंतरें बदले, तलवारें चमकीं, छपाछप की आवाज़ें आईं। दोनों जख़्मी होकर गिरे, दोनों ने वहीं तड़प-तड़प कर जाने दीं। अपने बादशाह के लिये जिनकी आँखों से एक बूँद आँसू न निकला, उन्होंने शतरंज के वज़ीर की रक्षा के लिये प्राण दे दिए।

अँधेरा हो चला था। बाज़ी बिछी हुयी थी। दोनों बादशाह अपने-अपने सिहांसन पर बैठे मानो इन वीरों की मृत्यु पर रो रहे थे। चारों तरफ़ सन्नाटा छाया हुआ था। खँडहर की टूटी हुयी मेहराबें, गिरी हुयी दीवारें और धूल-धूसरित मीनारें इन लाशों को देखती और सिर धुनती थीं।

रानी सारन्धा

अँधेरी रात के सन्नाटे में धसान नदी चट्टानों से टकराती हुई ऐसी सुहावनी मालूम होती थी जैसे घुमुर-घुमुर करती हुई चक्कियाँ। नदी के दाहिने तट पर एक टीला है। उस पर एक पुराना दुर्ग बना हुआ है जिसको जंगली वृक्षों ने घेर रखा है। टीले के पूर्व की ओर छोटा-सा गाँव है। यह गढ़ी और गाँव दोनों एक बुंदेला सरकार के कीर्ति-चिह्न हैं। शताब्दियाँ व्यतीत हो गयीं, बुंदेलखंड में कितने ही राज्यों का उदय और अस्त हुआ, मुसलमान आये और बुंदेला राजा उठे और गिरे-कोई गाँव, कोई इलाका ऐसा न था जो इन दुरवस्थाओं से पीड़ित न हो मगर इस दुर्ग पर किसी शत्रु की विजय-पताका न लहरायी और इस गाँव में किसी विद्रोह का भी पदार्पण न हुआ। यह उसका सौभाग्य था।

अनिरुद्धसिंह वीर राजपूत था। वह जमाना ही ऐसा था जब मनुष्यमात्र को अपने बाहुबल और पराक्रम ही का भरोसा था। एक ओर मुसलमान सेनाएँ पैर जमाये खड़ी रहती थीं दूसरी ओर बलवान राजा अपने निर्बल भाइयों का गला घोंटने पर तत्पर रहते थे। अनिरुद्धसिंह के पास सवारों और पियादों का एक छोटा-सा मगर सजीव दल था। इससे वह अपने कुल और मर्यादा की रक्षा किया करता था। उसे कभी चैन से बैठना नसीब न होता था। तीन वर्ष पहले उसका विवाह शीतला देवी से हुआ था मगर अनिरुद्ध विहार के दिन और विलास की रातें पहाड़ों में काटता था और शीतला उसकी जान की खैर मनाने में। वह कितनी बार पति से अनुरोध कर चुकी थी कितनी बार उसके पैरों पर गिरकर रोई थी कि तुम मेरी आँखों से दूर न हो मुझे हरिद्वार ले चलो मुझे तुम्हारे साथ वनवास अच्छा है, यह वियोग अब नहीं सहा जाता। उसने प्यार से कहा, ज़िद से कहा विनय की मगर अनिरुद्ध बुंदेला था। शीतला अपने किसी हथियार से उसे परास्त न कर सकी।

2

अँधेरी रात थी। सारी दुनिया सोती थी तारे आकाश में जागते थे। शीतला देवी पलंग पर पड़ी करवटें बदल रही थीं और उसकी ननद सारन्धा फर्श पर बैठी मधुर स्वर से गाती थी–

"बिनु रघुवीर कटत नहीं रैन..."

शीतला ने कहा–जी न जलाओ। क्या तुम्हें भी नींद नहीं आती?

सारन्धा–तुम्हें लोरी सुना रही हूँ।

शीतला–मेरी आँखों से तो नींद लोप हो गयी।

सारन्धा–किसी को ढूँढ़ने गयी होगी।

इतने में द्वार खुला और एक गठे हुए बदन के रूपवान पुरुष ने भीतर प्रवेश किया। वह अनिरुद्ध था। उसके कपड़े भीगे हुए थे और बदन पर कोई हथियार न था। शीतला चारपाई से उतर कर ज़मीन पर बैठ गयी।

सारन्धा ने पूछा–भैया यह कपड़े भीगे क्यों हैं?

अनिरुद्ध–नदी तैर कर आया हूँ।

सारन्धा–हथियार क्या हुए?

अनिरुद्ध–छिन गये।

सारन्धा–और साथ के आदमी?

अनिरुद्ध–सबने वीरगति पायी।

शीतला ने दबी ज़बान से कहा–ईश्वर ने ही कुशल किया। मगर सारन्धा के तेवरों पर बल पड़ गये और मुखमण्डल गर्व से सतेज हो गया। बोली–भैया तुमने कुल की मर्यादा खो दी। ऐसा कभी न हुआ था।

सारन्धा भाई पर जान देती थी। उसके मुँह से यह धिक्कार सुनकर अनिरुद्ध लज्जा और खेद से विकल हो गया। वह वीराग्नि जिसे क्षण भर के लिए अनुराग ने दबा लिया था फिर ज्वलंत हो गयी। वह उलटे पाँव लौटा और यह कहकर बाहर चला गया कि सारन्धा तुमने मुझे सदैव के लिए सचेत कर दिया। यह बात मुझे कभी न भूलेगी।

अँधेरी रात थी। आकाश–मण्डल में तारों का प्रकाश बहुत धुँधला था। अनिरुद्ध किले से बाहर निकला। पल भर में नदी के उस पार जा पहुँचा और फिर अन्धकार में लुप्त हो गया। शीतला उसके पीछे–पीछे किले की दीवारों तक आयी मगर जब अनिरुद्ध छलाँग मार कर बाहर कूद पड़ा तो वह विरहिणी चट्टान पर बैठकर रोने लगी।

इतने में सारन्धा भी वहीं आ पहुँची। शीतला ने नागिन की तरह बलखाकर कहा–मर्यादा इतनी प्यारी है?

सारन्धा–हाँ।

शीतला–अपना पति होता तो हृदय में छिपा लेती।

सारन्धा–ना छाती में छुरा चुभा देती।

शीतला ने ऐंठकर कहा–चोली में छिपाती फिरोगी मेरी बात गिरह में बाँध लो।

सारन्धा–जिस दिन ऐसा होगा मैं भी अपना वचन पूरा कर दिखाऊँगी।

इस घटना के तीन महीने पीछे अनिरुद्ध महरौनी को जीत करके लौटा और साल भर पीछे सारन्धा का विवाह ओरछा के राजा चम्पतराय से हो गया मगर उस दिन की बातें दोनों महिलाओं के हृदय-स्थल में काँटे की तरह खटकती रहीं।

3

राजा चम्पतराय बड़े प्रतिभाशाली पुरुष थे। सारी बुन्देला जाति उनके नाम पर जान देती थी और उनके प्रभुत्व को मानती थी। गद्दी पर बैठते ही उन्होंने मुगल बादशाहों को कर देना बन्द कर दिया और वे अपने बाहुबल से राज्य-विस्तार करने लगे। मुसलमानों की सेनाएँ बार-बार उन पर हमले करती थीं पर हार कर लौट जाती थीं।

यही समय था कि जब अनिरुद्ध ने सारन्धा का चम्पतराय से विवाह कर दिया। सारन्धा ने मुँहमाँगी मुराद पायी। उसकी यह अभिलाषा कि मेरा पति बुन्देला जाति का कुल-तिलक हो, पूरी हुई। यद्यपि राजा के रनिवास में पाँच रनियाँ थीं मगर उन्हें शीघ्र ही मालूम हो गया कि वह देवी जो हृदय में मेरी पूजा करती है, सारन्धा है।

परन्तु कुछ ऐसी घटनाएँ हुई कि चम्पतराय को मुगल बादशाह का आश्रित होना पड़ा। वे अपना राज्य अपने भाई पहाड़सिंह को सौंपकर देहली चले गये। यह शाहजहाँ के शासन-काल का अन्तिम भाग था। शाहजादा दारा शिकोह राजकीय कार्यों को सँभालते थे। युवराज की आँखों में शील था और चित्त में उदारता। उन्होंने चम्पतराय की वीरता की कथाएँ सुनी थीं इसलिए उनका बहुत आदर-सम्मान किया और कालपी की बहुमूल्य जागीर उनको भेंट की जिसकी आमदनी नौ लाख थी। यह पहला अवसर था कि चम्पतराय को आये-दिन के लड़ाई-झगड़े से निवृत्ति मिली और उसके साथ ही भोग-विलास का प्राबल्य हुआ। रात-दिन आमोद-प्रमोद की चर्चा रहने लगी। राजा विलास में डूबे, रानियाँ जड़ाऊ गहनों पर रीझीं मगर सारन्धा इन दिनों बहुत उदास और संकुचित रहती–वह इन रहस्यों से दूर-दूर रहती। ये नृत्य और गान की सभाएँ उसे सूनी प्रतीत होतीं।

एक दिन चम्पतराय ने सारन्धा से कहा–सारन तुम उदास क्यों रहती हो? मैं तुम्हें कभी हँसते नहीं देखता। क्या मुझसे नाराज हो?

सारन्धा की आँखों में जल भर आया। बोली–स्वामीजी आप क्यों ऐसा विचार करते हैं जहाँ आप प्रसन्न हैं वहाँ मैं भी खुश हूँ।

चम्पतराय–मैं जब से यहाँ आया हूँ, मैंने तुम्हारे मुखकमल पर कभी मनोहारिणी मुस्कराहट नहीं देखी। तुमने कभी अपने हाथों से मुझे बीड़ा नहीं खिलाया। कभी मेरी पाग नहीं सँवारी। कभी मेरे शरीर पर शस्त्र न सजाये। कहीं प्रेमलता मुरझाने तो नहीं लगी?

सारन्धा–प्राणनाथ आप मुझसे ऐसी बात पूछते हैं जिसका उत्तर मेरे पास नहीं है। यथार्थ में इन दिनों मेरा चित्त उदास रहता है। मैं बहुत चाहती हूँ कि खुश रहूँ मगर बोझ-सा हृदय पर धरा रहता है।

चम्पतराय स्वयं आनन्द में मग्न थे। इसलिए उनके विचार में सारन्धा को असन्तुष्ट रहने का कोई उचित कारण नहीं हो सकता था। वे भौंहें सिकोड़ कर बोले–मुझे तुम्हारे उदास रहने का कोई विशेष कारण नहीं मालूम होता। ओरछे में कौन-सा सुख था जो यहाँ नहीं है?

सारन्धा का चेहरा लाल हो गया। बोली–मैं कुछ कहूँ आप नाराज तो न होंगे।

चम्पतराय–नहीं शौक से कहो।

सारन्धा–ओरछे में मैं एक राजा की रानी थी। यहाँ मैं एक जागीरदार की चेरी हूँ। ओरछे में वह थी जो अवध में कौशल्या थीं। यहाँ मैं बादशाह के एक सेवक की स्त्री हूँ। जिस बादशाह के सामने आज आप आदर से सिर झुकाते हैं वह कल आपके नाम से काँपता था। रानी से चेरी होकर भी प्रसन्नचित्त होना मेरे वश में नहीं है। आपने यह पद और ये विलास की सामग्रियाँ बड़े महँगे दामों मोल ली हैं।

चम्पतराय के नेत्रों पर से एक पर्दा-सा हट गया। वे अब तक सारन्धा की आत्मिक उच्चता को न जानते थे। जैसे बे-माँ-बाप का बालक माँ की चर्चा सुनकर रोने लगता है उसी तरह ओरछे की याद से चम्पतराय की आँखें सजल हो गयीं। उन्होंने आदरयुक्त अनुराग के साथ सारन्धा को हृदय से लगा लिया।

आज से उन्हें फिर उसी उजड़ी बस्ती की फिक्र हुई जहाँ से धन और कीर्ति की अभिलाषाएँ खींच लाई थीं।

4

माँ अपने खोये हुए बालक को पाकर निहाल हो जाती है। चम्पतराय के आने से बुन्देलखण्ड निहाल हो गया। ओरछे के भाग जागे। नौबतें बजने लगीं और फिर सारन्धा के कमलनेत्रों में जातीय अभिमान का आभास दिखाई देने लगा!

यहाँ रहते-रहते महीनों बीत गये। इस बीच में शाहजहाँ बीमार पड़ा। पहले से ईर्ष्या की अग्नि दहक रही थी। यह खबर सुनते ही ज्वाला प्रचण्ड हुई। संग्राम की तैयारियाँ होने लगीं। शाहजादे मुराद और मुहीउद्दीन अपने-अपने दल सजाकर दक्खिन से चले। वर्षा के दिन थे। उर्वर भूमि रंग-बिरंग के रूप भर कर अपने सौन्दर्य को दिखाती थी।

मुराद और मुहीउद्दीन उमंगों से भरे हुए कदम बढ़ाते चले आ रहे थे। यहाँ तक की धौलपुर के निकट चम्बल के तट पर आ पहुँचे परन्तु यहाँ उन्होंने बादशाही सेना को अपने शुभागमन के निमित्त तैयार पाया।

शाहजादे अब बड़ी चिंता में पड़े। सामने अगम्य नदी लहरें मार रही थी किसी योगी के त्याग के सदृश। विवश होकर चम्पतराय के पास संदेश भेजा कि खुदा के लिए आकर हमारी डूबती हुई नाव को पार लगाइये।

राजा ने भवन में जा कर सारन्धा से पूछा–इसका क्या उत्तर दूँ?

सारन्धा–आपको मदद करनी होगी।

चम्पतराय–उनकी मदद करना दारा शिकोह से वैर लेना है।

सारन्धा–यह सत्य है परन्तु हाथ फैलाने की मर्यादा भी तो निभानी चाहिए।

चम्पतराय–प्रिये तुमने सोचकर जवाब नहीं दिया।

सारन्धा–प्राणनाथ मैं अच्छी तरह जानती हूँ कि यह मार्ग कठिन है। और अब हमें अपने योद्धाओं का रक्त पानी के समान बहाना पड़ेगा परंतु हम अपना रक्त बहायेंगे और चम्बल की

लहरों को लाल कर देंगे। विश्वास रखिये कि जब तक नदी की धारा बहती रहेगी वह हमारे वीरों की कीर्तिगान करती रहेगी। जब तक बुन्देलों का एक भी नामलेवा रहेगा ये रक्तबिन्दु उसके माथे पर केशर का तिलक बन कर चमकेंगे।

वायुमण्डल में मेघराज की सेनाएँ उमड़ रही थीं। ओरछे के किले से बुन्देलों की एक काली घटा उठी और वेग के साथ चम्बल की तरफ चली। प्रत्येक सिपाही वीर–रस से झूम रहा था। सारन्धा ने दोनों राजकुमारों को गले से लगा लिया और राजा को पान का बीड़ा देकर कहा–बुन्देलों की लाज अब तुम्हारे हाथ है।

आज उसका एक-एक अंग मुस्करा रहा है और हृदय हुलसित है। बुन्देलों की यह सेना देखकर शाहजादे फूले न समाये। राजा वहाँ की अंगुल-अंगुल भूमि से परिचित थे। उन्होंने बुन्देलों को तो एक आड़ में छिपा दिया और वे शाहजादों की फौज को सजा कर नदी के किनारे-किनारे पश्चिम की ओर चले। दारा शिकोह को भ्रम हुआ कि शत्रु किसी अन्य घाट से नदी उतरना चाहता है। उन्होंने घाट पर से मोर्चे हटा लिये। घाट में बैठे हुए बुन्देले उसी ताक में थे। बाहर निकल पड़े और उन्होंने तुरन्त ही नदी में घोड़े डाल दिये। चम्पतराय ने शाहजादा दारा शिकोह को भुलावा देकर अपनी फौज घुमा दी और वह बुन्देलों के पीछे चलता हुआ उसे पार उतार लाया। इस कठिन चाल में सात घण्टों का विलम्ब हुआ परन्तु जा कर देखा तो सात सौ बुन्देलों की लाशें तड़प रही थीं।

राजा को देखते ही बुन्देलों की हिम्मत बँध गयी। शाहजादों की सेना ने भी अल्लाहो अकबर की ध्वनि के साथ धावा किया। बादशाही सेना में हलचल पड़ गयी। उनकी पंक्तियाँ छिन्न-भिन्न हो गयीं। हाथोंहाथ लड़ाई होने लगी। यहाँ तक कि शाम हो गयी। रणभूमि रुधिर से लाल हो गयी और आकाश में अँधेरा हो गया। घमासान की मार हो रही थी। बादशाही सेना शाहजादों को दबाये आती थी। अकस्मात् पश्चिम से फिर बुन्देलों की एक लहर उठी और इस वेग से बादशाही सेना की पुश्त पर टकरायी कि उसके कदम उखड़ गये। जीता हुआ मैदान हाथ से निकल गया। लोगों को कुतूहल था कि यह दैवी सहायता कहाँ से आयी। सरल स्वभाव के लोगों की धारणा थी कि यह फतह के फरिश्ते हैं। शाहजादों की मदद के लिए आये हैं परन्तु जब राजा चम्पतराय निकट गये तो सारन्धा ने घोड़े से उतर कर उनके पैरों पर सिर झुका दिया। राजा को असीम आनन्द हुआ। यह सारन्धा थी।

समर-भूमि का दृश्य इस समय अत्यन्त दु:खमय था। थोड़ी देर पहले जहाँ सजे हुए वीरों के दल थे वहाँ अब बेजान लाशें तड़प रही थीं। मनुष्य ने अपने स्वार्थ के लिए अनादि काल से ही भाइयों की हत्या की है।

अब विजयी सेना लूट पर टूट पड़ी। पहले मर्द मर्दों से लड़ते थे। वह वीरता और पराक्रम का चित्र था। यह नीचता और दुर्बलता की ग्लानिप्रद तसवीर थी। उस समय मनुष्य पशु बना हुआ था अब वह पशु से भी बढ़ गया था।

इस नोच-खसोट में लोगों को बादशाही सेना के सेनापति वली बहादुर खाँ की लाश दिखायी दी। उसके निकट उसका घोड़ा खड़ा हुआ अपनी दुम से मक्खियाँ उड़ा रहा था।

राजा को घोड़ों का शौक था। देखते ही वह उस पर मोहित हो गया। यह इराकी जाति का अति सुन्दर घोड़ा था। एक-एक अंग साँचे में ढला हुआ। सिंह की-सी छाती। चीते की-सी कमर। उसका यह प्रेम और स्वामिभक्ति देखकर लोगों को बड़ा कुतूहल हुआ। राजा ने हुक्म दिया–खबरदार! इस प्रेमी पर कोई हथियार न चलाये। इसे जीता पकड़ लो। यह मेरे अस्तबल की शोभा बढ़ायेगा। जो इसे मेरे पास ले आयेगा उसे धन से निहाल कर दूँगा।

योद्धागण चारों ओर से लपके परन्तु किसी को साहस न होता था कि उसके निकट जा सके। कोई चुमकार रहा था। कोई फन्दे में फँसाने की फिक्र में था पर कोई उपाय सफल न होता था। वहाँ सिपाहियों का मेला-सा लगा हुआ था।

तब सारन्धा अपने खेमे से निकली और निर्भय होकर घोड़े के पास चली गयी। उसकी आँखों में प्रेम का प्रकाश था, छल का नहीं। घोड़े ने सिर झुका दिया। रानी ने उसकी गर्दन पर हाथ रखा और वह उसकी पीठ सहलाने लगी। घोड़े ने उसके अंचल में मुँह छिपा लिया। रानी उसकी रास पकड़ कर खेमे की ओर चली। घोड़ा इस तरह चुपचाप उसके पीछे चला मानो सदैव से उसका सेवक है।

पर बहुत अच्छा होता कि घोड़े ने सारन्धा से भी निष्ठुरता की होती। यह सुन्दर घोड़ा आगे चल कर इस राज-परिवार के निमित्त स्वर्णजटित मृग साबित हुआ।

5

संसार एक रण-क्षेत्र है। इस मैदान में उसी सेनापति को विजयलाभ होता है जो अवसर को पहचानता है। वह अवसर पर जितने उत्साह से आगे बढ़ता है उतने ही उत्साह से आपत्ति के समय पीछे हट जाता है। वह वीर पुरुष राष्ट्र का निर्माता होता है और इतिहास उसके नाम पर यश के फूलों की वर्षा करता है।

पर इस मैदान में कभी-कभी ऐसे सिपाही भी जाते हैं जो अवसर पर कदम बढ़ाना जानते हैं लेकिन संकट में पीछे हटाना नहीं जानते। ये रणवीर पुरुष विजय को नीति की भेंट कर देते हैं। वे अपनी सेना का नाम मिटा देंगे किन्तु जहाँ एक बार पहुँच गये हैं वहाँ से कदम पीछे न हटायेंगे। उनमें कोई विरला ही संसार-क्षेत्र में विजय प्राप्त करता है किंतु प्राय: उसकी हार विजय से भी अधिक गौरवात्मक होती है। अगर अनुभवशील सेनापति राष्ट्रों की नींव डालता है तो आन पर जान देनेवाला, मुँह न मोड़नेवाला सिपाही राष्ट्र के भावों को उच्च करता है और उसके हृदय पर नैतिक गौरव को अंकित कर देता है। उसे इस कार्यक्षेत्र में चाहे सफलता न हो किन्तु जब किसी वाक्य या सभा में उसका नाम ज़बान पर आ जाता है, श्रोतागण एक स्वर से उसके कीर्ति-गौरव को प्रतिध्वनित कर देते हैं। सारन्धा आन पर जान देनेवालों में थी।

शाहजादा मुहीउद्दीन चम्बल के किनारे से आगरे की ओर चला तो सौभाग्य उसके सिर पर मोर्छल हिलाता था। जब वह आगरे पहुँचा तो विजयदेवी ने उसके लिए सिंहासन सजा दिया।

औरंगजेब गुणज्ञ था। उसने बादशाही अफसरों के अपराध क्षमा कर दिये। उनके राज्यपद लौटा दिये और राजा चम्पतराय को उसके बहुमूल्य कृत्यों के उपलक्ष्य में बारह हजारी मनसब

प्रदान किया। ओरछा से बनारस और बनारस से जमुना तक उसकी जागीर नियत की गयी। बुन्देला राजा फिर राजसेवक बना। वह फिर सुख–विलास में डूबा और रानी सारन्धा फिर पराधीनता के शोक से घुलने लगी।

वली बहादुर खाँ बड़ा वाक्‌चतुर मनुष्य था। उसकी मृदुता ने शीघ्र ही उसे बादशाह आलमगीर का विश्वासपात्र बना दिया। उस पर राजसभा में सम्मान की दृष्टि पड़ने लगी।

खाँ साहब के मन में अपने घोड़े के हाथ से निकल जाने का बड़ा शोक था।

एक दिन कुँवर छत्रसाल उसी घोड़े पर सवार होकर सैर को गया था। वह खाँ साहब के महल की तरफ जा निकला। वली बहादुर ऐसे ही अवसर की ताक में था। उसने तुरन्त अपने सेवकों को इशारा किया। राजकुमार अकेला क्या करता। पाँव–पाँव घर आया और उसने सारन्धा से सब समाचार बयान किया। रानी का चेहरा तमतमा गया। बोली मुझे इसका शोक नहीं कि घोड़ा हाथ से गया। शोक इसका है कि तू उसे खो कर जीता क्यों लौटा? क्या तेरे शरीर में बुंदेलों का रक्त नहीं है? घोड़ा न मिलता न सही किन्तु तुझे दिखा देना चाहिए था कि एक बुन्देला बालक से उसका घोड़ा छीन लेना हँसी नहीं है।

यह कहकर उसने अपने पच्चीस योद्धाओं को तैयार होने की आज्ञा दी। स्वयं अस्त्र धारण किये और योद्धाओं के साथ वली बहादुर खाँ के निवास–स्थान पर जा पहुँची। खाँ साहब उसी घोड़े पर सवार होकर दरबार चले गये थे। सारन्धा दरबार की तरफ चली और एक क्षण में किसी वेगवती नदी के सदृश बादशाही दरबार के सामने जा पहुँची। यह कैफियत देखते ही दरबार में हलचल मच गयी। अधिकारी वर्ग इधर-उधर से आकर जमा हो गये। आलमगीर भी सहन में निकल आये। लोग अपनी-अपनी तलवारें सँभालने लगे और चारों तरफ शोर मच गया। कितने ही नेत्रों ने इसी दरबार में अमरसिंह की तलवार की चमक देखी थी। उन्हें वही घटना फिर याद आ गयी।

सारन्धा ने उच्च स्वर से कहा–खाँ साहब बड़ी लज्जा की बात है, आपने वही वीरता जो चम्बल के तट पर दिखानी चाहिए थी, आज एक अबोध बालक के सम्मुख दिखायी है। क्या यह उचित था कि आप उससे घोड़ा छीन लेते?

वली बहादुर खाँ की आँखों से अग्नि-ज्वाला निकल रही थी। वे कड़ी आवाज़ से बोले–किसी गैर को क्या मजाल है कि मेरी चीज अपने काम में लाये?

रानी–वह आपकी चीज नहीं मेरी है। मैंने उसे रणभूमि में पाया है और उस पर मेरा अधिकार है। क्या रणनीति की इतनी मोटी बात भी आप नहीं जानते?

खाँ साहब–वह घोड़ा मैं नहीं दे सकता। उसके बदले में सारा अस्तबल आपकी नज़र है।

रानी–मैं अपना घोड़ा लूँगी।

खाँ साहब–मैं उसके बराबर जवाहरात दे सकता हूँ परन्तु घोड़ा नहीं दे सकता!

रानी–तो फिर इसका निश्चय तलवार से होगा। बुन्देला योद्धाओं ने तलवारें सौंत लीं और निकट था कि दरबार की भूमि रक्त से प्लावित हो जाय। बादशाह आलमगीर ने बीच में

आकर कहा—रानी साहबा, आप सिपाहियों को रोकें। घोड़ा आपको मिल जायगा परन्तु इसका मूल्य बहुत देना पड़ेगा।

रानी—मैं उसके लिए अपना सर्वस्व खोने को तैयार हूँ।

बादशाह—जागीर और मनसब भी!

रानी—जागीर और मनसब कोई चीज नहीं।

बादशाह—अपना राज्य भी?

रानी—हाँ, राज्य भी।

बादशाह—एक घोड़े के लिए?

रानी—नहीं, उस पदार्थ के लिए जो संसार में सबसे अधिक मूल्यवान है।

बादशाह—वह क्या है?

रानी—अपनी आन।

इस भाँति रानी ने अपने घोड़े के लिए अपनी विस्तृत जागीर, उच्च राज और राज-सम्मान सब हाथ से खोया और केवल इतना ही नहीं भविष्य के लिए काँटे बोये। इस घड़ी से अन्त दशा तक चम्पतराय को शान्ति न मिली।

6

राजा चम्पतराय ने फिर ओरछे के किले में पदार्पण किया। उन्हें मनसब और जागीर के हाथ से निकल जाने का अत्यन्त शोक हुआ किन्तु उन्होंने अपने मुँह से शिकायत का एक शब्द भी नहीं निकाला। वे सारन्धा के स्वभाव को भली-भाँति जानते थे। शिकायत इस समय उसके आत्मगौरव पर कुठार का काम करती।

कुछ दिन यहाँ शान्तिपूर्वक व्यतीत हुए लेकिन बादशाह सारन्धा की कठोर बात भूला न था। वह क्षमा करना जानता ही न था। ज्यों ही भाइयों की ओर से निश्चिन्त हुआ वैसे ही उसने एक बड़ी सेना चम्पतराय का गर्व चूर्ण करने के लिए भेजी और बाईस अनुभवशील सरदार इस मुहीम पर नियुक्त किये। शुभकरण बुन्देला बादशाह का सूबेदार था। वह चम्पतराय का बचपन का मित्र और सहपाठी था। उसने चम्पतराय को परास्त करने का बीड़ा उठाया। और भी कितने ही बुन्देला सरदार राजा से विमुख होकर बादशाही सूबेदार से आ मिले। एक घोर संग्राम हुआ। भाइयों की तलवारें रक्त से लाल हुईं। यद्यपि इस समर में राजा को विजय प्राप्त हुई लेकिन उसकी शक्ति सदा के लिए क्षीण हो गयी। निकटवर्ती बुन्देला राजा जो चम्पतराय के बाहुबल थे, बादशाह के कृपाकांक्षी बन बैठे। साथियों में कुछ तो काम आये, कुछ दगा कर गये। यहाँ तक कि निज सम्बन्धियों ने भी आँखें चुरा लीं परन्तु इन कठिनाइयों में भी चम्पतराय ने हिम्मत नहीं हारी। धीरज को न छोड़ा। उन्होंने ओरछा छोड़ दिया और वह तीन वर्ष तक बुंदेलखंड के सघन पर्वतों पर छिपे फिरते रहे। बादशाही सेनाएँ शिकारी जानवरों की भाँति सारे देश में मँडरा रही थीं। आये-दिन राजा का किसी न किसी से सामना हो जाता था। सारन्धा सदैव उनके साथ रहती और उनका साहस बढ़ाया करती। बड़ी-बड़ी आपत्तियों में

जबकि धैर्य लुप्त हो जाता और आशा साथ छोड़ देती—आत्मरक्षा का धर्म उसे सँभाले रहता है। तीन साल के बाद अंत में बादशाह के सूबेदारों ने आलमगीर को सूचना दी कि इस शेर का शिकार आपके सिवाय और किसी से न होगा। उत्तर आया कि सेना को हटा लो और घेरा उठा लो। राजा ने समझा संकट से निवृत्ति हुई पर वह बात शीघ्र ही भ्रमात्मक सिद्ध हो गयी।

7

तीन सप्ताह से बादशाही सेना ने ओरछा घेर रखा है। जिस तरह कठोर वचन हृदय को छेद डालते हैं उसी तरह तोपों के गोलों ने दीवारों को छेद डाला है। किले में 20 हज़ार आदमी घिरे हुए हैं लेकिन उनमें आधे से अधिक स्त्रियाँ और उनसे कुछ ही कम बालक हैं। मर्दों की संख्या दिनोंदिन न्यून होती जाती है। आने-जाने के मार्ग चारों तरफ से बंद हैं। हवा का भी गुजर नहीं। रसद का सामान बहुत कम रह गया है। स्त्रियाँ पुरुषों और बालकों को जीवित रखने के लिए आप उपवास करती हैं। लोग बहुत हताश हो रहे हैं। औरतें सूर्य नारायण की ओर हाथ उठा-उठाकर शत्रु को कोसती हैं। बालकवृन्द मारे क्रोध के दीवार की आड़ से उन पर पत्थर फेंकते हैं जो मुश्किल से दीवार के उस पार जा पाते हैं। राजा चम्पतराय स्वयं ज्वर से पीड़ित हैं। उन्होंने कई दिन से चारपाई नहीं छोड़ी। उन्हें देखकर लोगों को कुछ ढाढ़स होता था लेकिन उनकी बीमारी से सारे किले में नैराश्य छाया हुआ है।

राजा ने सारन्धा से कहा—आज शत्रु जरूर किले में घुस आयेंगे।

सारन्धा—ईश्वर न करे कि इन आँखों से वह दिन देखना पड़े।

राजा—मुझे बड़ी चिंता इन अनाथ स्त्रियों और बालकों की है। गेहूँ के साथ यह घुन भी पिस जायेंगे।

सारन्धा—हम लोग यहाँ से निकल जाएँ तो कैसा?

राजा—इन अनाथों को छोड़ कर।

सारन्धा—इस समय इन्हें छोड़ देने में ही कुशल है। हम न होंगे तो शत्रु इन पर कुछ दया ही करेंगे।

राजा—नहीं यह लोग मुझसे न छोड़े जाएँगे। मर्दों ने अपनी जान हमारी सेवा में अर्पण कर दी है। उनकी स्त्रियों और बच्चों को मैं कदापि नहीं छोड़ सकता।

सारन्धा—लेकिन यहाँ रह कर हम उनकी कुछ मदद भी तो नहीं कर सकते?

राजा—उनके साथ प्राण तो दे सकते हैं। मैं उनकी रक्षा में अपनी जान लड़ा दूँगा। उनके लिए बादशाही सेना की खुशामद करूँगा। कारावास की कठिनाइयाँ सहूँगा किन्तु इस संकट में उन्हें छोड़ नहीं सकता।

सारन्धा ने लज्जित होकर सिर झुका लिया और सोचने लगी निस्संदेह प्रिय साथियों को आग की आँच में छोड़ कर अपनी जान बचाना घोर नीचता है! मैं ऐसी स्वार्थान्ध क्यों हो गयी हूँ लेकिन एकाएक विचार उत्पन्न हुआ। बोली—यदि आपको विश्वास हो जाय कि इन आदमियों के साथ कोई अन्याय न किया जायगा तब तो आपको चलने में कोई बाधा न होगी?

राजा–(सोचकर) कौन विश्वास दिलायेगा?

सारन्धा–बादशाह के सेनापति का प्रतिज्ञा-पत्र।

राजा–हाँ, तब मैं सानन्द चलूँगा।

सारन्धा विचार-सागर में डूबी। बादशाह के सेनापति से क्योंकर यह प्रतिज्ञा कराऊँ? कौन यह प्रस्ताव लेकर वहाँ जायगा और निर्दयी ऐसी प्रतिज्ञा करने ही क्यों लगे? उन्हें तो अपनी विजय की पूरी आशा है। मेरे यहाँ ऐसा नीति–कुशल वाक्पटु, चतुर कौन है जो इस दुस्तर कार्य को सिद्ध करे? छत्रसाल चाहे तो कर सकता है। उसमें ये सब गुण मौजूद हैं।

इस तरह मन में निश्चय करके रानी ने छत्रसाल को बुलाया। यह उसके चारों पुत्रों में बुद्धिमान और साहसी था। रानी उससे सबसे अधिक प्यार करती थीं। जब छत्रसाल ने आकर रानी को प्रणाम किया तो उनके कमलनेत्र सजल हो गये और हृदय से दीर्घ निःश्वास निकल गया।

छत्रसाल–माता मेरे लिए क्या आज्ञा है?

रानी–आज लड़ाई का क्या ढंग है?

छत्रसाल–हमारे पचास योद्धा अब तक काम आ चुके हैं।

रानी–बुन्देलों की लाज अब ईश्वर के हाथ है।

छत्रसाल–हम आज रात को छापा मारेंगे।

रानी ने संक्षेप में अपना प्रस्ताव छत्रसाल के सामने उपस्थित किया और कहा–यह काम किसे सौंपा जाय?

छत्रसाल–मुझको।

'तुम इसे पूरा कर दिखाओगे?'

'हाँ मुझे पूर्ण विश्वास है।'

'अच्छा जाओ परमात्मा तुम्हारा मनोरथ पूरा करे।'

छत्रसाल जब चला तो रानी ने उसे हृदय से लगा लिया और तब आकाश की ओर दोनों हाथ उठाकर कहा–दयानिधि मैंने अपना तरुण और होनहार पुत्र बुन्देलों की आन के आगे भेंट कर दिया। अब इस आन को निभाना तुम्हारा काम है। मैंने बड़ी मूल्यवान् वस्तु अर्पित की है, इसे स्वीकार करो।

8

दूसरे दिन प्रातःकाल सारन्धा स्नान करके थाल में पूजा की सामग्री लिये मन्दिर को चली। उसका चेहरा पीला पड़ गया था और आँखों तले अँधेरा छाया जाता था। वह मंदिर के द्वार पर पहुँची थी कि उसके थाल में बाहर से आकर एक तीर गिरा। तीर की नोक पर एक कागज का पुरजा लिपटा हुआ था। सारन्धा ने थाल मंदिर के चबूतरे पर रख दिया और पुर्जे को खोलकर देखा तो आनन्द से चेहरा खिल गया लेकिन यह आनन्द क्षणभर का था। हाय!

इस पुर्जे के लिए मैंने अपना प्रिय पुत्र हाथ से खो दिया है। कागज के टुकड़े को इतने महँगे दामों किसने लिया होगा?

मन्दिर से लौटकर सारन्धा राजा चम्पतराय के पास गयी और बोली–प्राणनाथ आपने जो वचन दिया था उसे पूरा कीजिये। राजा ने चौंक कर पूछा, तुमने अपना वादा पूरा कर दिया? रानी ने वह प्रतिज्ञा-पत्र राजा को दे दिया। चम्पतराय ने उसे गौर से देखा फिर बोले–अब मैं चलूँगा और ईश्वर ने चाहा तो एक बार फिर शत्रुओं की खबर लूँगा। लेकिन सारन सच बताओ इस पत्र के लिए क्या देना पड़ा है?

रानी ने कुंठित स्वर से कहा–बहुत कुछ।

राजा–सुनूँ।

रानी–एक जवान पुत्र।

राजा को बाण-सा लग गया। पूछा–कौन? अंगदराय?

रानी–नहीं।

राजा–रत्नसिंह?

रानी–नहीं।

राजा–छत्रसाल?

रानी–हाँ।

जैसे कोई पक्षी गोली खाकर परों को फड़फड़ाता है और तब बेदम होकर गिर पड़ता है उसी भाँति चम्पतराय पलंग से उछले और फिर अचेत होकर गिर पड़े। छत्रसाल उनका परम प्रिय पुत्र था। उनके भविष्य की सारी कामनाएँ उसी पर अवलम्बित थीं। जब चेत हुआ तब बोले सारन तुमने बुरा किया।

अँधेरी रात थी। रानी सारन्धा घोड़े पर सवार चम्पतराय को पालकी में बैठाये किले के गुप्त मार्ग से निकली जाती थी। आज से बहुत काल पहले एक दिन ऐसी ही अँधेरी दुःखमयी रात्रि थी। तब सारन्धा ने शीतलादेवी को कुछ कठोर वचन कहे थे। शीतलादेवी ने उस समय जो भविष्यवाणी की थी वह आज पूरी हुई। क्या सारन्धा ने उसका जो उत्तर दिया था वह भी पूरा होकर रहेगा?

9

मध्याह्न था। सूर्यनारायण सिर पर आकर अग्नि की वर्षा कर रहे थे। शरीर को झुलसाने वाली प्रचण्ड प्रखर वायु वन और पर्वत में आग लगाती फिरती थी। ऐसा विदित होता था मानो अग्निदेव की समस्त सेना गरजती हुई चली आ रही है। गगनमण्डल इस भय से काँप रहा था। रानी सारन्धा घोड़े पर सवार चम्पतराय को लिये पश्चिम की तरफ चली जाती थी। ओरछा दस कोस पीछे छूट चुका था और प्रतिक्षण यह अनुमान स्थिर होता जाता था कि अब हम भय के क्षेत्र से बाहर निकल आये। राजा पालकी में अचेत पड़े हुए थे और कहार पसीने में सराबोर थे। पालकी के पीछे पाँच सवार घोड़ा बढ़ाये चले आते थे प्यास के मारे सबका बुरा हाल था। तालू सूखा जाता था। किसी वृक्ष की छाँह और कुएँ की तलाश में आँखें चारों ओर दौड़ रही थीं।

अचानक सारन्धा ने पीछे की तरफ फिर कर देखा तो उसे सवारों का एक दल आता हुआ दिखायी दिया। उसका माथा ठनका कि अब कुशल नहीं है। यह लोग अवश्य हमारे शत्रु हैं। फिर विचार हुआ कि शायद मेरे राजकुमार अपने आदमियों को लिये हमारी सहायता को आ रहे हैं। नैराश्य में भी आशा साथ नहीं छोड़ती। कई मिनट तक वह इसी आशा और भय की अवस्था में रही। यहाँ तक कि वह दल निकट आ गया और सिपाहियों के वस्त्र साफ नज़र आने लगे। रानी ने एक ठण्डी साँस ली उसका शरीर तृणवत् काँपने लगा। यह बादशाही सेना के लोग थे।

सारन्धा ने कहारों से कहा—डोली रोक लो। बुन्देला सिपाहियों ने भी तलवारें खींच लीं। राजा की अवस्था बहुत शोचनीय थी किन्तु जैसे दबी हुई आग हवा लगते ही प्रदीप्त हो जाती है उसी प्रकार इस संकट का ज्ञान होते ही उनके जर्जर शरीर में वीरात्मा चमक उठी। वे पालकी का पर्दा उठाकर बाहर निकल आये। धनुष-बाण हाथ में ले लिया किन्तु वह धनुष जो उनके हाथ में इन्द्र का वज्र बन जाता था इस समय जरा भी न झुका। सिर में चक्कर आया पैर थर्राये और वे धरती पर गिर पड़े। भावी अमंगल की सूचना मिल गयी। उस पंखरहित पक्षी के सदृश जो साँप को अपनी तरफ आते देखकर ऊपर को उचकता और फिर गिर पड़ता है राजा चम्पतराय फिर सँभल उठे और फिर गिर पड़े। सारन्धा ने उन्हें सँभालकर बैठाया और रो कर बोलने की चेष्टा की परन्तु मुँह से केवल इतना निकला—प्राणनाथ! इसके आगे मुँह से एक शब्द भी न निकल सका। आन पर मरने वाली सारन्धा इस समय साधारण स्त्रियों की भाँति शक्तिहीन हो गयी लेकिन एक अंश तक यह निर्बलता स्त्री जाति की शोभा है।

चम्पतराय बोले—सारन, देखो, हमारा एक वीर ज़मीन पर गिरा। शोक! जिस आपत्ति से यावज्जीवन डरता रहा उसने इस अन्तिम समय में आ घेरा। मेरी आँखों के सामने शत्रु तुम्हारे कोमल शरीर में हाथ लगायेंगे और मैं जगह से हिल भी न सकूँगा। हाय! मृत्यु तू कब आयेगी! यह कहते-कहते उन्हें एक विचार आया। तलवार की तरफ हाथ बढ़ाया मगर हाथों में दम न था। तब सारन्धा से बोले—प्रिये तुमने कितने ही अवसरों पर मेरी आन निभायी है।

इतना सुनते ही सारन्धा के मुरझाये हुए मुख पर लाली दौड़ गयी। आँसू सूख गये। इस आशा में कि मैं पति के कुछ काम आ सकती हूँ उसके हृदय में बल का संचार कर दिया। वह राजा की ओर विश्वासोत्पादक भाव से देखकर बोली—ईश्वर ने चाहा तो मरते दम तक निभाऊँगी।

रानी ने समझा राजा मुझे प्राण देने का संकेत कर रहे हैं।

चम्पतराय—तुमने मेरी बात कभी नहीं टाली।

सारन्धा—मरते दम तक न टालूँगी।

राजा—यह मेरी अन्तिम याचना है। इसे अस्वीकार न करना।

सारन्धा ने तलवार को निकाल कर अपने वक्षस्थल पर रख लिया और कहा—यह आपकी आज्ञा नहीं है। मेरी हार्दिक अभिलाषा है कि मरूँ तो यह मस्तक आपके पद-कमलों पर हो।

चम्पतराय—तुमने मेरा मतलब नहीं समझा। क्या तुम मुझे इसलिए शत्रुओं के हाथ में छोड़ जाओगी कि मैं बेड़ियाँ पहने हुए दिल्ली की गलियों में निन्दा का पात्र बनूँ?

रानी ने जिज्ञासा की दृष्टि से राजा को देखा। वह उनका मतलब न समझी।

राजा–मैं तुमसे एक वरदान माँगता हूँ।

रानी–सहर्ष माँगिए।

राजा–यह मेरी अन्तिम प्रार्थना है। जो कुछ कहूँगा करोगी

रानी–सिर के बल करूँगी।

राजा–देखो तुमने वचन दिया है। इनकार न करना।

रानी–(काँपकर) आपके कहने की देर है।

राजा–अपनी तलवार मेरी छाती में चुभा दो।

रानी के हृदय पर वज्रपात-सा हो गया। बोली–जीवननाथ! इसके आगे वह और कुछ न बोल सकी। आँखों में नैराश्य छा गया।

राजा–मैं बेड़ियाँ पहनने के लिए जीवित रहना नहीं चाहता।

रानी–मुझसे यह कैसे होगा?

पाँचवाँ और अन्तिम सिपाही धरती पर गिरा। राजा ने झुँझला कर कहा–इसी जीवन पर आन निभाने का गर्व था।

बादशाह के सिपाही राजा की तरफ लपके। राजा ने नैराश्यपूर्ण भाव से रानी की ओर देखा। रानी क्षण भर अनिश्चित रूप से खड़ी रही लेकिन संकट में हमारी निश्चयात्मक शक्ति बलवान हो जाती है। निकट था कि सिपाही लोग राजा को पकड़ लें कि सारन्धा ने दामिनी की भाँति लपक कर तलवार राजा के हृदय में चुभा दी।

प्रेम की नाव प्रेम के सागर में डूब गयी। राजा के हृदय से रुधिर की धारा निकल रही थी पर चेहरे पर शान्ति छाई हुई थी।

कैसा हृदय है! वह स्त्री जो अपने पति पर प्राण देती थी आज उसकी प्राणघातिका है! जिस हृदय से आलिंगित होकर उसने यौवनसुख लूटा जो हृदय उसकी अभिलाषाओं का केन्द्र था जो हृदय उसके अभिमान का पोषक था उसी हृदय को सारन्धा की तलवार छेद रही है। किसी स्त्री की तलवार से ऐसा काम हुआ है?

आह! आत्माभिमान का कैसा विषादमय अंत है। उदयपुर और मारवाड़ के इतिहास में भी आत्मगौरव की ऐसी घटनाएँ नहीं मिलतीं।

बादशाही सिपाही सारन्धा का यह साहस और धैर्य देखकर दंग रह गये।

सरदार ने आगे बढ़कर कहा रानी साहिबा खुदा गवाह है हम सब आपके गुलाम हैं। आपका जो हुक्म हो उसे ब-सरो-चश्म बजा लायेंगे।

सारन्धा ने कहा–अगर हमारे पुत्रों में से कोई जीवित हो तो ये दोनों लाशें उसे सौंप देना।

यह कहकर उसने वही तलवार अपने हृदय में चुभा ली। जब वह अचेत होकर धरती पर गिरी तो उसका सिर राजा चम्पतराय की छाती पर था।

बड़े घर की बेटी

बेनीमाधव सिंह गौरीपुर गाँव के ज़मींदार और नम्बरदार थे। उनके पितामह किसी समय बड़े धन-धान्य संपन्न थे। गाँव का पक्का तालाब और मंदिर जिनकी अब मरम्मत भी मुश्किल थी, उन्हीं के कीर्ति-स्तंभ थे। कहते हैं इस दरवाज़े पर हाथी झूमता था, अब उसकी जगह एक बूढ़ी भैंस थी, जिसके शरीर में अस्थि-पंजर के सिवा और कुछ शेष न रहा था; पर दूध शायद बहुत देती थी; क्योंकि एक न एक आदमी हांडी लिए उसके सिर पर सवार ही रहता था। बेनीमाधव सिंह अपनी आधी से अधिक संपत्ति वकीलों को भेंट कर चुके थे। उनकी वर्तमान आय एक हजार रुपये वार्षिक से अधिक न थी। ठाकुर साहब के दो बेटे थे। बड़े का नाम श्रीकंठ सिंह था। उसने बहुत दिनों के परिश्रम और उद्योग के बाद बी.ए. की डिग्री प्राप्त की थी। अब एक दफ़्तर में नौकर था। छोटा लड़का लालबिहारी सिंह दोहरे बदन का, सजीला जवान था। भरा हुआ मुखड़ा, चौड़ी छाती। भैंस का दो सेर ताजा दूध वह उठकर सबेरे पी जाता था। श्रीकंठ सिंह की दशा बिलकुल विपरीत थी। इन नेत्रप्रिय गुणों को उन्होंने बी.ए. इन्हीं दो अक्षरों पर न्योछावर कर दिया था। इन दो अक्षरों ने उनके शरीर को निर्बल और चेहरे को कांतिहीन बना दिया था। इसी से वैद्यक ग्रंथों पर उनका विशेष प्रेम था। आयुर्वेदिक औषधियों पर उनका अधिक विश्वास था। शाम-सबेरे उनके कमरे से प्राय: खरल की सुरीली कर्णमधुर ध्वनि सुनायी दिया करती थी। लाहौर और कलकत्ते के वैद्यों से बड़ी लिखा-पढ़ी रहती थी।

श्रीकंठ इस अँग्रेज़ी डिग्री के अधिपति होने पर भी अँग्रेज़ी सामाजिक प्रथाओं के विशेष प्रेमी न थे; बल्कि वह बहुधा बड़े जोर से उसकी निंदा और तिरस्कार किया करते थे। इसी से गाँव में उनका बड़ा सम्मान था। दशहरे के दिनों में वह बड़े उत्साह से रामलीला होते और स्वयं किसी न किसी पात्र का पार्ट लेते थे। गौरीपुर में रामलीला के वही जन्मदाता थे। प्राचीन हिंदू सभ्यता का गुणगान उनकी धार्मिकता का प्रधान अंग था। सम्मिलित कुटुम्ब के तो वह एक-मात्र उपासक थे। आज-कल स्त्रियों को कुटुम्ब को कुटुम्ब में मिल-जुलकर रहने की जो अरुचि होती है, उसे वह जाति और देश दोनों के लिए हानिकारक समझते थे। यही कारण था कि गाँव की ललनाएँ उनकी निंदक थीं! कोई-कोई तो उन्हें अपना शत्रु समझने में भी संकोच न करती थीं! स्वयं उनकी पत्नी को ही इस विषय में उनसे विरोध था। यह इसलिए नहीं कि उसे अपने सास-ससुर, देवर या जेठ आदि से घृणा थी; बल्कि उसका विचार था कि यदि बहुत कुछ सहने और तरह देने पर भी परिवार के साथ निर्वाह न हो सके, तो आये-दिन की कलह से जीवन को नष्ट करने की अपेक्षा यही उत्तम है कि अपनी खिचड़ी अलग पकायी जाय।

आनंदी एक बड़े उच्च कुल की लड़की थी। उसके बाप एक छोटी-सी रियासत के ताल्लुकेदार थे। विशाल भवन, एक हाथी, तीन कुत्ते, बाज, बहरी-शिकरे, झाड़-फानूस, आनरेरी मजिस्ट्रेट और ऋण, जो एक प्रतिष्ठित ताल्लुकेदार के भोग्य पदार्थ हैं, सभी यहाँ विद्यमान थे। नाम था भूपसिंह। बड़े उदार-चित्त और प्रतिभाशाली पुरुष थे; पर दुर्भाग्य से लड़का एक भी न था। सात लड़कियाँ हुई और दैवयोग से सब की सब जीवित रहीं। पहली उमंग में तो उन्होंने तीन ब्याह दिल खोलकर किये; पर पंद्रह-बीस हजार रुपयों का कर्ज सिर पर हो गया, तो आँखें खुलीं, हाथ समेट लिया। आनंदी चौथी लड़की थी। वह अपनी सब बहनों से अधिक रूपवती और गुणवती थी। इससे ठाकुर भूपसिंह उसे बहुत प्यार करते थे। सुन्दर संतान को कदाचित् उसके माता-पिता भी अधिक चाहते हैं। ठाकुर साहब बड़े धर्म-संकट में थे कि इसका विवाह कहाँ करें? न तो यही चाहते थे कि ऋण का बोझ बढ़े और न यही स्वीकार था कि उसे अपने को भाग्यहीन समझना पड़े। एक दिन श्रीकंठ उनके पास किसी चंदे का रुपया माँगने आए। शायद नागरी-प्रचार का चंदा था। भूपसिंह उनके स्वभाव पर रीझ गये और धूमधाम से श्रीकंठसिंह का आनंदी के साथ ब्याह हो गया।

आनंदी अपने नये घर में आयी, तो यहाँ का रंग-ढंग कुछ और ही देखा। जिस टीम-टाम की उसे बचपन से ही आदत पड़ी हुई थी, वह यहाँ नाम-मात्र को भी न थी। हाथी-घोड़ों का तो कहना ही क्या, कोई सजी हुई सुंदर बहली तक न थी। रेशमी स्लीपर साथ लायी थी; पर यहाँ बाग़ कहाँ। मकान में खिड़कियाँ तक न थीं, न जमीन पर फर्श, न दीवार पर तसवीरें। यह एक सीधा-सादा देहाती गृहस्थी का मकान था; किन्तु आनंदी ने थोड़े ही दिनों में अपने को इस नयी अवस्था के ऐसा अनुकूल बना लिया, मानों उसने विलास के सामान कभी देखे ही न थे।

2

एक दिन दोपहर के समय लालबिहारी सिंह दो चिड़िया लिये हुए आया और भावज से बोला–जल्दी से पका दो, मुझे भूख लगी है। आनंदी भोजन बनाकर उसकी राह देख रही थी। अब वह नया व्यंजन बनाने बैठी। हाँड़ी में देखा, तो घी पाव-भर से अधिक न था। बड़े घर की बेटी, किफायत क्या जाने। उसने सब घी मांस में डाल दिया। लालबिहारी खाने बैठा, तो दाल में घी न था, बोला–दाल में घी क्यों नहीं छोड़ा?

आनंदी ने कहा–घी सब मांस में पड़ गया। लालबिहारी जोर से बोला–अभी परसों घी आया है। इतना जल्द उठ गया?

आनंदी ने उत्तर दिया–आज तो कुल पाव-भर रहा होगा। वह सब मैंने मांस में डाल दिया।

जिस तरह सूखी लकड़ी जल्दी से जल उठती है, उसी तरह क्षुधा से बावला मनुष्य जरा-जरा सी बात पर तिनक जाता है।

लालबिहारी को भावज की यह ढिठाई बहुत बुरी मालूम हुई, तिनक कर बोला–मैके में तो चाहे घी की नदी बहती हो!

स्त्री गालियाँ सह लेती हैं, मार भी सह लेती हैं; पर मैके की निंदा उनसे नहीं सही जाती। आनंदी मुँह फेर कर बोली–हाथी मरा भी, तो नौ लाख का। वहाँ इतना घी नित्य नाई-कहार खा जाते हैं।

लालबिहारी जल गया, थाली उठाकर पलट दी, और बोला–जी चाहता है, जीभ पकड़कर खींच लूँ।

आनंदी को भी क्रोध आ गया। मुँह लाल हो गया, बोली–वह होते तो आज इसका मजा चखाते।

अब अपढ़, उजड्ड ठाकुर से न रहा गया। उसकी स्त्री एक साधारण ज़मींदार की बेटी थी। जब जी चाहता, उस पर हाथ साफ कर लिया करता था। खड़ाऊँ उठाकर आनंदी की ओर जोर से फेंकी, और बोला–जिसके गुमान पर भूली हुई हो, उसे भी देखूँगा और तुम्हें भी।

आनंदी ने हाथ से खड़ाऊँ रोकी, सिर बच गया; पर उँगली में बड़ी चोट आयी। क्रोध के मारे हवा से हिलते पत्ते की भाँति काँपती हुई अपने कमरे में आकर खड़ी हो गयी। स्त्री का बल और साहस, मान और मर्यादा पति तक है। उसे अपने पति के ही बल और पुरुषत्व का घमंड होता है। आनंदी खून का घूँट पी कर रह गयी।

3

श्रीकंठ सिंह शनिवार को घर आया करते थे। वृहस्पति को यह घटना हुई थी। दो दिन तक आनंदी कोप-भवन में रही। न कुछ खाया न पिया, उनकी बाट देखती रही। अंत में शनिवार को वह नियमानुकूल संध्या समय घर आये और बाहर बैठकर कुछ इधर-उधर की बातें, कुछ देश-काल संबंधी समाचार तथा कुछ नये मुक़दमों आदि की चर्चा करने लगे। यह वार्तालाप दस बजे रात तक होता रहा। गाँव के भद्र पुरुषों को इन बातों में ऐसा आनंद मिलता था कि खाने-पीने की भी सुधि न रहती थी। श्रीकंठ को पिंड छुड़ाना मुश्किल हो जाता था। ये दो-तीन घंटे आनंदी ने बड़े कष्ट से काटे! किसी तरह भोजन का समय आया। पंचायत उठी। एकांत हुआ, तो लालबिहारी ने कहा–भैया, आप जरा भाभी को समझा दीजिएगा कि मुँह सँभालकर बातचीत किया करें, नहीं तो एक दिन अनर्थ हो जायगा।

बेनीमाधव सिंह ने बेटे की ओर साक्षी दी–हाँ, बहू-बेटियों का यह स्वभाव अच्छा नहीं कि मर्दों के मुँह लगें।

लालबिहारी–वह बड़े घर की बेटी हैं, तो हम भी कोई कुर्मी-कहार नहीं है।

श्रीकंठ ने चिंतित स्वर से पूछा–आखिर बात क्या हुई?

लालबिहारी ने कहा–कुछ भी नहीं; यों ही आप ही आप उलझ पड़ीं। मैके के सामने हम लोगों को कुछ समझती ही नहीं।

श्रीकंठ खा-पीकर आनंदी के पास गये। वह भरी बैठी थी। यह हजरत भी कुछ तीखे थे। आनंदी ने पूछा–चित्त तो प्रसन्न है।

श्रीकंठ बोले–बहुत प्रसन्न है; पर तुमने आजकल घर में यह क्या उपद्रव मचा रखा है?

आनंदी की त्योरियों पर बल पड़ गये, झुँझलाहट के मारे बदन में ज्वाला-सी दहक उठी। बोली–जिसने तुमसे यह आग लगायी है, उसे पाऊँ, मुँह झुलस दूँ।

श्रीकंठ–इतनी गरम क्यों होती हो, बात तो कहो।

आनंदी—क्या कहूँ, यह मेरे भाग्य का फेर है! नहीं तो गँवार छोकरा, जिसको चपरासगिरी करने का भी शऊर नहीं, मुझे खड़ाऊँ से मारकर यों न अकड़ता।

श्रीकंठ—सब हाल साफ-साफ कहो, तो मालूम हो। मुझे तो कुछ पता नहीं।

आनंदी—परसों तुम्हारे लाड़ले भाई ने मुझसे मांस पकाने को कहा। घी हाँड़ी में पाव-भर से अधिक न था। वह सब मैंने मांस में डाल दिया। जब खाने बैठा तो कहने लगा-दाल में घी क्यों नहीं है? बस, इसी पर मेरे मैके को बुरा-भला कहने लगा—मुझसे न रहा गया। मैंने कहा कि वहाँ इतना घी तो नाई-कहार खा जाते हैं, और किसी को जान भी नहीं पड़ता। बस इतनी सी बात पर इस अन्यायी ने मुझ पर खड़ाऊँ फेंक मारी। यदि हाथ से न रोक लूँ, तो सिर फट जाय। उसी से पूछो, मैंने जो कुछ कहा है, वह सच है या झूठ।

श्रीकंठ की आँखें लाल हो गयीं। बोले—यहाँ तक हो गया, इस छोकरे का यह साहस! आनंदी स्त्रियों के स्वभावानुसार रोने लगी; क्योंकि आँसू उनकी पलकों पर रहते हैं। श्रीकंठ बड़े धैर्यवान् और शांति पुरुष थे। उन्हें कदाचित् ही कभी क्रोध आता था; स्त्रियों के आँसू पुरुष की क्रोधाग्नि भड़काने में तेल का काम देते हैं। रात भर करवटें बदलते रहे। उद्विग्नता के कारण पलक तक नहीं झपकी। प्रातःकाल अपने बाप के पास जाकर बोले—दादा, अब इस घर में मेरा निबाह न होगा।

इस तरह की विद्रोह-पूर्ण बातें कहने पर श्रीकंठ ने कितनी ही बार अपने कई मित्रों को आड़े हाथों लिया था; परन्तु दुर्भाग्य, आज उन्हें स्वयं वे ही बातें अपने मुँह से कहनी पड़ी! दूसरों को उपदेश देना भी कितना सहज है!

बेनीमाधव सिंह घबरा उठे और बोले—क्यों?

श्रीकंठ—इसलिए कि मुझे भी अपनी मान-प्रतिष्ठा का कुछ विचार है। आपके घर में अब अन्याय और हठ का प्रकोप हो रहा है। जिनको बड़ों का आदर-सम्मान करना चाहिए, वे उनके सिर चढ़ते हैं। मैं दूसरे का नौकर ठहरा घर पर रहता नहीं। यहाँ मेरे पीछे स्त्रियों पर खड़ाऊँ और जूतों की बौछारें होती हैं। कड़ी बात तक चिन्ता नहीं। कोई एक की दो कह ले, वहाँ तक मैं सह सकता हूँ किन्तु यह कदापि नहीं हो सकता कि मेरे ऊपर लात-घूँसे पड़ें और मैं दम न मारुँ।

बेनीमाधव सिंह कुछ जवाब न दे सके। श्रीकंठ सदैव उनका आदर करते थे। उनके ऐसे तेवर देखकर बूढ़ा ठाकुर अवाक् रह गया। केवल इतना ही बोला—बेटा, तुम बुद्धिमान होकर ऐसी बातें करते हो? स्त्रियाँ इस तरह घर का नाश कर देती है। उनको बहुत सिर चढ़ाना अच्छा नहीं।

श्रीकंठ—इतना मैं जानता हूँ, आपके आशीर्वाद से ऐसा मूर्ख नहीं हूँ। आप स्वयं जानते हैं कि मेरे ही समझाने-बुझाने से, इसी गाँव में कई घर सँभल गये, पर जिस स्त्री की मान-प्रतिष्ठा का ईश्वर के दरबार में उत्तरदाता हूँ, उसके प्रति ऐसा घोर अन्याय और पशुवत् व्यवहार मुझे असह्य है। आप सच मानिए, मेरे लिए यही कुछ कम नहीं है कि लालबिहारी को कुछ दंड नहीं होता।

अब बेनीमाधव सिंह भी गरमाये। ऐसी बातें और न सुन सके। बोले—लालबिहारी तुम्हारा भाई है। उससे जब कभी भूल-चूक हो, उसके कान पकड़ो लेकिन...

श्रीकंठ—लालबिहारी को मैं अब अपना भाई नहीं समझता।

बेनीमाधव सिंह—स्त्री के पीछे?

श्रीकंठ—जी नहीं, उसकी क्रूरता और अविवेक के कारण।

दोनों कुछ देर चुप रहे। ठाकुर साहब लड़के का क्रोध शांत करना चाहते थे, लेकिन यह नहीं स्वीकार करना चाहते थे कि लालबिहारी ने कोई अनुचित काम किया है। इसी बीच में गाँव के और कई सज्जन हुक्के-चिलम के बहाने वहाँ आ बैठे। कई स्त्रियों ने जब यह सुना कि श्रीकंठ पत्नी के पीछे पिता से लड़ने को तैयार हैं, तो उन्हें बड़ा हर्ष हुआ। दोनों पक्षों की मधुर वाणियाँ सुनने के लिए उनकी आत्माएँ तिलमिलाने लगीं। गाँव में कुछ ऐसे कुटिल मनुष्य भी थे, जो इस कुल की नीतिपूर्ण गति पर मन ही मन जलते थे। वे कहा करते थे—श्रीकंठ अपने बाप से दबता है, इसीलिए वह दब्बू है। उसने विद्या पढ़ी, इसलिए वह किताबों का कीड़ा है। बेनीमाधव सिंह उसकी सलाह के बिना कोई काम नहीं करते, यह उनकी मूर्खता है। इन महानुभावों की शुभकामनाएँ आज पूरी होती दिखायी दीं। कोई हुक्का पीने के बहाने और कोई लगान की रसीद दिखाने आकर बैठ गया। बेनीमाधव सिंह पुराने आदमी थे। इन भावों को ताड़ गये। उन्होंने निश्चय किया चाहे कुछ ही क्यों न हो, इन द्रोहियों को ताली बजाने का अवसर न दूँगा। तुरंत कोमल शब्दों में बोले—बेटा, मैं तुमसे बाहर नहीं हूँ। तुम्हारा जो जी चाहे करो, अब तो लड़के से अपराध हो गया।

इलाहाबाद का अनुभव-रहित झल्लाया हुआ ग्रेजुएट इस बात को न समझ सका। उसे डिबेटिंग-क्लब में अपनी बात पर अड़ने की आदत थी, इन हथकंडों की उसे क्या खबर? बाप ने जिस मतलब से बात पलटी थी, वह उसकी समझ में न आया। बोला—लालबिहारी के साथ अब इस घर में नहीं रह सकता।

बेनीमाधव—बेटा, बुद्धिमान लोग मूर्खों की बात पर ध्यान नहीं देते। वह बेसमझ लड़का है। उससे जो कुछ भूल हुई, उसे तुम बड़े होकर क्षमा करो।

श्रीकंठ—उसकी इस दुष्टता को मैं कदापि नहीं सह सकता। या तो वही घर में रहेगा, या मैं ही। आपको यदि वह अधिक प्यारा है, तो मुझे विदा कीजिए, मैं अपना भार आप सँभाल लूँगा। यदि मुझे रखना चाहते हैं तो उससे कहिए, जहाँ चाहे चला जाय। बस यह मेरा अंतिम निश्चय है।

लालबिहारी सिंह दरवाज़े की चौखट पर चुपचाप खड़ा बड़े भाई की बातें सुन रहा था। वह उनका बहुत आदर करता था। उसे कभी इतना साहस न हुआ था कि श्रीकंठ के सामने चारपाई पर बैठ जाय, हुक्का पी ले या पान खा ले। बाप का भी वह इतना मान न करता था। श्रीकंठ का भी उस पर हार्दिक स्नेह था। अपने होश में उन्होंने कभी उसे घुड़का तक न था। जब वह इलाहाबाद से आते, तो उसके लिए कोई न कोई वस्तु अवश्य लाते। मुगदर की जोड़ी उन्होंने ही बनवा दी थी। पिछले साल जब उसने अपने से ड्योढ़े जवान को नागपंचमी के दिन दंगल में पछाड़ दिया, तो उन्होंने पुलकित होकर अखाड़े में ही जाकर उसे गले लगा लिया था, पाँच रुपये के पैसे लुटाये थे। ऐसे भाई के मुँह से आज ऐसी हृदय-विदारक बात

सुनकर लालबिहारी को बड़ी ग्लानि हुई। वह फूट-फूटकर रोने लगा। इसमें संदेह नहीं कि अपने किये पर पछता रहा था। भाई के आने से एक दिन पहले से उसकी छाती धड़कती थी कि देखूँ भैया क्या कहते हैं। मैं उनके सम्मुख कैसे जाऊँगा, उनसे कैसे बोलूँगा, मेरी आँखें उनके सामने कैसे उठेंगी। उसने समझा था कि भैया मुझे बुलाकर समझा देंगे। इस आशा के विपरीत आज उसने उन्हें निर्दयता की मूर्ति बने हुए पाया। वह मूर्ख था। परंतु उसका मन कहता था कि भैया मेरे साथ अन्याय कर रहे हैं। यदि श्रीकंठ उसे अकेले में बुलाकर दो-चार बातें कह देते; इतना ही नहीं दो-चार तमाचे भी लगा देते तो कदाचित् उसे इतना दुःख न होता; पर भाई का यह कहना कि अब मैं इसकी सूरत नहीं देखना चाहता, लालबिहारी से सहा न गया! वह रोता हुआ घर आया। कोठरी में जाकर कपड़े पहने, आँखें पोंछी, जिसमें कोई यह न समझे कि रोता था। तब आनंदी के द्वार पर आकर बोला–भाभी, भैया ने निश्चय किया है कि वह मेरे साथ इस घर में न रहेंगे। अब वह मेरा मुँह नहीं देखना चाहते; इसलिए अब मैं जाता हूँ। उन्हें फिर मुँह न दिखाऊँगा! मुझसे जो कुछ अपराध हुआ, उसे क्षमा करना।

यह कहते-कहते लालबिहारी का गला भर आया।

4

जिस समय लालबिहारी सिंह सिर झुकाये आनंदी के द्वार पर खड़ा था, उसी समय श्रीकंठ सिंह भी आँखें लाल किये बाहर से आये। भाई को खड़ा देखा, तो घृणा से आँखें फेर लीं, और कतरा कर निकल गये। मानों उसकी परछाही से दूर भागते हों।

आनंदी ने लालबिहारी की शिकायत तो की थी, लेकिन अब मन में पछता रही थी वह स्वभाव से ही दयावती थी। उसे इसका तनिक भी ध्यान न था कि बात इतनी बढ़ जाएगी। वह मन में अपने पति पर झुंझला रही थी कि यह इतने गरम क्यों होते हैं। उस पर यह भय भी लगा हुआ था कि कहीं मुझसे इलाहाबाद चलने को कहें, तो कैसे क्या करुँगी। इस बीच में जब उसने लालबिहारी को दरवाज़े पर खड़े यह कहते सुना कि अब मैं जाता हूँ, मुझसे जो कुछ अपराध हुआ, क्षमा करना, तो उसका रहा-सहा क्रोध भी पानी हो गया। वह रोने लगी। मन का मैल धोने के लिए नयन-जल से उपयुक्त और कोई वस्तु नहीं है।

श्रीकंठ को देखकर आनंदी ने कहा–लाला बाहर खड़े बहुत रो रहे हैं।

श्रीकंठ–तो मैं क्या करूँ?

आनंदी–भीतर बुला लो। मेरी जीभ में आग लगे! मैंने कहाँ से यह झगड़ा उठाया।

श्रीकंठ–मैं न बुलाऊँगा।

आनंदी–पछताओगे। उन्हें बहुत ग्लानि हो गयी है, ऐसा न हो, कहीं चल दें।

श्रीकंठ न उठे। इतने में लालबिहारी ने फिर कहा–भाभी, भैया से मेरा प्रणाम कह दो। वह मेरा मुँह नहीं देखना चाहते; इसलिए मैं भी अपना मुँह उन्हें न दिखाऊँगा।

लालबिहारी इतना कह कर लौट पड़ा, और शीघ्रता से दरवाज़े की ओर बढ़ा। अंत में आनंदी कमरे से निकली और उसका हाथ पकड़ लिया। लालबिहारी ने पीछे फिर कर देखा और आँखों में आँसू भरे बोला–मुझे जाने दो।

आनंदी–कहाँ जाते हो?

लालबिहारी–जहाँ कोई मेरा मुँह न देखे।

आनंदी–मैं न जाने दूँगी?

लालबिहारी–मैं तुम लोगों के साथ रहने योग्य नहीं हूँ।

आनंदी–तुम्हें मेरी सौगंध अब एक पग भी आगे न बढ़ाना।

लालबिहारी–जब तक मुझे यह न मालूम हो जाय कि भैया का मन मेरी तरफ़ से साफ हो गया, तब तक मैं इस घर में कदापि न रहूँगा।

आनंदी–मैं ईश्वर को साक्षी देकर कहती हूँ कि तुम्हारी ओर से मेरे मन में तनिक भी मैल नहीं है।

अब श्रीकंठ का हृदय भी पिघला। उन्होंने बाहर आकर लालबिहारी को गले लगा लिया। दोनों भाई खूब फूट-फूटकर रोये।

लालबिहारी ने सिसकते हुए कहा–भैया, अब कभी मत कहना कि तुम्हारा मुँह न देखूँगा। इसके सिवा आप जो दंड देंगे, मैं सहर्ष स्वीकार करूँगा।

श्रीकंठ ने काँपते हुए स्वर में कहा–लल्लू! इन बातों को बिलकुल भूल जाओ। ईश्वर चाहेगा, तो फिर ऐसा अवसर न आवेगा।

बेनीमाधव सिंह बाहर से आ रहे थे। दोनों भाइयों को गले मिलते देखकर आनंद से पुलकित हो गये। बोल उठे–बड़े घर की बेटियाँ ऐसी ही होती हैं। बिगड़ता हुआ काम बना लेती हैं।

गांव में जिसने यह वृत्तांत सुना, उसी ने इन शब्दों में आनंदी की उदारता को सराहा–'बड़े घर की बेटियाँ ऐसी ही होती हैं।'

बूढ़ी काकी

1

बुढ़ापा बहुधा बचपन का पुनरागमन हुआ करता है। जिह्वा-स्वाद के सिवा और कोई चेष्टा शेष न थी और न अपने कष्टों की ओर आकर्षित करने का, रोने के अतिरिक्त कोई दूसरा सहारा ही। समस्त इन्द्रियाँ, नेत्र, हाथ और पैर जवाब दे चुके थे। पृथ्वी पर पड़ी रहतीं और घर वाले कोई बात उनकी इच्छा के प्रतिकूल करते, भोजन का समय टल जाता या उसका परिमाण पूर्ण न होता अथवा बाज़ार से कोई वस्तु आती और न मिलती तो ये रोने लगती थीं। उनका रोना-सिसकना साधारण रोना न था, वे गला फाड़-फाड़कर रोती थीं।

उनके पतिदेव को स्वर्ग सिधारे कालांतर हो चुका था। बेटे तरुण हो-होकर चल बसे थे। अब एक भतीजे के अलावा और कोई न था। उसी भतीजे के नाम उन्होंने अपनी सारी सम्पत्ति लिख दी। भतीजे ने सारी सम्पत्ति लिखाते समय खूब लम्बे-चौड़े वादे किए, किन्तु वे सब वादे केवल कुली-डिपो के दलालों के दिखाए हुए सब्जबाग थे। यद्यपि उस सम्पत्ति की वार्षिक आय डेढ़-दो सौ रुपए से कम न थी तथापि बूढ़ी काकी को पेट भर भोजन भी कठिनाई से मिलता था। इसमें उनके भतीजे पंडित बुद्धिराम का अपराध था अथवा उनकी अर्धांगिनी श्रीमती रूपा का, इसका निर्णय करना सहज नहीं। बुद्धिराम स्वभाव के सज्जन थे, किंतु उसी समय तक जब कि उनके कोष पर आँच न आए। रूपा स्वभाव से तीव्र थी सही, पर ईश्वर से डरती थी। अतएव बूढ़ी काकी को उसकी तीव्रता उतनी न खलती थी जितनी बुद्धिराम की भलमनसाहत।

बुद्धिराम को कभी-कभी अपने अत्याचार का खेद होता था। विचारते कि इसी सम्पत्ति के कारण मैं इस समय भलामानुष बना बैठा हूँ। यदि भौतिक आश्वासन और सूखी सहानुभूति से स्थिति में सुधार हो सकता हो, उन्हें कदाचित् कोई आपत्ति न होती, परन्तु विशेष व्यय का भय उनकी सुचेष्टा को दबाए रखता था। यहाँ तक कि यदि द्वार पर कोई भला आदमी बैठा होता और बूढ़ी काकी उस समय अपना राग अलापने लगतीं तो वह आग हो जाते और घर में आकर उन्हें जोर से डाँटते। लड़कों को बुड्ढों से स्वाभाविक विद्वेष होता ही है और फिर जब माता-पिता का यह रंग देखते तो वे बूढ़ी काकी को और सताया करते। कोई चुटकी काटकर भागता, कोई इन पर पानी की कुल्ली कर देता। काकी चीख मारकर रोतीं परन्तु यह बात प्रसिद्ध थी कि वह केवल खाने के लिए रोती हैं, अतएव उनके संताप और आर्तनाद पर कोई ध्यान नहीं देता था। हाँ, काकी क्रोधातुर होकर बच्चों को गालियाँ देने लगतीं तो रूपा

घटनास्थल पर आ पहुँचती। इस भय से काकी अपनी जिह्वा कृपाण का कदाचित् ही प्रयोग करती थीं, यद्यपि उपद्रव-शान्ति का यह उपाय रोने से कहीं अधिक उपयुक्त था।

सम्पूर्ण परिवार में यदि काकी से किसी को अनुराग था, तो वह बुद्धिराम की छोटी लड़की लाडली थी। लाडली अपने दोनों भाइयों के भय से अपने हिस्से की मिठाई-चबैना बूढ़ी काकी के पास बैठकर खाया करती थी। यही उसका रक्षागार था और यद्यपि काकी की शरण उनकी लोलुपता के कारण बहुत महगी पड़ती थी, तथापि भाइयों के अन्याय से सुरक्षा कहीं सुलभ थी तो बस यहीं। इसी स्वार्थानुकूलता ने उन दोनों में सहानुभूति का आरोपण कर दिया था।

2

रात का समय था। बुद्धिराम के द्वार पर शहनाई बज रही थी और गाँव के बच्चों का झुंड विस्मयपूर्ण नेत्रों से गाने का रसास्वादन कर रहा था। चारपाइयों पर मेहमान विश्राम करते हुए नाइयों से मुक्कियाँ लगवा रहे थे। समीप खड़ा भाट विरुदावली सुना रहा था और कुछ भावज्ञ मेहमानों की 'वाह, वाह' पर ऐसा खुश हो रहा था मानो इस 'वाह-वाह' का यथार्थ में वही अधिकारी है। दो-एक अँग्रेज़ी पढ़े हुए नवयुवक इन व्यवहारों से उदासीन थे। वे इस गँवार मंडली में बोलना अथवा सम्मिलित होना अपनी प्रतिष्ठा के प्रतिकूल समझते थे।

आज बुद्धिराम के बड़े लड़के मुखराम का तिलक आया है। यह उसी का उत्सव है। घर के भीतर स्त्रियाँ गा रही थीं और रूपा मेहमानों के लिए भोजन में व्यस्त थी। भट्टियों पर कड़ाह चढ़ रहे थे। एक में पूड़ियाँ-कचौड़ियाँ निकल रही थीं, दूसरे में अन्य पकवान बनते थे। एक बड़े हंडे में मसालेदार तरकारी पक रही थी। घी और मसाले की क्षुधावर्धक सुगंधि चारों ओर फैली हुई थी। बूढ़ी काकी अपनी कोठरी में शोकमय विचार की भाँति बैठी हुई थीं। यह स्वाद मिश्रित सुगंधि उन्हें बेचैन कर रही थी। वे मन-ही-मन विचार कर रही थीं, संभवतः मुझे पूड़ियाँ न मिलेंगीं। इतनी देर हो गई, कोई भोजन लेकर नहीं आया। मालूम होता है, सब लोग भोजन कर चुके हैं। मेरे लिए कुछ न बचा। यह सोचकर उन्हें रोना आया, परन्तु अपशकुन के भय से वह रो न सकीं।

'आहा... कैसी सुगंधि है? अब मुझे कौन पूछता है। जब रोटियों के ही लाले पड़े हैं, तब ऐसे भाग्य कहाँ कि भरपेट पूड़ियाँ मिलें?' यह विचार कर उन्हें रोना आया, कलेजे में हूक-सी उठने लगी। परंतु रूपा के भय से उन्होंने फिर मौन धारण कर लिया।

बूढ़ी काकी देर तक इन्हीं दुखदायक विचारों में डूबी रहीं। घी और मसालों की सुगंधि रह-रहकर मन को आपे से बाहर किए देती थी। मुँह में पानी भर-भर आता था। पूड़ियों का स्वाद स्मरण करके हृदय में गुदगुदी होने लगती थी। किसे पुकारूँ, आज लाडली बेटी भी नहीं आई। दोनों छोकरे सदा दिक दिया करते हैं। आज उनका भी कहीं पता नहीं। कुछ मालूम तो होता कि क्या बन रहा है।

बूढ़ी काकी की कल्पना में पूड़ियों की तसवीर नाचने लगी। खूब लाल-लाल, फूली-फूली, नरम-नरम होंगी। रूपा ने भली-भाँति भोजन किया होगा। कचौड़ियों में अजवाइन और इलायची की महक आ रही होगी। एक पूड़ी मिलती तो जरा हाथ में लेकर देखती। क्यों न चलकर

कड़ाह के सामने ही बैठूँ। पूड़ियाँ छन-छनकर तैयार होंगी। कड़ाह से गरम-गरम निकालकर थाल में रखी जाती होंगी। फूल हम घर में भी सूँघ सकते हैं, परन्तु वाटिका में कुछ और बात होती है। इस प्रकार निर्णय करके बूढ़ी काकी उकड़ूँ बैठकर हाथों के बल सरकती हुई बड़ी कठिनाई से चौखट से उतरीं और धीरे-धीरे रेंगती हुई कड़ाह के पास जा बैठीं। यहाँ आने पर उन्हें उतना ही धैर्य हुआ जितना भूखे कुत्ते को खाने वाले के सम्मुख बैठने में होता है।

रूपा उस समय कार्यभार से उद्विग्न हो रही थी। कभी इस कोठे में जाती, कभी उस कोठे में, कभी कड़ाह के पास जाती, कभी भंडार में जाती। किसी ने बाहर से आकर कहा– 'महाराज ठंडई माँग रहे हैं।' ठंडई देने लगी। इतने में फिर किसी ने आकर कहा–'भाट आया है, उसे कुछ दे दो।' भाट के लिए सीधा निकाल रही थी कि एक तीसरे आदमी ने आकर पूछा–'अभी भोजन तैयार होने में कितना विलम्ब है? जरा ढोल, मजीरा उतार दो।' बेचारी अकेली स्त्री दौड़ते-दौड़ते व्याकुल हो रही थी, झुँझलाती थी, कुढ़ती थी, परन्तु क्रोध प्रकट करने का अवसर न पाती थी। भय होता, कहीं पड़ोसिनें यह न कहने लगें कि इतने में उबल पड़ीं। प्यास से स्वयं कंठ सूख रहा था। गर्मी के मारे फुँकी जाती थी, परन्तु इतना अवकाश न था कि जरा पानी पी ले अथवा पंखा लेकर झले। यह भी खटका था कि जरा आँख हटी और चीज़ों की लूट मची। इस अवस्था में उसने बूढ़ी काकी को कड़ाह के पास बैठी देखा तो जल गई। क्रोध न रुक सका। इसका भी ध्यान न रहा कि पड़ोसिनें बैठी हुई हैं, मन में क्या कहेंगीं। पुरुषों में लोग सुनेंगे तो क्या कहेंगे। जिस प्रकार मेंढक केंचुए पर झपटता है, उसी प्रकार वह बूढ़ी काकी पर झपटी और उन्हें दोनों हाथों से झटक कर बोली–ऐसे पेट में आग लगे, पेट है या भाड़? कोठरी में बैठते हुए क्या दम घुटता था? अभी मेहमानों ने नहीं खाया, भगवान को भोग नहीं लगा, तब तक धैर्य न हो सका? आकर छाती पर संवार हो गई। जल जाए ऐसी जीभ। दिन-भर खाती न होती तो जाने किसकी हांडी में मुँह डालती? गाँव देखेगा तो कहेगा कि बुढ़िया भरपेट खाने को नहीं पाती तभी तो इस तरह मुँह बाए फिरती है। डायन न मरे न मांचा छोड़े। नाम बेचने पर लगी है। नाक कटवा कर दम लेगी। इतना ठूँसती है न जाने कहाँ भस्म हो जाता है। भला चाहती हो तो जाकर कोठरी में बैठो, जब घर के लोग खाने लगेंगे, तब तुम्हें भी मिलेगा। तुम कोई देवी नहीं हो कि चाहे किसी के मुँह में पानी न जाए, परन्तु तुम्हारी पूजा पहले ही हो जाए।

बूढ़ी काकी ने सिर उठाया, न रोईं न बोलीं। चुपचाप रेंगती हुई अपनी कोठरी में चली गईं। आवाज़ ऐसी कठोर थी कि हृदय और मस्तिष्क की सम्पूर्ण शक्तियाँ, सम्पूर्ण विचार और सम्पूर्ण भार उसी ओर आकर्षित हो गए थे। नदी में जब कगार का कोई वृहद खंड कटकर गिरता है तो आस-पास का जल समूह चारों ओर से उसी स्थान को पूरा करने के लिए दौड़ता है।

3

भोजन तैयार हो गया है। आँगन में पत्तलें पड़ गईं, मेहमान खाने लगे। स्त्रियों ने जेवनार-गीत गाना आरम्भ कर दिया। मेहमानों के नाई और सेवकगण भी उसी मंडली के साथ, किंतु कुछ हटकर भोजन करने बैठे थे, परन्तु सभ्यतानुसार जब तक सब-के-सब खा न चुकें कोई उठ

नहीं सकता था। दो-एक मेहमान जो कुछ पढ़े-लिखे थे, सेवकों के दीर्घाहार पर झुँझला रहे थे। वे इस बंधन को व्यर्थ और बेकार की बात समझते थे।

बूढ़ी काकी अपनी कोठरी में जाकर पश्चाताप कर रही थी कि मैं कहाँ-से-कहाँ आ गई। उन्हें रूपा पर क्रोध नहीं था। अपनी जल्दबाजी पर दुख था। सच ही तो है, जब तक मेहमान लोग भोजन न कर चुकेंगे, घर वाले कैसे खाएँगे। मुझ से इतनी देर भी न रहा गया। सबके सामने पानी उतर गया। अब जब तक कोई बुलाने नहीं आएगा, न जाऊँगी।

मन-ही-मन इस प्रकार का विचार कर वह बुलाने की प्रतीक्षा करने लगीं। परन्तु घी की रुचिकर सुवास बड़ी धैर्य-परीक्षक प्रतीत हो रही थी। उन्हें एक-एक पल एक-एक युग के समान मालूम होता था। अब पत्तल बिछ गई होगी। अब मेहमान आ गए होंगे। लोग हाथ पैर धो रहे हैं, नाई पानी दे रहा है। मालूम होता है लोग खाने बैठ गए। जेवनार गाया जा रहा है, यह विचार कर वह मन को बहलाने के लिए लेट गईं। धीरे-धीरे एक गीत गुनगुनाने लगीं। उन्हें मालूम हुआ कि मुझे गाते देर हो गई। क्या इतनी देर तक लोग भोजन कर ही रहे होंगे। किसी की आवाज़ सुनाई नहीं देती। अवश्य ही लोग खा-पीकर चले गए। मुझे कोई बुलाने नहीं आया है। रूपा चिढ़ गई है, क्या जाने न बुलाए। सोचती हो कि आप ही आवेंगीं, वह कोई मेहमान तो नहीं, जो उन्हें बुलाऊँ। बूढ़ी काकी चलने को तैयार हुईं। यह विश्वास कि एक मिनट में पूड़ियाँ और मसालेदार तरकारियाँ सामने आएँगी, उनकी स्वादेन्द्रियों को गुदगुदाने लगा। उन्होंने मन में तरह-तरह के मंसूबे बाँधे पहले तरकारी से पूड़ियाँ खाऊँगी, फिर दही और शक्कर से, कचौरियाँ रायते के साथ मजेदार मालूम होंगी। चाहे कोई बुरा माने चाहे भला, मैं तो माँग-माँगकर खाऊंगी। यही न लोग कहेंगे कि इन्हें विचार नहीं? कहा करें, इतने दिन के बाद पूड़ियाँ मिल रही हैं तो मुँह झूठा करके थोड़े ही उठ जाऊँगी।

वह उकड़ूँ बैठकर सरकते हुए आँगन में आईं। परन्तु हाय दुर्भाग्य! अभिलाषा ने अपने पुराने स्वभाव के अनुसार समय की मिथ्या कल्पना की थी। मेहमान-मंडली अभी बैठी हुई थी। कोई खाकर उंगलियाँ चाटता था, कोई तिरछे नेत्रों से देखता था कि और लोग अभी खा रहे हैं या नहीं। कोई इस चिंता में था कि पत्तल पर पूड़ियाँ छूटी जाती हैं, किसी तरह इन्हें भीतर रख लेता। कोई दही खाकर चटकारता था, परन्तु दूसरा दोना माँगते संकोच करता था कि इतने में बूढ़ी काकी रेंगती हुई उनके बीच में आ पहुँची। कई आदमी चौंककर उठ खड़े हुए। पुकारने लगे–अरे, यह बुढ़िया कौन है? यहाँ कहाँ से आ गई? देखो, किसी को छू न दे।

पंडित बुद्धिराम काकी को देखते ही क्रोध से तिलमिला गए। पूड़ियों का थाल लिए खड़े थे। थाल को ज़मीन पर पटक दिया और जिस प्रकार निर्दयी महाजन अपने किसी बेइमान और भगोड़े कर्जदार को देखते ही उसका टेंटुआ पकड़ लेता है उसी तरह लपक कर उन्होंने काकी के दोनों हाथ पकड़े और घसीटते हुए लाकर उन्हें अँधेरी कोठरी में धम से पटक दिया। आशारूपी वाटिका लू के एक झोंके में विनष्ट हो गई।

मेहमानों ने भोजन किया। घरवालों ने भोजन किया। बाजे वाले, धोबी, चमार भी भोजन कर चुके, परन्तु बूढ़ी काकी को किसी ने न पूछा। बुद्धिराम और रूपा दोनों ही बूढ़ी काकी को उनकी

निर्लज्जता के लिए दंड देने का निश्चय कर चुके थे। उनके बुढ़ापे पर, दीनता पर, हतज्ञान पर किसी को करुणा न आई थी। अकेली लाडली उनके लिए कुढ़ रही थी।

लाडली को काकी से अत्यंत प्रेम था। बेचारी भोली लड़की थी। बाल-विनोद और चंचलता की उसमें गंध तक न थी। दोनों बार जब उसके माता-पिता ने काकी को निर्दयता से घसीटा तो लाडली का हृदय ऐंठ कर रह गया। वह झुँझला रही थी कि हम लोग काकी को क्यों बहुत-सी पूड़ियाँ नहीं देते। क्या मेहमान सब-की-सब खा जाएँगे? और यदि काकी ने मेहमानों से पहले खा लिया तो क्या बिगड़ जाएगा? वह काकी के पास जाकर उन्हें धैर्य देना चाहती थी, परन्तु माता के भय से न जाती थी। उसने अपने हिस्से की पूड़ियाँ बिलकुल न खाईं थीं। अपनी गुड़ियाँ की पिटारी में बन्द कर रखी थीं। उन पूड़ियों को काकी के पास ले जाना चाहती थी। उसका हृदय अधीर हो रहा था। बूढ़ी काकी मेरी बात सुनते ही उठ बैठेंगीं, पूड़ियाँ देखकर कैसी प्रसन्न होंगी! मुझे खूब प्यार करेंगी।

4

रात को ग्यारह बज गए थे। रूपा आँगन में पड़ी सो रही थी। लाडली की आँखों में नींद न आती थी। काकी को पूड़ियाँ खिलाने की खुशी उसे सोने न देती थी। उसने गुड़ियों की पिटारी सामने रखी थी। जब विश्वास हो गया कि अम्मा सो रही हैं, तो वह चुपके से उठी और विचारने लगी, कैसे चलूँ। चारों ओर अँधेरा था। केवल चूल्हों में आग चमक रही थी और चूल्हों के पास एक कुत्ता लेटा हुआ था। लाडली की दृष्टि सामने वाले नीम पर गई। उसे मालूम हुआ कि उस पर हनुमान जी बैठे हुए हैं। उनकी पूँछ, उनकी गदा, वह स्पष्ट दिखलाई दे रही है। मारे भय के उसने आँखें बंद कर लीं। इतने में कुत्ता उठ बैठा, लाडली को ढाढ़स हुआ। कई सोए हुए मनुष्यों के बदले एक भागता हुआ कुत्ता उसके लिए अधिक धैर्य का कारण हुआ। उसने पिटारी उठाई और बूढ़ी काकी की कोठरी की ओर चली।

5

बूढ़ी काकी को केवल इतना स्मरण था कि किसी ने मेरे हाथ पकड़कर घसीटे, फिर ऐसा मालूम हुआ कि जैसे कोई पहाड़ पर उड़ाए लिए जाता है। उनके पैर बार-बार पत्थरों से टकराए तब किसी ने उन्हें पहाड़ पर से पटका, वे मूर्छित हो गईं।

जब वे सचेत हुईं तो किसी की जरा भी आहट न मिलती थी। समझी कि सब लोग खा-पीकर सो गए और उनके साथ मेरी तकदीर भी सो गई। रात कैसे कटेगी? राम! क्या खाऊँ? पेट में अग्नि धधक रही है। हा! किसी ने मेरी सुधि न ली। क्या मेरा पेट काटने से धन जुड़ जाएगा? इन लोगों को इतनी भी दया नहीं आती कि न जाने बुढ़िया कब मर जाए? उसका जी क्यों दुखावें? मैं पेट की रोटियाँ ही खाती हूँ कि और कुछ? इस पर यह हाल। मैं अंधी, अपाहिज ठहरी, न कुछ सुनूँ, न बूझूँ। यदि आँगन में चली गई तो क्या बुद्धिराम से इतना कहते न बनता था कि काकी अभी लोग खाना खा रहे हैं फिर आना। मुझे घसीटा, पटका। उन्हीं पूड़ियों के लिए रूपा ने सबके सामने गालियाँ दीं। उन्हीं पूड़ियों के लिए इतनी दुर्गति करने पर भी उनका पत्थर का कलेजा न पसीजा। सबको खिलाया, मेरी बात तक न पूछी।

जब तब ही न दीं, तब अब क्या देंगे? यह विचार कर काकी निराशामय संतोष के साथ लेट गई। ग्लानि से गला भर-भर आता था, परन्तु मेहमानों के भय से रोती न थीं। सहसा कानों में आवाज़ आई–'काकी उठो, मैं पूड़ियाँ लाई हूँ।' काकी ने लाडली की बोली पहचानी। चटपट उठ बैठीं। दोनों हाथों से लाडली को टटोला और उसे गोद में बिठा लिया। लाडली ने पूड़ियाँ निकालकर दीं।

काकी ने पूछा–क्या तुम्हारी अम्मा ने दी है?

लाडली ने कहा–नहीं, यह मेरे हिस्से की हैं।

काकी पूड़ियों पर टूट पड़ीं। पाँच मिनट में पिटारी खाली हो गई। लाडली ने पूछा–काकी पेट भर गया?

जैसे थोड़ी-सी वर्षा ठंडक के स्थान पर और भी गर्मी पैदा कर देती है उस भाँति इन थोड़ी पूड़ियों ने काकी की क्षुधा और इच्छा को और उत्तेजित कर दिया था। बोलीं–नहीं बेटी, जाकर अम्मा से और माँग लाओ।

लाड़ली ने कहा–अम्मा सोती हैं, जगाऊँगी तो मारेंगीं।

काकी ने पिटारी को फिर टटोला। उसमें कुछ खुर्चन गिरी थी। बार-बार होंठ चाटती थीं, चटखारे भरती थीं।

हृदय मसोस रहा था कि और पूड़ियाँ कैसे पाऊँ। संतोष-सेतु जब टूट जाता है, तब इच्छा का बहाव अपरिमित हो जाता है। मतवालों को मद का स्मरण करना उन्हें मदांध बनाता है। काकी का अधीर मन इच्छाओं के प्रबल प्रवाह में बह गया। उचित और अनुचित का विचार जाता रहा। वे कुछ देर तक उस इच्छा को रोकती रहीं। सहसा लाडली से बोलीं–मेरा हाथ पकड़कर वहाँ ले चलो, जहाँ मेहमानों ने बैठकर भोजन किया है।

लाडली उनका अभिप्राय समझ न सकी। उसने काकी का हाथ पकड़ा और ले जाकर झूठे पत्तलों के पास बिठा दिया। दीन, क्षुधातुर, हत् ज्ञान बुढ़िया पत्तलों से पूड़ियों के टुकड़े चुन-चुनकर भक्षण करने लगी। ओह... दही कितना स्वादिष्ट था, कचौड़ियाँ कितनी सलोनी, खस्ता कितने सुकोमल। काकी बुद्धिहीन होते हुए भी इतना जानती थीं कि मैं वह काम कर रही हूँ, जो मुझे कदापि न करना चाहिए। मैं दूसरों की झूठी पत्तल चाट रही हूँ। परन्तु बुढ़ापा तृष्णा रोग का अंतिम समय है, जब सम्पूर्ण इच्छाएँ एक ही केन्द्र पर आ लगती हैं। बूढ़ी काकी में यह केन्द्र उनकी स्वादेन्द्रिय थी।

ठीक उसी समय रूपा की आँख खुली। उसे मालूम हुआ कि लाडली मेरे पास नहीं है। वह चौंकी, चारपाई के इधर-उधर ताकने लगी कि कहीं नीचे तो नहीं गिर पड़ी। उसे वहाँ न पाकर वह उठी तो क्या देखती है कि लाडली जूठे पत्तलों के पास चुपचाप खड़ी है और बूढ़ी काकी पत्तलों पर से पूड़ियों के टुकड़े उठा-उठाकर खा रही है। रूपा का हृदय सन्न हो गया। किसी गाय की गरदन पर छुरी चलते देखकर जो अवस्था उसकी होती, वही उस समय हुई। एक ब्राह्मणी दूसरों की झूठी पत्तल टटोले, इससे अधिक शोकमय दृश्य असंभव था। पूड़ियों के कुछ ग्रासों के लिए उसकी चचेरी सास ऐसा निष्कृष्ट कर्म कर रही है। यह वह

दृश्य था, जिसे देखकर देखने वालों के हृदय काँप उठते हैं। ऐसा प्रतीत होता मानो ज़मीन रुक गई, आसमान चक्कर खा रहा है। संसार पर कोई आपत्ति आने वाली है। रूपा को क्रोध न आया। शोक के सम्मुख क्रोध कहाँ? करुणा और भय से उसकी आँखें भर आईं। इस अधर्म का भागी कौन है? उसने सच्चे हृदय से गगन मंडल की ओर हाथ उठाकर कहा–परमात्मा, मेरे बच्चों पर दया करो। इस अधर्म का दंड मुझे मत दो, नहीं तो मेरा सत्यानाश हो जाएगा।

रूपा को अपनी स्वार्थपरता और अन्याय इस प्रकार प्रत्यक्ष रूप में कभी न दिख पड़े थे। वह सोचने लगी–हाय! कितनी निर्दय हूँ। जिसकी सम्पति से मुझे दो सौ रुपया आय हो रही है, उसकी यह दुर्गति। और मेरे कारण। हे दयामय भगवान! मुझसे बड़ी भारी चूक हुई है, मुझे क्षमा करो। आज मेरे बेटे का तिलक था। सैकड़ों मनुष्यों ने भोजन पाया। मैं उनके इशारों की दासी बनी रही। अपने नाम के लिए सैकड़ों रुपए व्यय कर दिए, परन्तु जिसकी बदौलत हजारों रुपए खाए, उसे इस उत्सव में भी भरपेट भोजन न दे सकी। केवल इसी कारण तो, वह वृद्धा असहाय है।

रूपा ने दिया जलाया, अपने भंडार का द्वार खोला और एक थाली में सम्पूर्ण सामग्रियाँ सजाकर बूढ़ी काकी की ओर चली।

आधी रात जा चुकी थी, आकाश पर तारों के थाल सजे हुए थे और उन पर बैठे हुए देवगण स्वर्गीय पदार्थ सजा रहे थे, परन्तु उसमें किसी को वह परमानंद प्राप्त न हो सकता था, जो बूढ़ी काकी को अपने सम्मुख थाल देखकर प्राप्त हुआ। रूपा ने कंठारुद्ध स्वर में कहा–काकी उठो, भोजन कर लो। मुझसे आज बड़ी भूल हुई, उसका बुरा न मानना। परमात्मा से प्रार्थना कर दो कि वह मेरा अपराध क्षमा कर दें।

भोले-भाले बच्चों की भाँति, जो मिठाइयाँ पाकर मार और तिरस्कार सब भूल जाते हैं, बूढ़ी काकी वैसे ही सब भुलाकर बैठी हुई खाना खा रही थी। उनके एक-एक रोंए से सच्ची सदिच्छाएँ निकल रही थीं और रूपा बैठी स्वर्गीय दृश्य का आनन्द लेने में निमग्न थी।

निमंत्रण

पंडित मोटेराम शास्त्री ने अंदर जा कर अपने विशाल उदर पर हाथ फेरते हुए यह पद पंचम स्वर में गाया–

अजगर करे न चाकरी, पंछी करे न काम,
दास मलूका कह गए, सबके दाता राम!

सोना ने प्रफुल्लित हो कर पूछा–'कोई मीठी-ताज़ी खबर है क्या?'

शास्त्री जी ने पैंतरे बदल कर कहा–'मार लिया आज। ऐसा ताक कर मारा कि चारों खाने चित्त। सारे घर का नेवता! सारे घर का। वह बढ़-बढ़कर हाथ मारूँगा कि देखने वाले दंग रह जाएँगे। उधर महाराज अभी से अधीर हो रहे हैं।'

सोना–'कहीं पहले की भाँति अब की भी धोखा न हो। पक्का-पोढ़ा कर लिया है न?'

मोटेराम ने मूँछें ऐंठते हुए कहा, 'ऐसा असगुन मुँह से न निकालो। बड़े जप-तप के बाद यह शुभ दिन आया है। जो तैयारियाँ करनी हों, कर लो।'

सोना–'वह तो करूँगी ही। क्या इतना भी नहीं जानती? जन्म भर घास थोड़े ही खोदती रही हूँ; मगर है घर भर का न?'

मोटेराम–'अब और कैसे कहूँ? पूरे घर भर का है। इसका अर्थ समझ में न आया हो, तो मुझसे पूछो। विद्वानों की बात समझना सबका काम नहीं।' मगर उनकी बात सभी समझ लें, तो उनकी विद्वत्ता का महत्त्व ही क्या रहे; बताओ, क्या समझीं? मैं इस समय बहुत ही सरल भाषा में बोल रहा हूँ; मगर तुम नहीं समझ सकीं। बताओ, विद्वत्ता किसे कहते हैं? महत्त्व ही का अर्थ बताओ। घर भर का निमंत्रण देना क्या दिल्लगी है? हाँ, ऐसे अवसर पर विद्वान लोग राजनीति से काम लेते हैं और उसका वही आशय निकालते हैं, जो अपने अनुकूल हो। मुरादपुर की रानी साहब सात ब्राह्मणों को इच्छापूर्ण भोजन कराना चाहती हैं। कौन-कौन महाशय मेरे साथ जाएँगे, यह निर्णय करना मेरा काम है। अलगूराम शास्त्री, बेनीराम शास्त्री, छेदीराम शास्त्री, भवानीराम शास्त्री, फेंकूराम शास्त्री, मोटेराम शास्त्री आदि जब इतने आदमी अपने घर ही में हैं, तब बाहर कौन ब्राह्मणों को खोजने जाये।

सोना–'और सातवाँ कौन है?'

मोटे–'बुद्धि दौड़ाओ।'

सोना–'एक पत्तल घर लेते आना।'

मोटे–'फिर वही बात कही, जिसमें बदनामी हो। छिः छिः! पत्तल घर लाऊँ। उस पत्तल में वह स्वाद कहाँ जो जजमान के घर पर बैठ कर भोजन करने में है। सुनो, सातवें महाशय हैं, पंडित सोनाराम शास्त्री।'

सोना–'चलो, दिल्लगी करते हो। भला, मैं कैसे जाऊँगी?'

मोटे–'ऐसे ही कठिन अवसरों पर तो विद्या की आवश्यकता पड़ती है। विद्वान आदमी अवसर को अपना सेवक बना लेता है, मूर्ख अपने भाग्य को रोता है। सोनादेवी और सोनाराम शास्त्री में क्या अंतर है, जानती हो? केवल परिधान का। परिधान का अर्थ समझती हो? परिधान 'पहनाव' को कहते हैं। इसी साड़ी को मेरी तरह बाँध लो, मेरी मिरज़ई पहन लो, ऊपर से चादर ओढ़ लो। पगड़ी मैं बाँध दूँगा। फिर कौन पहचान सकता है?

सोना ने हँसकर कहा–'मुझे तो लाज लगेगी।'

मोटे–'तुम्हें करना ही क्या है? बातें तो हम करेंगे।'

सोना ने मन ही मन आनेवाले पदार्थों का आनंद ले कर कहा–'बड़ा मजा होगा!'

मोटे–'बस, अब विलम्ब न करो। तैयारी करो, चलो।'

सोना–'कितनी फंकी बना लूँ?'

मोटे–'यह मैं नहीं जानता। बस, यही आदर्श सामने रखो कि अधिक से अधिक लाभ हो।'

सहसा सोनादेवी को एक बात याद आ गयी। बोली, अच्छा, इन बिछुओं का क्या करूँगी?'

मोटेराम ने त्योरी चढ़ा कर कहा, 'इन्हें उठाकर रख देना और क्या करोगी?'

सोना–'हाँ जी, क्यों नहीं। उतार कर रख क्यों न दूँगी?'

मोटे–'तो क्या तुम्हारे बिछुए पहनने ही से मैं जी रहा हूँ? जीता हूँ पौष्टिक पदार्थों के सेवन से। तुम्हारे बिछुओं के पुण्य से नहीं जीता।'

सोना–'नहीं भाई, मैं बिछुए न उतारूँगी।'

मोटेराम ने सोच कर कहा–'अच्छा, पहने चलो, कोई हानि नहीं। गोवर्धनधारी यह बाधा भी हर लेंगे। बस, पाँव में बहुत-से कपड़े लपेट लेना। मैं कह दूँगा, इन पंडित जी को फीलपाँव हो गया। क्यों, कैसी सूझी?'

पंडिताइन ने पतिदेव को प्रशंसा-सूचक नेत्रों से देख कर कहा–'जन्म भर पढ़ा नहीं है?'

2

संध्या-समय पंडित जी ने पाँचों पुत्रों को बुलाया और उपदेश देने लगे, 'पुत्रों, कोई काम करने के पहले खूब सोच-समझ लेना चाहिए कि कैसा क्या होगा। मान लो, रानी साहब ने तुम लोगों का पता-ठिकाना पूछना आरम्भ किया, तो तुम लोग क्या उत्तर दोगे? यह तो महान् मूर्खता होगी कि तुम सब मेरा नाम लो। सोचो, कितने कलंक और लज्जा की बात होगी कि मुझ-जैसा विद्वान् केवल भोजन के लिए इतना बड़ा कुचक्र रचे। इसलिए तुम सब थोड़ी देर के लिए भूल जाओ कि मेरे पुत्र हो। कोई मेरा नाम न बतलाये। संसार में नामों की कमी नहीं,

कोई अच्छा-सा नाम चुन कर बता देना। पिता का नाम बदल देने से कोई गाली नहीं लगती। यह कोई अपराध नहीं।'

अलगू-'आप ही बता दीजिए।'

मोटे-'अच्छी बात है, बहुत अच्छी बात है। हाँ, इतने महत्त्व का काम मुझे स्वयं करना चाहिए। अच्छा सुनो, अलगूराम के पिता का नाम है पंडित केशव पाँडे, खूब याद कर लो। बेनीराम के पिता का नाम पंडित मंगरू ओझा, खूब याद रखना। छेदीराम के पिता हैं पंडित दमड़ी तिवारी, भूलना नहीं। भवानी, तुम गंगू पाँडे बतलाना, खूब याद कर लो। अब रहे फेंकूराम, तुम बेटा बतलाना सेतूराम पाठक। हो गए सब! हो गया सबका नामकरण! अच्छा अब मैं परीक्षा लूँगा। होशियार रहना। बोलो अलगू, तुम्हारे पिता का क्या नाम है?'

अलगू-'पंडित केशव पाँडे।'

'बेनीराम, तुम बताओ।'

'दमड़ी तिवारी।'

छेदी.-'यह तो मेरे पिता का नाम है।'

बेनी.-'मैं तो भूल गया।'

मोटे-'भूल गए! पंडित के पुत्र हो कर तुम एक नाम भी नहीं याद कर सकते। बड़े दुःख की बात है। मुझे पाँचों नाम याद हैं, तुम्हें एक नाम भी याद नहीं? सुनो, तुम्हारे पिता का नाम है पंडित मँगरू ओझा।'

पंडित जी लड़कों की परीक्षा ले ही रहे थे कि उनके परम मित्र पंडित चिंतामणि ने द्वार पर आवाज़ दी। पंडित मोटेराम ऐसे घबराये कि सिर-पैर की सुधि न रही। लड़कों को भगाना ही चाहते थे कि पंडित चिंतामणि अंदर चले आये। दोनों सज्जनों में बचपन से गाढ़ी मैत्री थी। दोनों बहुधा साथ-साथ भोजन करने जाया करते थे, और यदि पंडित मोटेराम अव्वल रहते, तो पंडित चिंतामणि के द्वितीय पद में कोई बाधाक न हो सकता था; पर आज मोटेराम जी अपने मित्र को साथ नहीं ले जाना चाहते थे। उनको साथ ले जाना, अपने घरवालों में से किसी एक को छोड़ देना था और इतना महान् आत्मत्याग करने के लिए वे तैयार न थे।

चिंतामणि ने यह समारोह देखा, तो प्रसन्न हो कर बोले, 'क्यों भाई, अकेले ही अकेले! मालूम होता है, आज कहीं गहरा हाथ मारा है।'

मोटेराम ने मुँह लटका कर कहा, 'कैसी बातें करते हो, मित्र! ऐसा तो कभी नहीं हुआ कि मुझे कोई अवसर मिला हो और मैंने तुम्हें सूचना न दी हो। कदाचित् कुछ समय ही बदल गया, या किसी ग्रह का फेर है। कोई झूठ को भी नहीं बुलाता।'

पंडित चिंतामणि ने अविश्वास के भाव से कहा, 'कोई न कोई बात तो मित्र अवश्य है, नहीं तो ये बालक क्यों जमा हैं?'

मोटे-'तुम्हारी इन्हीं बातों पर मुझे क्रोध आता है। लड़कों की परीक्षा ले रहा हूँ। ब्राह्मण के लड़के हैं, चार अक्षर पढ़े बिना इनको कौन पूछेगा?'

चिंतामणि को अब भी विश्वास न आया। उन्होंने सोचा, लड़कों से ही इस बात का पता लग सकता है। फेंकूराम सबसे छोटा था। उसी से पूछा, क्या पढ़ रहे हो बेटा! हमें भी सुनाओ। मोटेराम ने फेंकूराम को बोलने का अवसर न दिया। डरे कि यह तो सारा भंडा फोड़ देगा। बोले–अभी यह क्या पढ़ेगा। दिन भर खेलता है। फेंकूराम इतना बड़ा अपराध अपने नन्हे-से सिर पर क्यों लेता। बाल-सुलभ गर्व से बोला–'हमको तो याद है, पंडित सेतूराम पाठक। हम याद भी कर लें, तिसपर भी कहते हैं, हरदम खेलता है!' यह कहते हुए रोना शुरू किया।

चिंतामणि ने बालक को गले लगा लिया और बोले, 'नहीं बेटा, तुमने अपना पाठ सुना दिया है। तुम खूब पढ़ते हो। यह सेतूराम पाठक कौन है, बेटा?'

मोटेराम ने बिगड़ कर कहा, 'तुम भी लड़कों की बातों में आते हो। सुन लिया होगा किसी का नाम। (फेंकू से) जा, बाहर खेल।'

चिंतामणि अपने मित्र की घबराहट देख कर समझ गए कि कोई न कोई रहस्य अवश्य है। बहुत दिमाग लड़ाने पर भी सेतूराम पाठक का आशय उनकी समझ में न आया। अपने परम मित्र की इस कुटिलता पर मन में दुखित होकर बोले, अच्छा, 'आप पाठ पढ़ाइये और परीक्षा लीजिए। मैं जाता हूँ। तुम इतने स्वार्थी हो, इसका मुझे गुमान तक न था। आज तुम्हारी मित्रता की परीक्षा हो गयी।'

पंडित चिंतामणि बाहर चले गए। मोटेरामजी के पास उन्हें मनाने के लिए समय न था। फिर परीक्षा लेने लगे।

सोना ने कहा–'मना लो, मना लो। रूठे जाते हैं। फिर परीक्षा लेना।'

मोटे–'जब कोई काम पड़ेगा, मना लूँगा। निमंत्रण की सूचना पाते ही इनका सारा क्रोध शान्त हो जाएगा! हाँ भवानी, तुम्हारे पिता का क्या नाम है, बोलो।'

भवानी.–'गंगू पाँडे।'

मोटे–'और तुम्हारे पिता का नाम, फेंकू?'

फेंकू–'बता तो दिया, उस पर कहते हैं, पढ़ता नहीं!'

मोटे–'हमें भी बता दो।'

फेंकू–'सेतूराम पाठक तो है।'

मोटे–'बहुत ठीक, हमारा लड़का बड़ा राजा है। आज तुम्हें अपने साथ बैठायेंगे और सबसे अच्छा माल तुम्हीं को खिलायेंगे।'

सोना–'हमें भी कोई नाम बता दो।'

मोटेराम ने रसिकता से मुसकरा कर कहा, 'तुम्हारा नाम है पंडित मोहनसरूप सुकुल।' सोनादेवी ने लजा कर सिर झुका दिया।

3

सोनादेवी तो लड़कों को कपड़े पहनाने लगीं। उधर फेंकू आनंद की उमंग में घर से बाहर निकला। पंडित चिंतामणि रूठ कर तो चले थे; पर कुतूहलवश अभी तक द्वार पर दुबके खड़े

थे। इन बातों की भनक इतनी देर में उनके कानों में पड़ी, उससे यह तो ज्ञात हो गया कि कहीं निमंत्रण है; पर कहाँ है, कौन-कौन से लोग निमंत्रित हैं, यह ज्ञात न हुआ था। इतने में फेंकू बाहर निकला, तो उन्होंने उसे गोद में उठा लिया और बोले–कहाँ नेवता है, बेटा?

अपनी जान में तो उन्होंने बहुत धीरे से पूछा था; पर न जाने कैसे पंडित मोटेराम के कान में भनक पड़ गयी। तुरन्त बाहर निकल आये। देखा, तो चिंतामणि जी फेंकू को गोद में लिये कुछ पूछ रहे हैं। लपक कर लड़के का हाथ पकड़ लिया और चाहा कि उसे अपने मित्र की गोद से छीन लें; मगर चिंतामणि जी को अभी अपने प्रश्न का उत्तर न मिला था। अतएव वे लड़के का हाथ छुड़ा कर उसे लिये हुए अपने घर की ओर भागे। मोटेराम भी यह कहते हुए उनके पीछे दौड़े, 'उसे क्यों लिये जाते हो? धूर्त कहीं का, दुष्ट! चिंतामणि, मैं कहे देता हूँ, इसका नतीजा अच्छा न होगा; फिर कभी किसी निमंत्रण में न ले जाऊँगा। भला चाहते हो, तो उसे उतार दो...।' मगर चिंतामणि ने एक न सुनी। भागते ही चले गए। उनकी देह अभी सँभाल के बाहर न हुई थी; दौड़ सकते थे; मगर मोटेराम जी को एक-एक पग आगे बढ़ना दुस्तर हो रहा था। भैंसे की भाँति हाँफते थे और नाना प्रकार के विशेषणों का प्रयोग करते दुलकी चाल से चले जाते थे और यद्यपि प्रतिक्षण अंतर बढ़ता जाता था; और पीछा न छोड़ते थे। अच्छी घुड़दौड़ थी। नगर के दो महात्मा दौड़ते हुए ऐसे जान पड़ते थे, मानो दो गैंडे चिड़ियाघर से भाग आये हों। सैकड़ों आदमी तमाशा देखने लगे। कितने ही बालक उनके पीछे तालियाँ बजाते हुए दौड़े। कदाचित् यह दौड़ पंडित चिंतामणि के घर पर ही समाप्त होती; पर पंडित मोटेराम धोती के ढीली हो जाने के कारण उलझ कर गिर पड़े। चिंतामणि ने पीछे फिर कर यह दृश्य देखा, तो रुक गए और फेंकूराम से पूछा–'क्यों बेटा, कहाँ नेवता है?'

फेंकू–'बता दें, तो हमें मिठाई दोगे न?'

चिंता–'हाँ, दूँगा; बताओ।'

फेंकू–'रानी के यहाँ।'

चिंता–'कहाँ की रानी।'

फेंकू–'यह मैं नहीं जानता। कोई बड़ी रानी है।'

नगर में कई बड़ी-बड़ी रानियाँ थीं। पंडित जी ने सोचा, सभी रानियों के द्वार पर चक्कर लगाऊँगा। जहाँ भोज होगा, वहाँ कुछ भीड़-भाड़ होगी ही, पता चल जाएगा। यह निश्चय करके वे लौट पड़े। सहानुभूति प्रकट करने में अब कोई बाधा न थी। मोटेराम जी के पास आये, तो देखा कि वे पड़े कराह रहे हैं। उठने का नाम नहीं लेते। घबरा कर पूछा–'गिर कैसे पड़े मित्र, यहाँ कहीं गड्ढा भी तो नहीं है!'

मोटे–'तुमसे क्या मतलब! तुम लड़के को ले जाओ, जो कुछ पूछना चाहो, पूछो।'

चिंता–'मैं यह कपट-व्यवहार नहीं करता। दिल्लगी की थी, तुम बुरा मान गए। ले उठ तो बैठ राम का नाम लेके। मैं सच कहता हूँ, मैंने कुछ नहीं पूछा।'

मोटे–'चल झूठा।'

चिंता–'जनेऊ हाथ में ले कर कहता हूँ।'

मोटे–'तुम्हारी शपथ का विश्वास नहीं।'

चिंता–'तुम मुझे इतना धूर्त समझते हो?'

मोटे–'इससे कहीं अधिक। तुम गंगा में डूब कर शपथ खाओ, तो भी मुझे विश्वास न आये।'

चिंता–'दूसरा यह बात कहता, तो मूँछ उखाड़ लेता।'

मोटे–'तो फिर आ जाओ!'

चिंता–'पहले पंडिताइन से पूछ आओ।'

मोटेराम यह भस्मक व्यंग्य न सह सके। चट उठ बैठे और पंडित चिंतामणि का हाथ पकड़ लिया। दोनों मित्रों में मल्ल-युद्ध होने लगा। दोनों हनुमान जी की स्तुति कर रहे थे और इतने जोर से गरज-गरजकर मानो सिंह दहाड़ रहे हों। बस ऐसा जान पड़ता था, मानो दो पीपे आपस में टकरा रहे हों।'

मोटे–'महाबली विक्रम बजरंगी।'

चिंता–'भूत-पिशाच निकट नहिं आवे।'

मोटे–'जय-जय-जय हनुमान गोसाईं।'

चिंता–'प्रभु, रखिए लाज हमारी।'

मोटे–'(बिगड़कर) यह हनुमान-चालीसा में नहीं है।'

चिंता–'यह हमने स्वयं रचा है। क्या तुम्हारी तरह की यह रटंत विद्या है! जितना कहो, उतना रच दें।'

मोटे–'अबे, हम रचने पर आ जाएँ तो एक दिन में एक लाख स्तुतियाँ रच डालें; किन्तु इतना अवकाश किसे है।'

दोनों महात्मा अलग खड़े होकर अपने-अपने रचना-कौशल की डींगें मार रहे थे। मल्ल-युद्ध शास्त्रार्थ का रूप धारण करने लगा, जो विद्वानों के लिए उचित है! इतने में किसी ने चिंतामणि के घर जा कर कह दिया कि पंडित मोटेराम और चिंतामणि जी में बड़ी लड़ाई हो रही है। चिंतामणि जी तीन महिलाओं के स्वामी थे। कुलीन ब्राह्मण थे, पूरे बीस बिस्वे। उस पर विद्वान् भी उच्चकोटि के, दूर-दूर तक यजमानी थी। ऐसे पुरुषों को सब अधिकार है। कन्या के साथ-साथ जब प्रचुर दक्षिणा भी मिलती हो, तब कैसे इनकार किया जाए। इन तीनों महिलाओं का सारे मुहल्ले में आतंक छाया हुआ था। पंडित जी ने उनके नाम बहुत ही रसीले रखे थे। बड़ी स्त्री को 'अमिरती', मँझली को 'गुलाबजामुन' और छोटी को 'मोहनभोग' कहते थे; पर मुहल्ले वालों के लिए तीनों महिलाएँ त्रयताप से कम न थीं। घर में नित्य आँसुओं की नदी बहती रहती, खून की नदी तो पंडित जी ने भी कभी नहीं बहायी, अधिक से अधिक शब्दों की ही नदी बहायी थी; पर मजाल न थी कि बाहर का आदमी किसी को कुछ कह जाए। संकट के समय तीनों एक हो जाती थीं। यह पंडित जी के नीति-चातुर्य का सुफल था। ज्यों ही खबर मिली कि पंडित चिंतामणि पर संकट पड़ा हुआ है, तीनों त्रिदोष की भाँति कुपित होकर घर से निकलीं और उनमें जो अन्य दोनों-जैसी मोटी नहीं थी, सबसे

पहले समरभूमि में जा पहुँची। पंडित मोटेराम जी ने उसे आते देखा, तो समझ गए कि अब कुशल नहीं। अपना हाथ छुड़ा कर बगटुट भागे, पीछे फिर कर भी न देखा। चिंतामणि जी ने बहुत ललकारा; पर मोटेराम के कदम न रुके।

चिंता–'अजी, भागे क्यों? ठहरो, कुछ मजा तो चखते जाओ।'

मोटे–'मैं हार गया, भाई, हार गया।'

चिंता–'अभी, कुछ दक्षिणा तो लेते जाओ।'

मोटेराम ने भागते हुए कहा–'दया करो, भाई, दया करो।'

आठ बजते-बजते पंडित मोटेराम ने स्नान और पूजा करके कहा, 'अब विलम्ब नहीं करना चाहिए, फंकी तैयार है न?

सोना–फंकी लिये तो कब से बैठी हूँ, तुम्हें तो जैसे किसी बात की सुधि ही नहीं रहती। रात को कौन देखता है कि कितनी देर तक पूजा करते हो।'

मोटे–'मैं तुमसे एक नहीं हज़ार बार कह चुका कि मेरे कामों में मत बोला करो। तुम नहीं समझ सकतीं कि मैंने इतना विलम्ब क्यों किया। तुम्हें ईश्वर ने इतनी बुद्धि ही नहीं दी। जल्दी जाने से अपमान होता है। जजमान समझता है, लोभी है, भुक्खड़ है। इसलिए चतुर लोग विलम्ब किया करते हैं, जिसमें यजमान समझे कि पंडित जी को इसकी सुधि ही नहीं है, भूल गए होंगे। बुलाने को आदमी भेजें। इस प्रकार जाने में जो मान-महत्त्व है, वह मरभुखों की तरह जाने में क्या कभी हो सकता है? मैं बुलाने की प्रतीक्षा कर रहा हूँ। कोई न कोई आता ही होगा। लाओ थोड़ी फंकी। बालकों को खिला दी है न?'

सोना–'उन्हें तो मैंने साँझ ही को खिला दी थी।'

मोटे–'कोई सोया तो नहीं?'

सोना–'आज भला कौन सोयेगा? सब भूख-भूख चिल्ला रहे थे, तो मैंने एक पैसे का चबेना मँगवा दिया। सब के सब ऊपर बैठे खा रहे हैं। सुनते नहीं हो, मार-पीट हो रही है।'

मोटेराम ने दाँत पीस कर कहा, 'जी चाहता है कि तुम्हारी गरदन पकड़ कर ऐंठ दूँ। भला, इस बेला चबेना मँगाने का क्या काम था? चबेना खा लेंगे, तो वहाँ क्या तुम्हारा सिर खायेंगे? छिः छिः! जरा भी बुद्धि नहीं!'

सोना ने अपराध स्वीकार करते हुए कहा, 'हाँ, भूल तो हुई; पर सब के सब इतना कोलाहल मचाये हुए थे कि सुना नहीं जाता था।'

मोटे–'रोते ही थे न, रोने देती। रोने से उनका पेट न भरता; बल्कि और भूख खुल जाती।'

सहसा एक आदमी ने बाहर से आवाज़ दी, 'पंडित जी, महारानी बुला रही हैं और लोगों को ले कर जल्दी चलो।'

पंडित जी ने पत्नी की ओर गर्व से देख कर कहा, 'देखा, इसे निमंत्रण कहते हैं। अब तैयारी करनी चाहिए।'

बाहर आ कर पंडित जी ने उस आदमी से कहा, 'तुम एक क्षण और न आते, तो मैं कथा सुनाने चला गया होता। मुझे बिलकुल याद न थी। चलो, हम बहुत शीघ्र आते हैं।'

4

नौ बजते-बजते पंडित मोटेराम बाल-गोपाल सहित रानी साहब के द्वार पर जा पहुँचे। रानी बड़ी विशालकाय एवं तेजस्विनी महिला थीं। इस समय वे कारचोबीदार तकिया लगाये तख्त पर बैठी हुई थीं। दो आदमी हाथ बाँधे पीछे खड़े थे। बिजली का पंखा चल रहा था। पंडित जी को देखते ही रानी ने तख्त से उठ कर चरण-स्पर्श किया और इस बालक-मंडल को देखकर मुस्कराती हुई बोलीं, 'इन बच्चों को आप कहाँ से पकड़ लाये?'

मोटे-'करता क्या? सारा नगर छान मारा; किसी पंडित ने आना स्वीकार न किया। कोई किसी के यहाँ निमंत्रित है, कोई किसी के यहाँ। तब तो मैं बहुत चकराया। अंत में मैंने उनसे कहा, 'अच्छा, आप नहीं चलते तो हरि इच्छा; लेकिन ऐसा कीजिए कि मुझे लज्जित न होना पड़े। तब ज़बरदस्ती प्रत्येक के घर से जो बालक मिला, उसे पकड़ लाना पड़ा। क्यों फेंकूराम, तुम्हारे पिता जी का क्या नाम है?'

फेंकूराम ने गर्व से कहा, 'पंडित सेतूराम पाठक।'

रानी-'बालक तो बड़ा होनहार है।'

और बालकों को भी उत्कंठा हो रही थी कि हमारी भी परीक्षा ली जाए; लेकिन जब पंडित जी ने उनसे कोई प्रश्न न किया और उधर रानी ने फेंकूराम की प्रशंसा कर दी, तब तो वे अधीर हो उठे। भवानी बोला-'मेरे पिता का नाम है पंडित गंगू पाँडे।'

छेदी बोला-'मेरे पिता का नाम है दमड़ी तिवारी!'

बेनीराम ने कहा-'मेरे पिता का नाम है पंडित मँगरू ओझा।'

अलगूराम समझदार था। चुपचाप खड़ा रहा। रानी ने उससे पूछा-'तुम्हारे पिता का क्या नाम है, जी?'

अलगूराम को इस वक्त पिता का निर्दिष्ट नाम याद न आया। न यही सूझा कि कोई और नाम ले ले। हतबुद्धि-सा खड़ा रहा। पंडित मोटेराम ने जब उसकी ओर दाँत पीस कर देखा, तब रहा-सहा हवास भी गायब हो गया।

फेंकूराम ने कहा, 'हम बता दें। भैया भूल गए।'

रानी ने आश्चर्य से पूछा, 'क्या अपने पिता का नाम भूल गया? यह तो विचित्र बात देखी।'

मोटेराम ने अलगू के पास जाकर कहा-''के' से है।' अलगूराम बोल उठा-'केशव पाँडे।'

रानी-'तो अब तक क्यों चुप था?'

मोटे-'कुछ ऊँचा सुनता है, सरकार।'

रानी-'मैंने सामान तो बहुत-सा मँगवाया है। सब खराब होगा। लड़के क्या खायेंगे!'

मोटे-'सरकार इन्हें बालक न समझें। इनमें जो सबसे छोटा है, यह दो पत्तल खा कर उठेगा।'

5

जब सामने पत्तलें पड़ गयीं और भंडारी चाँदी की थालों में एक से एक उत्तम पदार्थ ला-ला कर परसने लगा, तब पंडित मोटेराम जी की आँखें खुल गयीं। उन्हें आये-दिन निमंत्रण

मिलते रहते थे। पर ऐसे अनुपम पदार्थ कभी सामने न आये थे। घी की ऐसी सोंधी सुगन्ध उन्हें कभी न मिली थी। प्रत्येक वस्तु से केवड़े और गुलाब की लपटें उड़ रही थीं। घी टपक रहा था। पंडित जी ने सोचा, ऐसे पदार्थों से कभी पेट भर सकता है! मानों खा जाऊँ, फिर भी और खाने को जी चाहे। देवतागण इनसे उत्तम और कौन-से पदार्थ खाते होंगे? इनसे उत्तम पदार्थों की तो कल्पना भी नहीं हो सकती।

पंडित जी को इस वक्त अपने परममित्र पंडित चिंतामणि की याद आयी। अगर वे होते, तो रंग जम जाता। उनके बिना रंग फीका रहेगा। यहाँ दूसरा कौन है जिससे लाग-डाग करूँ। लड़के दो-दो पत्तलों में चें बोल जाएँगे। सोना कुछ साथ देगी; मगर कब तक! चिंतामणि के बिना रंग न गठेगा। वे मुझे ललकारेंगे, मैं उन्हें ललकारूँगा। उस उमंग में पत्तलों की कौन गिनती। हमारी देखा-देखी लड़के भी डट जाएँगे। ओह, बड़ी भूल हो गयी। यह ख़याल मुझे पहले न आया। रानी साहब से कहूँ, बुरा तो न मानेंगी। उँह! जो कुछ हो, एक बार जोर तो लगाना ही चाहिए। तुरंत खड़े हो कर रानी साहब से बोले, 'सरकार! आज्ञा हो, तो कुछ कहूँ।'

रानी–'कहिए, कहिए महाराज, क्या किसी वस्तु की कमी है?'

मोटे–'नहीं सरकार, किसी बात की नहीं। ऐसे उत्तम पदार्थ तो मैंने कभी देखे भी न थे। सारे नगर में आपकी कीर्ति फैल जाएगी। मेरे एक परममित्र पंडित चिंतामणि जी हैं, आज्ञा हो तो उन्हें भी बुला लूँ। बड़े विद्वान् कर्मनिष्ठ ब्राह्मण हैं। उनके जोड़ का इस नगर में दूसरा नहीं है। मैं उन्हें निमंत्रण देना भूल गया। अभी सुधि आयी।'

रानी–'आपकी इच्छा हो, तो बुला लीजिए, मगर आने-जाने में देर होगी और भोजन परोस दिया गया है।'

मोटे–'मैं अभी आता हूँ, सरकार, दौड़ता हुआ जाऊँगा।'

रानी–'मेरी मोटर ले लीजिए।'

जब पंडितजी चलने को तैयार हुए, तब सोना ने कहा, 'तुम्हें आज क्या हो गया है, जी! उसे क्यों बुला रहे हो?'

मोटे–'कोई साथ देनेवाला भी तो चाहिए?'

सोना–'मैं क्या तुमसे दब जाती?'

पंडित जी ने मुस्करा कर कहा, 'तुम जानतीं नहीं, घर की बात और है; दंगल की बात और है। पुराना खिलाड़ी मैदान में जा कर जितना नाम करेगा, उतना नया पट्ठा नहीं कर सकता। वहाँ बल का काम नहीं, साहस का काम है। बस, यहाँ भी वही हाल समझो। झंडे गाड़ दूँगा। समझ लेना।'

सोना–'कहीं लड़के सो जाएँ तो?'

मोटे–'और भूख खुल जाएगी। जगा तो मैं लूँगा।'

सोना–'देख लेना, आज वह तुम्हें पछाड़ देगा। उसके पेट में तो शनीचर है।'

मोटे–'बुद्धि की सर्वत्र प्रधानता रहती है। यह न समझो कि भोजन करने की कोई विद्या ही नहीं। इसका भी एक शास्त्र है, जिसे मथुरा के शनिचरानंद महाराज ने रचा है। चतुर आदमी

थोड़ी-सी जगह में गृहस्थी का सब सामान रख देता है। अनाड़ी बहुत-सी जगह में भी यही सोचता है कि कौन वस्तु कहाँ रखूँ। गँवार आदमी पहले से ही हबक-हबक कर खाने लगता है और चट एक लोटा पानी पी कर अफर जाता है। चतुर आदमी बड़ी सावधानी से खाता है, उसको कौर नीचे उतारने के लिए पानी की आवश्यकता नहीं पड़ती। देर तक भोजन करते रहने से वह सुपाच्य भी हो जाता है। चिंतामणि मेरे सामने क्या ठहरेगा।'

6

चिंतामणि जी अपने आँगन में उदास बैठे हुए थे। जिस प्राणी को वह अपना परमहितैषी समझते थे, जिसके लिए वे अपने प्राण तक देने को तैयार रहते थे, उसी ने आज उनके साथ बेवफाई की। बेवफाई ही नहीं की, उन्हें उठा कर दे मारा। पंडित मोटेराम के घर से तो कुछ जाता न था। अगर वे चिंतामणि जी को साथ ले जाते, तो क्या रानी साहब उन्हें दुत्कार देतीं? स्वार्थ के आगे कौन किसको पूछता है? उन अमूल्य पदार्थों की कल्पना करके चिंतामणि के मुँह से लार टपकी पड़ती थी। अब सामने पत्तर आ गयी होगी! अब थालों में अमिरतियाँ लिये भंडारी जी आये होंगे! ओहो! कितनी सुन्दर, कोमल, कुरकुरी, रसीली अमिरतियाँ होंगी! अब बेसन के लड्डू आये होंगे। ओहो, कितने सुडौल, मेवों से भरे हुए, घी से तरातर लड्डू होंगे, मुँह में रखते ही घुल जाते होंगे, जीभ भी न डुलानी पड़ती होगी। अहा! अब मोहनभोग आया होगा! हाय रे दुर्भाग्य! मैं यहाँ पड़ा सड़ रहा हूँ और वहाँ यह बहार! बड़े निर्दयी हो मोटेराम–'तुमसे इस निष्ठुरता की आशा न थी।'

अमिरतीदेवी बोलीं, 'तुम इतना दिल छोटा क्यों करते हो? पितृपक्ष तो आ ही रहा है, ऐसे-ऐसे न जाने कितने आयेंगे।'

चिंतामणि–'आज किसी अभागे का मुँह देखकर उठा था। लाओ तो पत्रा, देखूँ, कैसा मुहूर्त है। अब नहीं रहा जाता। सारा नगर छान डालूँगा, कहीं तो पता चलेगा, नासिका तो दाहिनी चल रही है।'

एकाएक मोटर की आवाज़ आयी। उसके प्रकाश से पंडित जी का सारा घर जगमगा उठा। वे खिड़की से झाँकने लगे, तो मोटेराम को मोटर से उतरते देखा। एक लम्बी साँस लेकर चारपाई पर गिर पड़े। मन में कहा कि दुष्ट भोजन करके अब यहाँ मुझसे बखान करने आया है। अमिरतीदेवी ने पूछा, 'कौन है डाढ़ीजार, इतनी रात को जगावत है?'

मोटे–'हम हैं हम! गाली न दो!'

अमिरती–'अरे दुर मुँहझौंसे, तैं कौन है! कहते हैं, हम हैं हम! को जाने तैं कौन है?'

मोटे–'अरे हमारी बोली नहीं पहचानती हो? खूब पहचान लो। हम हैं, तुम्हारे देवर।'

अमिरती–'ऐ दुर, तोरे मुँह में का लागे। तोर लहास उठे। हमार देवर बनत है, डाढ़ीजार।'

मोटे–'अरे हम हैं मोटेराम शास्त्री। क्या इतना भी नहीं पहचानती? चिंतामणि घर में हैं?'

अमिरती ने किवाड़ खोल दिया और तिरस्कार-भाव से बोली–'अरे तुम थे, तो नाम क्यों नहीं बताते थे? जब इतनी गालियाँ खा लीं, तो बोल निकला। क्या है, क्या?'

मोटे–'कुछ नहीं; चिंतामणि जी को शुभ-संवाद देने आया हूँ। रानी साहब ने उन्हें याद किया है।'

अमिरती–'भोजन के बाद बुला कर क्या करेंगी?'

मोटे–'अभी भोजन कहाँ हुआ है! मैंने जब इनकी विद्या, कर्मनिष्ठा, सद्विचार की प्रशंसा की, तब मुग्ध हो गयीं। मुझसे कहा कि उन्हें मोटर पर लाओ! क्या सो गए?'

चिंतामणि चारपाई पर पड़े-पड़े सुन रहे थे। जी में आता था, चल कर मोटेराम के चरणों पर गिर पड़ूँ। उनके विषय में अब तक जितने कुत्सित विचार उठे थे, सब लुप्त हो गए। ग्लानि का आविर्भाव हुआ। रोने लगे।

यह कहते हुए मोटेराम उनके सामने जा कर खड़े हो गए।

चिंता–'तब क्यों न ले गए? जब इतनी दुर्दशा कर लिये; तब आये। अभी तक पीठ में दर्द हो रहा है।'

मोटे–'अजी, वह तर-माल खिलाऊँगा कि सारा दर्द-वर्द भाग जाएगा, तुम्हारे यजमानों को भी ऐसे पदार्थ मयस्सर न हुए होंगे! आज तुम्हें बद कर पछाड़ूँगा?'

चिंता–'तुम बेचारे मुझे क्या पछाड़ोगे। सारे शहर में तो कोई ऐसा माई का लाल दिखायी नहीं देता। हमें शनीचर का इष्ट है।'

मोटे–'अजी, यहाँ बरसों तपस्या की है। भंडारे का भंडारा साफ कर दें और इच्छा ज्यों की त्यों बनी रहे। बस, यही समझ लो कि भोजन करके हम खड़े नहीं रह सकते। चलना तो दूसरी बात है। गाड़ी पर लद कर आते हैं।'

चिंता–'तो यह कौन बड़ी बात है। यहाँ तो टिकटी पर उठा कर लाये जाते हैं। ऐसी-ऐसी डकारें लेते हैं कि जान पड़ता है, बम-गोला छूट रहा है। एक बार खोपिया पुलिस ने बम-गोले के संदेह में घर की तलाशी तक ली।'

मोटे–'झूठ बोलते हो। कोई इस तरह नहीं डकार सकता।'

चिंता–'अच्छा, तो आ कर सुन लेना। डर कर भाग न जाओ, तो सही।' एक क्षण में दोनों मित्र मोटर पर बैठे और मोटर चली।

7

रास्ते में पंडित चिंतामणि को शंका हुई कि कहीं ऐसा न हो कि मैं पंडित मोटेराम का पिछलग्गू समझा जाऊँ और मेरा यथेष्ट सम्मान न हो। उधर पंडित मोटेराम को भी भय हुआ कि कहीं ये महाशय मेरे प्रतिद्वंद्वी न बन जाएँ और रानी साहब पर अपना रंग जमा लें।

दोनों अपने-अपने मंसूबे बाँधने लगे। ज्यों ही मोटर रानी के भवन में पहुँची दोनों महाशय उतरे। अब मोटेराम चाहते थे कि पहले मैं रानी के पास पहुँच जाऊँ और कह दूँ कि पंडित को ले आया, और चिंतामणि चाहते थे कि पहले मैं रानी के पास पहुँचूँ और अपना रंग जमा दूँ। दोनों कदम बढ़ाने लगे। चिंतामणि हल्के होने के कारण जरा आगे बढ़ गए, तो पंडित मोटेराम दौड़ने लगे।

चिंतामणि भी दौड़ पड़े। घुड़दौड़-सी होने लगी। मालूम होता था कि दो गैंडे भागे जा रहे हैं। अंत में मोटेराम ने हाँफते हुए कहा, 'राजसभा में दौड़ते हुए जाना उचित नहीं।'

चिंता–'तो तुम धीरे-धीरे आओ न, दौड़ने को कौन कहता है।'

मोटे–'जरा रुक जाओ, मेरे पैर में काँटा गड़ गया है।'

चिंता–'तो निकाल लो, तब तक मैं चलता हूँ।'

मोटे–'मैं न कहता, तो रानी तुम्हें पूछती भी न!'

मोटेराम ने बहुत बहाने किये, पर चिंतामणि ने एक न सुना। भवन में पहुँचे। रानी साहब बैठी कुछ लिख रही थीं और रह-रहकर द्वार की ओर ताक लेती थीं कि सहसा पंडित चिंतामणि उनके सामने आ खड़े हुए और यों स्तुति करने लगे,

'हे हे यशोदे, तू बालकेशव, मुरारनामा...'

रानी–'क्या मतलब? अपना मतलब कहो?'

चिंता–'सरकार को आशीर्वाद देता हूँ सरकार ने इस दास चिंतामणि को निमंत्रित करके कितना अनुग्रसित (अनुगृहीत) किया है, उसका बखान शेषनाग अपनी सहस्त्र जिह्वा द्वारा भी नहीं कर सकते।'

रानी–'तुम्हारा ही नाम चिंतामणि है? वे कहाँ रह गए, पंडित मोटेराम शास्त्री?'

चिंता–'पीछे आ रहा है, सरकार। मेरे बराबर आ सकता है, भला! मेरा तो शिष्य है।'

रानी–'अच्छा, तो वे आपके शिष्य हैं!'

चिंता–'मैं अपने मुँह से अपनी बड़ाई नहीं करना चाहता सरकार! विद्वानों को नम्र होना चाहिए; पर जो यथार्थ है, वह तो संसार जानता है। सरकार, मैं किसी से वाद-विवाद नहीं करता; यह मेरा अनुशीलन (अभीष्ट) नहीं। मेरे शिष्य भी बहुधा मेरे गुरु बन जाते हैं; पर मैं किसी से कुछ नहीं कहता। जो सत्य है, वह सभी जानते हैं।'

इतने में पंडित मोटेराम भी गिरते-पड़ते हाँफते हुए आ पहुँचे और यह देख कर कि चिंतामणि भद्रता और सभ्यता की मूर्ति बने खड़े हैं, वे देवोपम शान्ति के साथ खड़े हो गए।

रानी–'पंडित चिंतामणि बड़े साधु प्रकृति एवं विद्वान् हैं। आप उनके शिष्य हैं, फिर भी वे आपको अपना शिष्य नहीं कहते हैं।'

मोटे–'सरकार, मैं इनका दासानुदास हूँ।'

चिंता–'जगतारिणी, मैं इनका चरण-रज हूँ।'

मोटे–'रिपुदलसंहारिणी, मैं इनके द्वार का कूकर हूँ।'

रानी–'आप दोनों सज्जन पूज्य हैं। एक से एक बढ़े हुए। चलिए, भोजन कीजिए।'

8

सोनारानी बैठी पंडित मोटेराम की राह देख रही थीं। पति की इस मित्र-भक्ति पर उन्हें बड़ा क्रोध आ रहा था। बड़े लड़कों के विषय में तो कोई चिंता न थी, लेकिन छोटे बच्चों

के सो जाने का भय था। उन्हें किस्से-कहानियाँ सुना-सुना कर बहला रही थी कि भंडारी ने आकर कहा, 'महाराज चलो'। दोनों पंडित जी आसन पर बैठ गए। फिर क्या था, बच्चे कूद-कूद कर भोजनशाला में जा पहुँचे। देखा तो दोनों पंडित दो वीरों की भाँति आमने-सामने डटे बैठे हैं। दोनों अपना-अपना पुरुषार्थ दिखाने के लिए अधीर हो रहे थे।

चिंता–'भंडारी जी, तुम परोसने में बड़ा विलम्ब करते हो! क्या भीतर जा कर सोने लगते हो?'

भंडारी, 'चुपाई मारे बैठे रहो, जौन कुछ होई, सब आय जाई। घबड़ाये का नहीं होत। तुम्हारे सिवाय और कोई जिवैया नहीं बैठा है।'

मोटे–'भैया, भोजन करने के पहले कुछ देर सुगंध का स्वाद तो लो।'

चिंता–'अजी, सुगंध गया चूल्हे में, सुगंध देवता लोग लेते हैं। अपने लोग तो भोजन करते हैं।'

मोटे–'अच्छा बताओ, पहले किस चीज पर हाथ फेरोगे?'

चिंता–'मैं जाता हूँ भीतर से सब चीजें एक साथ लिये आता हूँ।'

मोटे–'धीरज धरो भैया, सब पदार्थों को आ जाने दो। ठाकुर जी का भोग तो लग जाए।'

चिंता–'तो बैठे क्यों हो, तब तक भोग ही लगाओ। एक बाधा तो मिटे। नहीं तो लाओ, मैं चटपट भोग लगा दूँ। व्यर्थ देर करोगे।'

इतने में रानी आ गयीं। चिंतामणि सावधान हो गए। रामायण की चौपाइयों का पाठ करने लगे।

'रहेउ एक दिन अवधि अधारा। समुझत मन दुख भयउ अपारा
कौशलेश दशरथ के जाये। हम पितु बचन मानि बन आये
उलटि पलटि लंका कपि जारी। कूद पड़ा तब सिंधु मझारी
जेहि पर जाकर सत्य सनेहू। सो तेहि मिले न कछु संदेहू
जामवंत के वचन सुहाये। सुनि हनुमान हृदय अति भाये'

पंडित मोटेराम ने देखा कि चिंतामणि का रंग जमता जाता है तो वे भी अपनी विद्वत्ता प्रकट करने को व्याकुल हो गए। बहुत दिमाग लड़ाया, पर कोई श्लोक, कोई मंत्र, कोई कविता याद न आयी तब उन्होंने सीधे-सीधे राम-नाम का पाठ आरंभ कर दिया–

'राम भज, राम भज, राम भज रे मन'–इन्होंने इतने ऊँचे स्वर से जाप करना शुरू किया कि चिंतामणि को भी अपना स्वर ऊँचा करना पड़ा। मोटेराम और जोर से गरजने लगे। इतने में भंडारी ने कहा–'महाराज, अब भोग लगाइये।' यह सुन कर उस प्रतिस्पर्धा का अंत हुआ। भोग की तैयारी हुई। बाल-वृंद सजग हो गया। किसी ने घंटा लिया, किसी ने घड़ियाल, किसी ने शंख, किसी ने करताल और चिंतामणि ने आरती उठा ली। मोटेराम मन में ऐंठ कर रह गए। रानी के समीप जाने का यह अवसर उनके हाथ से निकल गया।

पर यह किसे मालूम था कि विधि-वाम उधर कुछ और ही कुटिल-क्रीड़ा कर रहा है। आरती समाप्त हो गयी थी, भोजन शुरू होने को ही था कि एक कुत्ता न-जाने किधर से आ

निकला। पंडित चिंतामणि के हाथ से लड्डू थाल में गिर पड़ा। पंडित मोटेराम अचकचा कर रह गए। सर्वनाश!

चिंतामणि ने मोटेराम से इशारे में कहा, 'अब क्या कहते हो, मित्र? कोई उपाय निकालो, यहाँ तो कमर टूट गयी।'

मोटेराम ने लम्बी साँस खींचकर कहा, 'अब क्या हो सकता है? यह ससुर आया किधर से?'

रानी पास ही खड़ी थीं, उन्होंने कहा, 'अरे, कुत्ता किधर से आ गया? यह रोज बँधा रहता था, आज कैसे छूट गया? अब तो रसोई भ्रष्ट हो गयी।'

चिंता–'सरकार, आचार्यों ने इस विषय में...'

मोटे–'कोई हर्ज नहीं है, सरकार, कोई हर्ज नहीं है!'

सोना–'भाग्य फूट गया। जोहत-जोहत आधी रात बीत गयी, तब ई विपत्ता फाट परी।'

चिंता–'सरकार स्वान के मुख में अमृत...'

मोटे–'तो अब आज्ञा हो तो चलें।'

रानी–'हाँ और क्या। मुझे बड़ा दुःख है कि इस कुत्ते ने आज इतना बड़ा अनर्थ कर डाला। तुम बड़े गुस्ताख हो गए, टामी। भंडारी, ये पत्तर उठा कर मेहतर को दे दो।'

चिंता–(सोना से)'छाती फटी जाती है।'

सोना को बालकों पर दया आयी। बेचारे इतनी देर देवोपम धैर्य के साथ बैठे थे। बस चलता, तो कुत्तों का गला घोंट देती। बोली–'लरकन का तो दोष नहीं परत है। इन्हें काहे नहीं खवाय देत कोऊ।'

चिंता–'मोटेराम महादुष्ट है। इसकी बुद्धि भ्रष्ट हो गयी है।'

सोना–'ऐसे तो बड़े विद्वान बने रहैं। अब काहे नाहीं बोलत बनत। मुँह में दही जम गया, जीभै नहीं खुलत है।'

चिंता–'सत्य कहता हूँ, रानी को चकमा दे देता। उस दुष्ट के मारे सब खेल बिगड़ गया। सारी अभिलाषाएँ मन में रह गयीं। ऐसे पदार्थ अब कहाँ मिल सकते हैं?

सोना–'सारी मनुसई निकल गयी। घर ही में गरजै के सेर हैं।'

रानी ने भंडारी को बुला कर कहा–'इन छोटे-छोटे तीनों बच्चों को खिला दो। ये बेचारे क्यों भूखों मरें। क्यों फेंकूराम, मिठाई खाओगे!'

फेंकू–'इसीलिए तो आये हैं।'

रानी–'कितनी मिठाई खाओगे?'

फेंकू–'बहुत-सी (हाथों से बताकर) इतनी!'

रानी–'अच्छी बात है। जितनी खाओगे उतनी मिलेगी; पर जो बात मैं पूछूँ, वह बतानी पड़ेगी। बताओगे न?'

फेंकू–'हाँ बताऊँगा, पूछिए!'

रानी–'झूठ बोले, तो एक मिठाई न मिलेगी। समझ गए।'

फेंकू–'मत दीजिएगा। मैं झूठ बोलूँगा ही नहीं।'

रानी–'अपने पिता का नाम बताओ।'

मोटे–'बालकों को हरदम सब बातें स्मरण नहीं रहतीं। उसने तो आते ही आते बता दिया था।'

रानी–'मैं फिर पूछती हूँ, इसमें आपकी क्या हानि है?'

चिंता–'नाम पूछने में कोई हर्ज नहीं।'

मोटे–'तुम चुप रहो चिंतामणि, नहीं तो ठीक न होगा। मेरे क्रोध को अभी तुम नहीं जानते। दबा बैठूँगा, तो रोते भागोगे।'

रानी–'आप तो व्यर्थ इतना क्रोध कर रहे हैं। बोलो फेंकूराम, चुप क्यों हो, फिर मिठाई न पाओगे।'

चिंता–'महारानी की इतनी दया-दृष्टि तुम्हारे ऊपर है, बता दो बेटा!'

मोटे–'चिंतामणि जी, मैं देख रहा हूँ, तुम्हारे अदिन आये हैं। वह नहीं बताता, तुम्हारा साझा, आये वहाँ से बड़े खैरख्वाह बन के।'

सोना–'अरे हाँ, लरकन से ई सब पँवारा से का मतलब। तुमका धरम परे मिठाई देव, न धरम परे न देव। ई का कि बाप का नाम बताओ तब मिठाई देव।'

फेंकूराम ने धीरे से कोई नाम लिया। इस पर पंडित जी ने उसे इतने जोर से डाँटा कि उसकी आधी बात मुँह में ही रह गयी।

रानी–'क्यों डाँटते हो, उसे बोलने क्यों नहीं देते? बोलो बेटा!'

मोटे–'आप हमें अपने द्वार पर बुला कर हमारा अपमान कर रही हैं।'

चिंता–'इसमें अपमान की तो कोई बात नहीं है, भाई!'

मोटे–'अब हम इस द्वार पर कभी न आयेंगे। यहाँ सत्पुरुषों का अपमान किया जाता है।'

अलगू–'कहिए तो मैं चिंतामणि को एक पटकन दूँ।'

मोटे–'नहीं बेटा, दुष्टों को परमात्मा स्वयं दंड देता है। चलो, यहाँ से चलें। अब भूल कर यहाँ न आयेंगे। खिलाना न पिलाना, द्वार पर बुला कर ब्राह्मणों का अपमान करना। तभी तो देश में आग लगी हुई है।'

चिंता–'मोटेराम, महारानी के सामने तुम्हें इतनी कटु बातें न करनी चाहिए।'

मोटे–'बस चुप ही रहना, नहीं तो सारा क्रोध तुम्हारे ही सिर जाएगा। माता-पिता का पता नहीं, ब्राह्मण बनने चले हैं। तुम्हें कौन कहता है ब्राह्मण?'

चिंता–'जो कुछ मन चाहे, कह लो। चन्द्रमा पर थूकने से थूक अपने ही मुँह पर पड़ता है। जब तुम धर्म का एक लक्षण नहीं जानते, तब तुमसे क्या बातें करूँ? ब्राह्मण को धैर्य रखना चाहिए।'

मोटे–'पेट के गुलाम हो। ठकुरसोहाती कर रहे हो कि एकाध पत्तल मिल जाए। यहाँ मर्यादा का पालन करते हैं!'

चिंता–'कह तो दिया भाई कि तुम बड़े, मैं छोटा, अब और क्या कहूँ। तुम सत्य कहते होगे, मैं ब्राह्मण नहीं शूद्र हूँ।'

रानी–'ऐसा न कहिए चिंतामणि जी।'

'इसका बदला न लिया तो कहना!' यह कहते हुए पंडित मोटेराम बालक-वृंद के साथ बाहर चले आये और भाग्य को कोसते हुए घर को चले। बार-बार पछता रहे थे कि दुष्ट चिंतामणि को क्यों बुला लाया।

सोना ने कहा, 'भंडा फूटत-फूटत बच गया। फेंकुआ नाँव बताय देता। काहे रे, अपने बाप के नाँव बताय देते!'

फेंकू–'और क्या। वे तो सच-सच पूछती थीं!'

मोटे–'चिंतामणि ने रंग जमा लिया, अब आनंद से भोजन करेगा।'

सोना–'तुम्हार एको विद्या काम न आयी। ऊँ तौन बाजी मार लैगा।'

मोटे–'मैं तो जानता हूँ, रानी ने जान-बूझ कर कुत्ते को बुला लिया।'

सोना–'मैं तो ओकरा मुँह देखत ताड़ गयी कि हमका पहचान गयी।'

इधर तो ये लोग पछताते चले जाते थे, उधर चिंतामणि की पाँचों अँगुली घी में थीं। आसन मारे भोजन कर रहे थे। रानी अपने हाथों से मिठाइयाँ परोस रही थीं; वार्त्तालाप भी होता जाता था।

रानी–'बड़ा धूर्त्त है? मैं बालकों को देखते ही समझ गयी। अपनी स्त्री को भेष बदल कर लाते उसे लज्जा न आयी।'

चिंता–'मुझे कोस रहे होंगे!'

रानी–'मुझसे उड़ने चला था। मैंने भी कहा था, बचा, तुमको ऐसी शिक्षा दूँगी कि उम्र भर याद करोगे। टामी को बुला लिया।'

चिंता–'सरकार की बुद्धि धन्य है!'

सभ्यता का रहस्य

यों तो मेरी समझ में दुनिया की एक हज़ार एक बातें नहीं आतीं– जैसे लोग प्रातःकाल उठते ही बालों पर छुरा क्यों चलाते हैं? क्या अब पुरुषों में भी इतनी नज़ाकत आ गयी है कि बालों का बोझ उनसे नहीं सँभलता? एक साथ ही सभी पढ़े-लिखे आदमियों की आँखें क्यों इतनी कमज़ोर हो गयी हैं? दिमाग़ की कमज़ोरी ही इसका कारण है या और कुछ? लोग खिताबों के पीछे क्यों इतने हैरान होते हैं? इत्यादि–लेकिन इस समय मुझे इन बातों से मतलब नहीं। मेरे मन में एक नया प्रश्न उठ रहा है और उसका जवाब मुझे कोई नहीं देता। प्रश्न यह है कि सभ्य कौन है और असभ्य कौन? सभ्यता के लक्षण क्या हैं? सरसरी नज़र से देखिये, तो इससे ज़्यादा आसान और कोई सवाल ही न होगा। बच्चा-बच्चा इसका समाधान कर सकता है। लेकिन ज़रा ग़ौर से देखिये, तो प्रश्न इतना आसान नहीं जान पड़ता।

अगर कोट-पतलून पहनना, टाई-हैट-कालर लगाना, मेज़ पर बैठकर खाना खाना, दिन में तेरह बार कोको या चाय पीना और सिगार पीते हुये चलना सभ्यता है, तो उन गोरों को भी सभ्य कहना पड़ेगा, जो सड़क पर बैठकर शाम को कभी-कभी टहलते नज़र आते हैं; शराब के नशे से आँखें सुर्ख, पैर लड़खड़ाते हुये, रास्ता चलनेवालों को अनायास छेड़ने की धुन! क्या उन गोरों को सभ्य कहा जा सकता है? कभी नहीं। तो यह सिद्ध हुआ कि सभ्यता कोई और ही चीज़ है, उसका देह से इतना सम्बन्ध नहीं है जितना मन से।

2

मेरे इने-गिने मित्रों में एक राय रतनकिशोर भी हैं। आप बहुत ही सहृदय, बहुत ही उदार, बहुत शिक्षित और एक बड़े ओहदेदार हैं। बहुत अच्छा वेतन पाने पर भी उनकी आमदनी ख़र्च के लिये काफी नहीं होती। एक-चौथाई वेतन तो बँगले ही की भेंट हो जाती है। इसलिये आप बहुधा चिंतित रहते हैं। रिश्वत तो नहीं लेते–कम-से-कम मैं नहीं जानता, हालाँकि कहने वाले कहते हैं–लेकिन इतना जानता हूँ कि वह भत्ता बढ़ाने के लिये दौरे पर बहुत रहते हैं, यहाँ तक कि इसके लिये हर साल बजट की किसी दूसरे मद से रुपये निकालने पड़ते हैं। उनके अफ़सर कहते हैं, इतने दौरे क्यों करते हो, तो जवाब देते हैं, इस जिले का काम ही ऐसा है कि जब तक ख़ूब दौरे न किये जायें रिआया शान्त नहीं रह सकती। लेकिन मज़ा तो यह है कि राय साहब उतने दौरे वास्तव में नहीं करते, जितने कि अपने रोज़नामचे में लिखते हैं। उनके पड़ाव शहर से पचास मील पर होते हैं। खेमे वहाँ गड़े रहते हैं, कैंप के अमले

वहाँ पड़े रहते हैं और राय साहब घर पर मित्रों के साथ गप-शप करते रहते हैं, पर किसी की मज़ाल है कि राय साहब की नेकनीयती पर सन्देह कर सके। उनके सभ्य पुरुष होने में किसी को शंका नहीं हो सकती।

एक दिन मैं उनसे मिलने गया। उस समय वह अपने घसियारे दमड़ी को डाँट रहे थे। दमड़ी रात-दिन का नौकर था, लेकिन घर रोटी खाने जाया करता था। उसका घर थोड़ी ही दूर पर एक गाँव में था। कल रात को किसी कारण से यहाँ न आ सका। इसलिये डाँट पड़ रही थी।

राय साहब– जब हम तुम्हें रात-दिन के लिये रखे हुये हैं, तो तुम घर पर क्यों रहे? कल के पैसे कट जायेंगे।

दमड़ी– हज़ूर, एक मेहमान आ गये थे, इसी से न आ सका।

राय साहब– तो कल के पैसे उसी मेहमान से लो।

दमड़ी– सरकार, अब कभी ऐसी ख़ता न होगी।

राय साहब– बक-बक मत करो।

दमड़ी– हज़ूर....

राय साहब– दो रुपये जुरमाना।

दमड़ी रोता चला गया। रोज़ा बख़्शाने आया था, नमाज़ गले पड़ गयी। दो रुपये जुरमाना ठुक गया। ख़ता यही थी कि बेचारा क़सूर माफ़ कराना चाहता था।

यह एक रात को ग़ैरहाज़िर होने की सज़ा थी! बेचारा दिन-भर का काम कर चुका था, रात को यहाँ सोया न था, उसका दण्ड! और घर बैठे भत्ते उड़ानेवाले को कोई नहीं पूछता! कोई दंड नहीं देता। दंड तो मिले और ऐसा मिले कि ज़िन्दगी-भर याद रहे; पर पकड़ना तो मुश्किल है। दमड़ी भी अगर होशियार होता, तो ज़रा रात रहे आकर कोठरी में सो जाता। फिर किसे ख़बर होती कि वह रात को कहाँ रहा। पर ग़रीब इतना चंट न था।

3

दमड़ी के पास कुल छह बिस्सा ज़मीन थी। पर इतने ही प्राणियों का ख़र्च भी था। उसके दो लड़के, दो लड़कियाँ और स्त्री, सब खेती में लगे रहते थे, फिर भी पेट की रोटियाँ नहीं मयस्सर होती थीं। इतनी ज़मीन क्या सोना उगल देती! अगर सब-के-सब घर से निकल मज़दूरी करने लगते, तो आराम से रह सकते थे; लेकिन मौरूसी किसान मज़दूर कहलाने का अपमान न सह सकता था। इस बदनामी से बचने के लिये दो बैल बाँध रखे थे! उसके वेतन का बड़ा भाग बैलों के दाने-चारे ही में उड़ जाता था। ये सारी तकलीफ़ें मंज़ूर थीं, पर खेती छोड़कर मज़दूर बन जाना मंज़ूर न था। किसान की जो प्रतिष्ठा है, वह कहीं मज़दूर की हो सकती है, चाहे वह रुपया रोज़ ही क्यों न कमाये? किसानी के साथ मज़दूरी करना इतने अपमान की बात नहीं, द्वार पर बँधे हुये बैल उसकी मान-रक्षा किया करते हैं, पर बैलों को बेचकर फिर कहाँ मुँह दिखलाने की जगह रह सकती है!

एक दिन राय साहब उसे सरदी से काँपते देखकर बोले– कपड़े क्यों नहीं बनवाता? काँप क्यों रहा है?

दमड़ी– सरकार, पेट की रोटी तो पूरी ही नहीं पड़ती, कपड़े कहाँ से बनवाऊँ?

राय साहब– बैलों को बेच क्यों नहीं डालता? सैकड़ों बार समझा चुका, लेकिन न-जाने क्यों इतनी मोटी-सी बात तेरी समझ में नहीं आती।

दमड़ी– सरकार, बिरादरी में कहीं मुँह दिखाने लायक न रहूँगा। लड़की की सगाई न हो पायेगी, टाट बाहर कर दिया जाऊँगा।

राय साहब– इन्हीं हिमाक़तों से तुम लोगों की यह दुर्गति हो रही है। ऐसे आदमियों पर दया करना भी पाप है। (मेरी तरफ़ फिरकर) क्यों मुंशीजी, इस पागलपन का भी कोई इलाज़ है? जाड़ों मर रहे हैं, पर दरवाज़े पर बैल ज़रूर बाँधेंगे।

मैंने कहा– जनाब, यह तो अपनी-अपनी समझ है।

राय साहब– ऐसी समझ को दूर से सलाम कीजिये। मेरे यहाँ कई पुश्तों से जन्माष्टमी का उत्सव मनाया जाता था। कई हज़ार रुपयों पर पानी फिर जाता था। गाना होता था; दावतें होती थीं, रिश्तेदारों को न्योते दिये जाते थे, ग़रीबों को कपड़े बाँटे जाते थे। वालिद साहब के बाद पहले ही साल मैंने उत्सव बन्द कर दिया। फ़ायदा क्या? मुफ़्त में चार-पाँच हज़ार की चपत खानी पड़ती थी। सारे कसबे में वावेला मचा, आवाज़ें कसी गयीं, किसी ने नास्तिक कहा, किसी ने ईसाई बनाया, लेकिन यहाँ इन बातों की क्या परवाह आख़िर थोड़े ही दिनों में सारा कोलाहल शान्त हो गया। अजी, बड़ी दिल्लगी थी। कसबे में किसी के यहाँ शादी हो, लकड़ी मुझसे ले! पुश्तों से यह रस्म चली आती थी। वालिद तो दूसरों से दरख़्त मोल लेकर इस रस्म को निभाते थे। थी हिमाक़त या नहीं? मैंने फ़ौरन लकड़ी देना बन्द कर दिया। इस पर भी लोग बहुत रोये-धोये, लेकिन दूसरों का रोना-धोना सुनूँ, या अपना फ़ायदा देखूँ। लकड़ी से कम-से-कम 500 रुपये सालाना की बचत हो गयी। अब कोई भूलकर भी इन चीज़ों के लिये मुझे दिक करने नहीं आता।

मेरे दिल में फिर सवाल पैदा हुआ, दोनों में कौन सभ्य है, कुल-प्रतिष्ठा पर प्राण देनेवाले मूर्ख दमड़ी; या धन पर कुल मर्यादा को बलि देनेवाले राय रतन किशोर!

4

राय साहब के इजलास में एक बड़े मार्के का मुक़दमा पेश था। शहर का एक रईस खून के मामले में फँस गया था। उसकी ज़मानत के लिये राय साहब की ख़ुशामदें होने लगीं। इज़्ज़त की बात थी। रईस साहब का हुक़्म था कि चाहे रियासत बिक जाये, पर इस मुक़दमे से बेदाग़ निकल जाऊँ। डालियाँ लगाई गयीं, सिफ़ारिशें पहुँचाई गयीं, पर राय साहब पर कोई असर न हुआ। रईस के आदमियों को प्रत्यक्ष रूप से रिश्वत की चर्चा करने की हिम्मत न पड़ती थी। आख़िर जब कोई बस न चला, तो रईस की स्त्री से मिलकर सौदा पटाने की ठानी।

रात के दस बजे थे। दोनों महिलाओं में बातें होने लगीं। 20 हज़ार की बातचीत थी! राय साहब की पत्नी तो इतनी खुश हुई कि उसी वक्त राय साहब के पास दौड़ी हुई आयी और कहने लगी– ले लो, ले लो! तुम नहीं लोगे; तो मैं ले लूँगी।

राय साहब ने कहा– इतनी बेसब्र न हो। वह तुम्हें अपने दिल में क्या समझेंगी? कुछ अपनी इज़्ज़त का भी ख़याल है या नहीं? माना कि रक़म बड़ी है और इससे मैं एकबारगी तुम्हारे आये दिन की फ़रमायशों से मुक्त हो जाऊँगा, लेकिन एक सिविलियन की इज़्ज़त भी तो कोई मामूली चीज़ नहीं है। तुम्हें पहले बिगड़कर कहना चाहिये था कि मुझसे ऐसी बेदूदी बातचीत करनी हो, तो यहाँ से चली जाओ। मैं अपने कानों से नहीं सुनना चाहती।

स्त्री– यह तो मैंने पहले ही किया, बिगड़कर ख़ूब खरी-खोटी सुनायीं। क्या इतना भी नहीं जानती? बेचारी मेरे पैरों पर सर रखकर रोने लगी।

राय साहब– यह कहा था कि राय साहब से कहूँगी, तो मुझे कच्चा ही चबा जायेंगे?

यह कहते हुये राय साहब ने गद्‌गद होकर पत्नी को गले लगा लिया।

स्त्री– अजी, मैं न-जाने ऐसी कितनी ही बातें कह चुकी, लेकिन किसी तरह टाले नहीं टलती। रो-रोकर जान दे रही है। राय साहब–उससे वादा तो नहीं कर लिया?

स्त्री– वादा? मैं रुपये लेकर सन्दूक में रख आयी। नोट थे।

राय साहब– कितनी ज़बरदस्त अहमक हो, न मालूम ईश्वर तुम्हें कभी समझ भी देगा या नहीं।

स्त्री– अब क्या देगा? देना होता, तो दे न दी होती।

राय साहब– हाँ मालूम तो ऐसा ही होता है। मुझसे कहा तक नहीं और रुपये लेकर सन्दूक में दाख़िल कर लिये! अगर किसी तरह बात खुल जाये, तो कहीं का न रहूँ।

स्त्री– तो भाई, सोच लो। अगर कुछ गड़बड़ हो, तो मैं जाकर रुपये लौटा दूँ।

राय साहब– फिर वही हिमाक़त! अरे, अब तो जो कुछ होना था, हो चुका। ईश्वर पर भरोसा करके ज़मानत लेनी पड़ेगी। लेकिन तुम्हारी हिमाक़त में शक नहीं। जानती हो, यह साँप के मुँह में उँगली डालना है। यह भी जानती हो कि मुझे ऐसी बातों से कितनी नफ़रत है, फिर भी बेसब्र हो जाती हो। अबकी बार तुम्हारी हिमाक़त से मेरा व्रत टूट रहा है। मैंने दिल में ठान लिया था कि अब इस मामले में हाथ न डालूँगा, लेकिन तुम्हारी हिमाक़त के मारे जब मेरी कुछ चलने भी पाये?

स्त्री– मैं जाकर लौटाये देती हूँ।

राय साहब– और मैं जाकर ज़हर खाये लेता हूँ।

इधर तो स्त्री-पुरुष में यह अभिनय हो रहा था, उधर दमड़ी उसी वक्त अपने गाँव के मुखिया के खेत से जुआर काट रहा था। आज वह रात-भर की छुट्टी लेकर घर गया था। बैलों के लिये चारे का एक तिनका भी नहीं है। अभी वेतन मिलने में कई दिन की देर थी, मोल ले न सकता था। घर वालों ने दिन को कुछ घास छीलकर खिलायी तो थी, लेकिन ऊँट के

मुँह में जीरा। उतनी घास से क्या हो सकता था। दोनों बैल भूखे खड़े थे। दमड़ी को देखते ही दोनों पूँछें खड़ी करके हुँकारने लगे। जब वह पास गया तो दोनों उसकी हथेलियाँ चाटने लगे। बेचारा दमड़ी मन मसोसकर रह गया। सोचा, इस वक्त तो कुछ हो नहीं सकता, सबेरे किसी से कुछ उधार लेकर चारा लाऊँगा।

लेकिन जब ग्यारह बजे रात उसकी आँखें खुलीं, तो देखा कि दोनों बैल अभी तक नाँद पर खड़े हैं। चाँदनी रात थी, दमड़ी को जान पड़ा कि दोनों उसकी ओर उपेक्षा और याचना की दृष्टि से देख रहे हैं। उनकी क्षुधा-वेदना देखकर उसकी आँखें सजल हो आयीं। किसान को अपने बैल अपने लड़कों की तरह प्यारे होते हैं। वह उन्हें पशु नहीं, अपना मित्र और सहायक समझता। बैलों को भूखे खड़े देखकर नींद आँखों से भाग गयी। कुछ सोचता हुआ उठा। हँसिया निकाली और चारे की फ़िक्र में चला।

गाँव के बाहर बाजरे और जुआर के खेत खड़े थे। दमड़ी के हाथ काँपने लगे। लेकिन बैलों की याद ने उसे उत्तेजित कर दिया। चाहता, तो कई बोझ काट सकता था; लेकिन वह चोरी करते हुये भी चोर न था। उसने केवल उतना ही चारा काटा, जितना बैलों को रात-भर के लिये काफी हो। सोचा, अगर किसी ने देख भी लिया, तो उससे कह दूँगा, बैल भूखे थे, इसलिये काट लिया। उसे विश्वास था कि थोड़े-से चारे के लिये कोई मुझे पकड़ नहीं सकता। मैं कुछ बेचने के लिये तो काट नहीं रहा हूँ; फिर ऐसा निर्दयी कौन है, जो मुझे पकड़ ले। बहुत करेगा, अपने दाम ले लेगा। उसने बहुत सोचा। चारे का थोड़ा होना ही उसे चोरी के अपराध से बचाने को काफी था। चोर उतना काटता, जितना उससे उठ सकता। उसे किसी के फ़ायदे और नुकसान से क्या मतलब? गाँव के लोग दमड़ी को चारा लिये जाते देखकर बिगड़ते ज़रूर, पर कोई चोरी के इलज़ाम में न फँसाता, लेकिन संयोग से हल्के के थाने का सिपाही उधर जा निकला। वह पड़ोस के एक बनिये के यहाँ जुआ होने की ख़बर पाकर कुछ ऐंठने की टोह में आया था। दमड़ी को चारा सिर पर उठाते देखा, तो सन्देह हुआ। इतनी रात गये कौन चारा काटता है? हो न हो, कोई चोरी से काट रहा है, डाँटकर बोला– कौन चारा लिये जाता है? खड़ा रह!

दमड़ी ने चौंककर पीछे देखा, तो पुलिस का सिपाही! हाथ-पाँव फूल गये, काँपते हुये बोला– हुज़ूर, थोड़ा ही-सा काटा है, देख लीजिये।

सिपाही– थोड़ा काटा हो या बहुत, है तो चोरी। खेत किसका है?

दमड़ी– बलदेव महतो का।

सिपाही ने समझा था, शिकार फँसा, इससे कुछ ऐंठूँगा; लेकिन वहाँ क्या रखा था। पकड़कर गाँव में लाया और जब वहाँ भी कुछ हत्थे चढ़ता न दिखाई दिया तो थाने ले गया। थानेदार ने चालान कर दिया। मुक़दमा राय साहब ही के इज़लास में पेश किया।

राय साहब ने दमड़ी को फँसे हुये देखा, तो हमदर्दी के बदले कठोरता से काम लिया। बोले– यह मेरी बदनामी की बात है। तेरा क्या बिगड़ा, साल-छह महीने की सज़ा हो जायेगी, शर्मिन्दा तो मुझे होना पड़ रहा है! लोग यही तो कहते होंगे कि राय साहब के आदमी ऐसे बदमाश और चोर हैं। तू मेरा नौकर न होता, तो मैं हलकी सज़ा देता; लेकिन तू मेरा नौकर

है, इसलिये कड़ी-से-कड़ी सज़ा दूँगा। मैं यह नहीं सुन सकता कि राय साहब ने अपने नौकर के साथ रिआयत की।

यह कहकर राय साहब ने दमड़ी को छह महीने की सख़्त क़ैद का हुक़्म सुना दिया।

उसी दिन उन्होंने खून के मुक़दमे में ज़मानत ले ली। मैंने दोनों वृत्तान्त सुने और मेरे दिल में यह ख़याल और भी पक्का हो गया कि सभ्यता केवल हुनर के साथ ऐब करने का नाम है। आप बुरे-से-बुरा काम करें, लेकिन अगर आप उस पर परदा डाल सकते हैं, तो आप सभ्य हैं, सज्जन हैं, जेन्टिलमैन हैं। अगर आप में यह सिफ़त नहीं तो आप असभ्य हैं, गँवार हैं, बदमाश हैं। यह सभ्यता का रहस्य है!

कफ़न

झोपड़े के द्वार पर बाप और बेटा दोनों एक बुझे हुए अलाव के सामने चुपचाप बैठे हुए हैं और अन्दर बेटे की जवान बीबी बुधिया प्रसव-वेदना में पछाड़ खा रही थी। रह-रहकर उसके मुँह से ऐसी दिल हिला देने वाली आवाज़ निकलती थी, कि दोनों कलेजा थाम लेते थे। जाड़ों की रात थी, प्रकृति सन्नाटे में डूबी हुई, सारा गाँव अन्धकार में लय हो गया था।

घीसू ने कहा-मालूम होता है, बचेगी नहीं। सारा दिन दौड़ते हो गया, जा देख तो आ।

माधव चिढकर बोला-मरना ही तो है जल्दी मर क्यों नहीं जाती? देखकर क्या करूँ?

'तू बड़ा बेदर्द है बे! साल-भर जिसके साथ सुख-चैन से रहा, उसी के साथ इतनी बेवफ़ाई!'

'तो मुझसे तो उसका तड़पना और हाथ-पाँव पटकना नहीं देखा जाता।'

चमारों का कुनबा था और सारे गाँव में बदनाम। घीसू एक दिन काम करता तो तीन दिन आराम करता। माधव इतना काम-चोर था कि आध घण्टे काम करता तो घण्टे भर चिलम पीता। इसलिए उन्हें कहीं मजदूरी नहीं मिलती थी। घर में मुठ्ठी-भर भी अनाज मौजूद हो, तो उनके लिए काम करने की कसम थी। जब दो-चार फ़ाक़े हो जाते तो घीसू पेड़ पर चढ़कर लकड़ियाँ तोड़ लाता और माधव बाजार से बेच लाता और जब तक वह पैसे रहते, दोनों इधर-उधर मारे-मारे फिरते। गाँव में काम की कमी न थी। किसानों का गाँव था, मेहनती आदमी के लिए पचास काम थे। मगर इन दोनों को उसी वक्त बुलाते, जब दो आदमियों से एक का काम पाकर भी सन्तोष कर लेने के सिवा और कोई चारा न होता। अगर दोनों साधु होते, तो उन्हें सन्तोष और धैर्य के लिए, संयम और नियम की बिलकुल जरूरत न होती। यह तो इनकी प्रकृति थी। विचित्र जीवन था इनका! घर में मिट्टी के दो-चार बर्तन के सिवा कोई सम्पत्ति नहीं। फटे चीथड़ों से अपनी नग्नता को ढाँके हुए जिये जाते थे। संसार की चिन्ताओं से मुक्त कर्ज़ से लदे हुए। गालियाँ भी खाते, मार भी खाते, मगर कोई गम नहीं। दीन इतने कि वसूली की बिलकुल आशा न रहने पर भी लोग इन्हें कुछ-न-कुछ कर्ज दे देते थे। मटर, आलू की फसल में दूसरों के खेतों से मटर या आलू उखाड़ लाते और भून-भानकर खा लेते या दस-पाँच ऊख उखाड़ लाते और रात को चूसते। घीसू ने इसी आकाश-वृत्ति से साठ साल की उम्र काट दी और माधव भी सपूत बेटे की तरह बाप ही के पद-चिह्नों पर चल रहा था, बल्कि उसका नाम और भी उजागर कर रहा था। इस वक्त भी दोनों अलाव के सामने

बैठकर आलू भून रहे थे, जो कि किसी खेत से खोद लाये थे। घीसू की स्त्री का तो बहुत दिन हुए, देहान्त हो गया था। माधव का ब्याह पिछले साल हुआ था। जब से यह औरत आयी थी, उसने इस खानदान में व्यवस्था की नींव डाली थी और इन दोनों बे-गैरतों का दोज़ख भरती रहती थी। जब से वह आयी, यह दोनों और भी आराम-तलब हो गये थे। बल्कि कुछ अकड़ने भी लगे थे। कोई कार्य करने को बुलाता, तो निर्बाध भाव से दुगुनी मजदूरी माँगते। वही औरत आज प्रसव-वेदना से मर रही थी और यह दोनों इसी इन्तजार में थे कि वह मर जाए, तो आराम से सोयें।

घीसू ने आलू निकालकर छीलते हुए कहा-जाकर देख तो, क्या दशा है उसकी? चुड़ैल का फिसाद होगा, और क्या? यहाँ तो ओझा भी एक रुपया माँगता है!

माधव को भय था, कि वह कोठरी में गया, तो घीसू आलुओं का बड़ा भाग साफ कर देगा। बोला-मुझे वहाँ जाते डर लगता है।

'डर किस बात का है, मैं तो यहाँ हूँ ही।'

'तो तुम्हीं जाकर देखो न?'

'मेरी औरत जब मरी थी, तो मैं तीन दिन तक उसके पास से हिला तक नहीं और फिर मुझसे लजाएगी कि नहीं? जिसका कभी मुँह नहीं देखा, आज उसका उघड़ा हुआ बदन देखूँ! उसे तन की सुध भी तो न होगी? मुझे देख लेगी तो खुलकर हाथ-पाँव भी न पटक सकेगी!'

'मैं सोचता हूँ कोई बाल-बच्चा हुआ, तो क्या होगा? सोंठ, गुड़, तेल, कुछ भी तो नहीं है घर में!'

'सब कुछ आ जाएगा। भगवान् दें तो! जो लोग अभी एक पैसा नहीं दे रहे हैं, वे ही कल बुलाकर रुपये देंगे। मेरे नौ लड़के हुए, घर में कभी कुछ न था; मगर भगवान् ने किसी-न-किसी तरह बेड़ा पार ही लगाया।'

जिस समाज में रात-दिन मेहनत करने वालों की हालत उनकी हालत से कुछ बहुत अच्छी न थी और किसानों के मुकाबले में वे लोग, जो किसानों की दुर्बलताओं से लाभ उठाना जानते थे, कहीं ज्यादा सम्पन्न थे, वहाँ इस तरह की मनोवृत्ति का पैदा हो जाना कोई अचरज की बात न थी। हम तो कहेंगे, घीसू किसानों से कहीं ज्यादा विचारवान् था और किसानों के विचार-शून्य समूह में शामिल होने के बदले बैठकबाजों की कुत्सित मण्डली में जा मिला था। हाँ, उसमें यह शक्ति न थी, कि बैठकबाजों के नियम और नीति का पालन करता। इसलिए जहाँ उसकी मण्डली के और लोग गाँव के सरगना और मुखिया बने हुए थे, उस पर सारा गाँव उँगली उठाता था। फिर भी उसे यह तसकीन तो थी ही कि अगर वह फटेहाल है तो कम-से-कम उसे किसानों की-सी जी-तोड़ मेहनत तो नहीं करनी पड़ती और उसकी सरलता और निरीहता से दूसरे लोग बेजा फायदा तो नहीं उठाते! दोनों आलू निकाल-निकालकर जलते-जलते खाने लगे। कल से कुछ नहीं खाया था। इतना सब्र न था कि ठण्डा हो जाने दें। कई बार दोनों की जबानें जल गयीं। छिल जाने पर आलू का बाहरी हिस्सा जबान, हलक और तालू को जला देता था और उस अंगारे को मुँह में रखने से ज्यादा खैरियत इसी में थी कि वह अन्दर पहुँच

जाए। वहाँ उसे ठण्डा करने के लिए काफी सामान थे। इसलिए दोनों जल्द-जल्द निगल जाते। हालाँकि इस कोशिश में उनकी आँखों से आँसू निकल आते।

घीसू को उस वक्त ठाकुर की बरात याद आयी, जिसमें बीस साल पहले वह गया था। उस दावत में उसे जो तृप्ति मिली थी, वह उसके जीवन में एक याद रखने लायक बात थी, और आज भी उसकी याद ताजी थी, बोला-वह भोज नहीं भूलता। तब से फिर उस तरह का खाना और भरपेट नहीं मिला। लड़की वालों ने सबको भर पेट पूड़ियाँ खिलाई थीं, सबको! छोटे-बड़े सबने पूड़ियाँ खायीं और असली घी की! चटनी, रायता, तीन तरह के सूखे साग, एक रसेदार तरकारी, दही, चटनी, मिठाई, अब क्या बताऊँ कि उस भोज में क्या स्वाद मिला, कोई रोक-टोक नहीं थी, जो चीज चाहो, माँगो, जितना चाहो, खाओ। लोगों ने ऐसा खाया, ऐसा खाया, कि किसी से पानी न पिया गया। मगर परोसने वाले हैं कि पत्तल में गर्म-गर्म, गोल-गोल सुवासित कचौड़ियाँ डाल देते हैं। मना करते हैं कि नहीं चाहिए, पत्तल पर हाथ रोके हुए हैं, मगर वह हैं कि दिये जाते हैं और जब सबने मुँह धो लिया, तो पान-इलायची भी मिली। मगर मुझे पान लेने की कहाँ सुध थी? खड़ा हुआ न जाता था। चटपट जाकर अपने कम्बल पर लेट गया। ऐसा दिल-दरियाव था वह ठाकुर!

माधव ने इन पदार्थों का मन-ही-मन मजा लेते हुए कहा-अब हमें कोई ऐसा भोज नहीं खिलाता।

'अब कोई क्या खिलाएगा? वह जमाना दूसरा था। अब तो सबको क़िफ़ायत सूझती है। शादी-ब्याह में मत खर्च करो, क्रिया-कर्म में मत खर्च करो। पूछो, गरीबों का माल बटोर-बटोरकर कहाँ रखोगे? बटोरने में तो कमी नहीं है। हाँ, खर्च में क़िफ़ायत सूझती है!'

'तुमने एक बीस पूरियाँ खायी होंगी?'

'बीस से ज्यादा खायी थीं!'

'मैं पचास खा जाता!'

'पचास से कम मैंने न खायी होंगी। अच्छा पका था। तू तो मेरा आधा भी नहीं है।'

आलू खाकर दोनों ने पानी पिया और वहीं अलाव के सामने अपनी धोतियाँ ओढ़कर पाँव पेट में डाले सो रहे। जैसे दो बड़े-बड़े अजगर गेंडुलिया मारे पड़े हों।

और बुधिया अभी तक कराह रही थी।

2

सबेरे माधव ने कोठरी में जाकर देखा, तो उसकी स्त्री ठण्डी हो गयी थी। उसके मुँह पर मक्खियाँ भिनक रही थीं। पथराई हुई आँखें ऊपर टँगी हुई थीं। सारी देह धूल से लथपथ हो रही थी। उसके पेट में बच्चा मर गया था।

माधव भागा हुआ घीसू के पास आया। फिर दोनों जोर-जोर से हाय-हाय करने और छाती पीटने लगे। पड़ोस वालों ने यह रोना-धोना सुना, तो दौड़े हुए आये और पुरानी मर्यादा के अनुसार इन अभागों को समझाने लगे।

मगर ज्यादा रोने-पीटने का अवसर न था। कफ़न की और लकड़ी की फिक्र करनी थी। घर में तो पैसा इस तरह गायब था, जैसे चील के घोंसले में माँस?

बाप-बेटे रोते हुए गाँव के जमींदार के पास गये। वह इन दोनों की सूरत से नफ़रत करते थे। कई बार इन्हें अपने हाथों से पीट चुके थे। चोरी करने के लिए, वादे पर काम पर न आने के लिए। पूछा-क्या है बे घिसुआ, रोता क्यों है? अब तो तू कहीं दिखलाई भी नहीं देता! मालूम होता है, इस गाँव में रहना नहीं चाहता।

घीसू ने जमीन पर सिर रखकर आँखों में आँसू भरे हुए कहा-सरकार! बड़ी विपत्ति में हूँ। माधव की घरवाली रात को गुजर गयी। रात-भर तड़पती रही सरकार! हम दोनों उसके सिरहाने बैठे रहे। दवा-दारू जो कुछ हो सका, सब कुछ किया, मुदा वह हमें दगा दे गयी। अब कोई एक रोटी देने वाला भी न रहा मालिक! तबाह हो गये। घर उजड़ गया। आपका गुलाम हूँ, अब आपके सिवा कौन उसकी मिट्टी पार लगाएगा। हमारे हाथ में तो जो कुछ था, वह सब तो दवा-दारू में उठ गया। सरकार ही की दया होगी, तो उसकी मिट्टी उठेगी। आपके सिवा किसके द्वार पर जाऊँ?

जमींदार साहब दयालु थे। मगर घीसू पर दया करना काले कम्बल पर रंग चढ़ाना था। जी में तो आया, कह दें, चल, दूर हो यहाँ से। यों तो बुलाने से भी नहीं आता, आज जब गरज पड़ी तो आकर खुशामद कर रहा है। हरामखोर कहीं का, बदमाश! लेकिन यह क्रोध या दण्ड देने का अवसर न था। जी में कुढ़ते हुए दो रुपये निकालकर फेंक दिए। मगर सान्त्वना का एक शब्द भी मुँह से न निकला। उसकी तरफ ताका तक नहीं। जैसे सिर का बोझ उतारा हो।

जब जमींदार साहब ने दो रुपये दिये, तो गाँव के बनिये-महाजनों को इनकार का साहस कैसे होता? घीसू जमींदार के नाम का ढिंढोरा भी पीटना जानता था। किसी ने दो आने दिये, किसी ने चारे आने। एक घण्टे में घीसू के पास पाँच रुपये की अच्छी रकम जमा हो गयी। कहीं से अनाज मिल गया, कहीं से लकड़ी और दोपहर को घीसू और माधव बाजार से कफ़न लाने चले। इधर लोग बाँस-वाँस काटने लगे।

गाँव की नर्मदिल स्त्रियाँ आ-आकर लाश देखती थीं और उसकी बेकसी पर दो बूँद आँसू गिराकर चली जाती थीं।

3

बाजार में पहुँचकर घीसू बोला-लकड़ी तो उसे जलाने-भर को मिल गयी है, क्यों माधव!

माधव बोला-हाँ, लकड़ी तो बहुत है, अब कफ़न चाहिए।

'तो चलो, कोई हलका-सा कफ़न ले लें।'

'हाँ, और क्या! लाश उठते-उठते रात हो जाएगी। रात को कफ़न कौन देखता है?'

'कैसा बुरा रिवाज है कि जिसे जीते जी तन ढाँकने को चीथड़ा भी न मिले, उसे मरने पर नया कफ़न चाहिए।'

'कफ़न लाश के साथ जल ही तो जाता है।'

'और क्या रखा रहता है? यही पाँच रुपये पहले मिलते, तो कुछ दवा-दारू कर लेते।'

दोनों एक-दूसरे के मन की बात ताड़ रहे थे। बाजार में इधर-उधर घूमते रहे। कभी इस बजाज की दूकान पर गये, कभी उसकी दूकान पर! तरह-तरह के कपड़े, रेशमी और सूती देखे, मगर कुछ जँचा नहीं। यहाँ तक कि शाम हो गयी। तब दोनों न जाने किस दैवी प्रेरणा से एक मधुशाला के सामने जा पहुँचे और जैसे किसी पूर्व निश्चित व्यवस्था से अन्दर चले गये। वहाँ जरा देर तक दोनों असमंजस में खड़े रहे। फिर घीसू ने गद्दी के सामने जाकर कहा-साहूजी, एक बोतल हमें भी देना।

उसके बाद कुछ चिखौना आया, तली हुई मछली आयी और दोनों बरामदे में बैठकर शान्तिपूर्वक पीने लगे।

कई कुज्जियाँ ताबड़तोड़ पीने के बाद दोनों सरूर में आ गये।

घीसू बोला-कफ़न लगाने से क्या मिलता? आखिर जल ही तो जाता। कुछ बहू के साथ तो न जाता।

माधव आसमान की तरफ देखकर बोला, मानों देवताओं को अपनी निष्पापता का साक्षी बना रहा हो-दुनिया का दस्तूर है, नहीं लोग बाँभनों को हजारों रुपये क्यों दे देते हैं? कौन देखता है, परलोक में मिलता है या नहीं!

'बड़े आदमियों के पास धन है, फूँके। हमारे पास फूँकने को क्या है?'

'लेकिन लोगों को जवाब क्या दोगे? लोग पूछेंगे नहीं, कफ़न कहाँ है?'

घीसू हँसा-अबे, कह देंगे कि रुपये कमर से खिसक गये। बहुत ढूँढ़ा, मिले नहीं। लोगों को विश्वास न आएगा, लेकिन फिर वही रुपये देंगे।

माधव भी हँसा-इस अनपेक्षित सौभाग्य पर। बोला-बड़ी अच्छी थी बेचारी! मरी तो खूब खिला-पिलाकर!

आधी बोतल से ज्यादा उड़ गयी। घीसू ने दो सेर पूडियाँ मँगाई। चटनी, अचार, कलेजियाँ। शराबखाने के सामने ही दूकान थी। माधव लपककर दो पत्तलों में सारे सामान ले आया। पूरा डेढ़ रुपया खर्च हो गया। सिर्फ थोड़े से पैसे बच रहे हैं।

दोनों इस वक्त इस शान में बैठे पूड़ियाँ खा रहे थे जैसे जंगल में कोई शेर अपना शिकार उड़ा रहा हो। न जवाबदेही का खौफ था, न बदनामी की फिक्र। इन सब भावनाओं को उन्होंने बहुत पहले ही जीत लिया था।

घीसू दार्शनिक भाव से बोला-हमारी आत्मा प्रसन्न हो रही है तो क्या उसे पुन्न न होगा?

माधव ने श्रद्धा से सिर झुकाकर तसदीक की-जरूर-से-जरूर होगा। भगवान, तुम अन्तर्यामी हो। उसे बैकुण्ठ ले जाना। हम दोनों हृदय से आशीर्वाद दे रहे हैं। आज जो भोजन मिला वह कभी उम्र-भर न मिला था।

एक क्षण के बाद माधव के मन में एक शंका जागी। बोला-क्यों दादा, हम लोग भी एक-न-एक दिन वहाँ जाएँगे ही?

घीसू ने इस भोले-भाले सवाल का कुछ उत्तर न दिया। वह परलोक की बातें सोचकर इस आनन्द में बाधा न डालना चाहता था।

'जो वहाँ हम लोगों से पूछे कि तुमने हमें कफ़न क्यों नहीं दिया तो क्या कहोगे?'

'कहेंगे तुम्हारा सिर!'

'पूछेगी तो जरूर!'

'तू कैसे जानता है कि उसे कफ़न न मिलेगा? तू मुझे ऐसा गधा समझता है? साठ साल क्या दुनिया में घास खोदता रहा हूँ? उसको कफ़न मिलेगा और बहुत अच्छा मिलेगा!'

माधव को विश्वास न आया। बोला-कौन देगा? रुपये तो तुमने चट कर दिये। वह तो मुझसे पूछेगी। उसकी माँग में तो सेंदुर मैंने डाला था।

'कौन देगा, बताते क्यों नहीं?'

'वही लोग देंगे, जिन्होंने अबकी दिया। हाँ, अबकी रुपये हमारे हाथ न आएँगे।'

'ज्यों-ज्यों अँधेरा बढ़ता था और सितारों की चमक तेज होती थी, मधुशाला की रौनक भी बढ़ती जाती थी। कोई गाता था, कोई डींग मारता था, कोई अपने संगी के गले लिपटा जाता था। कोई अपने दोस्त के मुँह में कुल्हड़ लगाये देता था।

वहाँ के वातावरण में सरूर था, हवा में नशा। कितने तो यहाँ आकर एक चुल्लू में मस्त हो जाते थे। शराब से ज्यादा यहाँ की हवा उन पर नशा करती थी। जीवन की बाधाएँ यहाँ खींच लाती थीं और कुछ देर के लिए यह भूल जाते थे कि वे जीते हैं या मरते हैं। या न जीते हैं, न मरते हैं।

और यह दोनों बाप-बेटे अब भी मजे ले-लेकर चुसकियाँ ले रहे थे। सबकी निगाहें इनकी ओर जमी हुई थीं। दोनों कितने भाग्य के बली हैं! पूरी बोतल बीच में है।

भरपेट खाकर माधव ने बची हुई पूडियों का पत्तल उठाकर एक भिखारी को दे दिया, जो खड़ा इनकी ओर भूखी आँखों से देख रहा था और देने के गौरव, आनन्द और उल्लास का अपने जीवन में पहली बार अनुभव किया।

घीसू ने कहा-ले जा, खूब खा और आशीर्वाद दे! जिसकी कमाई है, वह तो मर गयी। मगर तेरा आशीर्वाद उसे जरूर पहुँचेगा। रोयें-रोयें से आशीर्वाद दो, बड़ी गाढ़ी कमाई के पैसे हैं!

माधव ने फिर आसमान की तरफ देखकर कहा-वह बैकुण्ठ में जाएगी दादा, बैकुण्ठ की रानी बनेगी।

घीसू खड़ा हो गया और जैसे उल्लास की लहरों में तैरता हुआ बोला-हाँ, बेटा बैकुण्ठ में जाएगी। किसी को सताया नहीं, किसी को दबाया नहीं। मरते-मरते हमारी जिन्दगी की सबसे बड़ी लालसा पूरी कर गयी। वह न बैकुण्ठ जाएगी तो क्या ये मोटे-मोटे लोग जाएँगे, जो गरीबों को दोनों हाथों से लूटते हैं, और अपने पाप को धोने के लिए गंगा में नहाते हैं और मन्दिरों में जल चढ़ाते हैं?

श्रद्धालुता का यह रंग तुरन्त ही बदल गया। अस्थिरता नशे की खासियत है। दुःख और निराशा का दौरा हुआ।

माधव बोला-मगर दादा, बेचारी ने जिन्दगी में बड़ा दुःख भोगा। कितना दुःख झेलकर मरी!

वह आँखों पर हाथ रखकर रोने लगा। चीखें मार-मारकर।

घीसू ने समझाया-क्यों रोता है बेटा, खुश हो कि वह माया-जाल से मुक्त हो गयी, जंजाल से छूट गयी। बड़ी भाग्यवान थी, जो इतनी जल्द माया-मोह के बन्धन तोड़ दिये।

और दोनों खड़े होकर गाने लगे-

'ठगिनी क्यों नैना झमकावे! ठगिनी।'

पियक्कड़ों की आँखें इनकी ओर लगी हुई थीं और यह दोनों अपने दिल में मस्त गाये जाते थे। फिर दोनों नाचने लगे। उछले भी, कूदे भी। गिरे भी, मटके भी। भाव भी बताये, अभिनय भी किये और आखिर नशे में मदमस्त होकर वहीं गिर पड़े।

ठाकुर का कुआँ

जोखू ने लोटा मुँह से लगाया तो पानी में सख्त बदबू आयी। गंगी से बोला—यह कैसा पानी है? मारे बास के पिया नहीं जाता। गला सूखा जा रहा है और तू सड़ा पानी पिलाये देती है!

गंगी प्रतिदिन शाम पानी भर लिया करती थी। कुआँ दूर था, बार-बार जाना मुश्किल था। कल वह पानी लायी, तो उसमें बू बिलकुल न थी, आज पानी में बदबू कैसी! लोटा नाक से लगाया, तो सचमुच बदबू थी। ज़रूर कोई जानवर कुएँ में गिरकर मर गया होगा, मगर दूसरा पानी आवे कहाँ से?

ठाकुर के कुएँ पर कौन चढ़ने देगा? दूर से लोग डाँट बतायेंगे। साहू का कुआँ गाँव के उस सिरे पर है, परंतु वहाँ भी कौन पानी भरने देगा? कोई तीसरा कुआँ गाँव में है नहीं।

जोखू कई दिन से बीमार है। कुछ देर तक तो प्यास रोके चुप पड़ा रहा, फिर बोला—अब तो मारे प्यास के रहा नहीं जाता। ला, थोड़ा पानी नाक बंद करके पी लूँ।

गंगी ने पानी न दिया। खराब पानी से बीमारी बढ़ जायगी, इतना जानती थी, परंतु यह न जानती थी कि पानी को उबाल देने से उसकी खराबी जाती रहती हैं। बोली—यह पानी कैसे पियोगे? न जाने कौन जानवर मरा है। कुएँ से मैं दूसरा पानी लाये देती हूँ।

जोखू ने आश्चर्य से उसकी ओर देखा—पानी कहाँ से लायेगी?

ठाकुर और साहू के दो कुएँ तो हैं। क्या एक लोटा पानी न भरने देंगे?

'हाथ-पाँव तुड़वा आयेगी और कुछ न होगा। बैठ चुपके से। ब्रह्म-देवता आशीर्वाद देंगे, ठाकुर लाठी मारेंगे, साहूजी एक के पाँच लेंगे। ग़रीबों का दर्द कौन समझता है! हम तो मर भी जाते हैं, तो कोई दुआर पर झाँकने नहीं आता, कंधा देना तो बड़ी बात है। ऐसे लोग कुएँ से पानी भरने देंगे?'

इन शब्दों में कड़वा सत्य था। गंगी क्या जवाब देती, किन्तु उसने वह बदबूदार पानी पीने को न दिया।

2

रात के नौ बजे थे। थके-माँदे मज़दूर तो सो चुके थे, ठाकुर के दरवाज़े पर दस-पाँच बेफ़िक्रे जमा थे। मैदानी बहादुरी का तो अब न ज़माना रहा है, न मौका। क़ानूनी बहादुरी की बातें हो रही थीं। कितनी होशियारी से ठाकुर ने थानेदार को एक खास मुक़दमे में रिश्वत दी

और साफ निकल गये। कितनी अक्लमंदी से एक मार्के के मुक़दमे की नकल ले आये। नाजिर और मोहतमिम, सभी कहते थे, नकल नहीं मिल सकती। कोई पचास माँगता, कोई सौ। यहाँ बेपैसे-कौड़ी नकल उड़ा दी। काम करने का ढंग चाहिए।

इसी समय गंगी कुएँ से पानी लेने पहुँची।

कुप्पी की धुँधली रोशनी कुएँ पर आ रही थी। गंगी जगत की आड़ में बैठी मौके का इंतज़ार करने लगी। इस कुएँ का पानी सारा गाँव पीता है। किसी के लिये रोका नहीं, सिर्फ ये बदनसीब नहीं भर सकते।

गंगी का विद्रोही दिल रिवाज़ी पाबंदियों और मजबूरियों पर चोटें करने लगा—हम क्यों नीच हैं और ये लोग क्यों ऊँच हैं? इसलिये कि ये लोग गले में तागा डाल लेते हैं? यहाँ तो जितने हैं, एक-से-एक छँटे हैं। चोरी ये करें, जाल-फरेब ये करें, झूठे मुक़दमे ये करें। अभी इस ठाकुर ने तो उस दिन बेचारे गड़रिये की भेड़ चुरा ली थी और बाद में मारकर खा गया। इन्हीं पंडित के घर में तो बारहों मास जुआ होता है। यही साहू जी तो घी में तेल मिलाकर बेचते हैं। काम करा लेते हैं, मजूरी देते नानी मरती है। किस-किस बात में हमसे ऊँचे हैं, हम गली-गली चिल्लाते नहीं कि हम ऊँचे हैं, हम ऊँचे। कभी गाँव में आ जाती हूँ, तो रस-भरी आँख से देखने लगते हैं। जैसे सबकी छाती पर साँप लोटने लगता है, परंतु घमंड यह कि हम ऊँचे हैं!

कुएँ पर किसी के आने की आहट हुई। गंगी की छाती धक-धक करने लगी। कहीं देख लें तो गजब हो जाय। एक लात भी तो नीचे न पड़े। उसने घड़ा और रस्सी उठा ली और झुककर चलती हुई एक वृक्ष के अँधेरे साये में जा खड़ी हुई। कब इन लोगों को दया आती है किसी पर! बेचारे महँगू को इतना मारा कि महीनों लहू थूकता रहा। इसीलिये तो कि उसने बेगार न दी थी। इस पर ये लोग ऊँचे बनते हैं?

कुएँ पर स्त्रियाँ पानी भरने आयी थीं। इनमें बात हो रही थी।

'खाना खाने चले और हुक्म हुआ कि ताज़ा पानी भर लाओ। घड़े के लिये पैसे नहीं हैं।'

'हम लोगों को आराम से बैठे देखकर जैसे मरदों को जलन होती है।'

'हाँ, यह तो न हुआ कि कलसिया उठाकर भर लाते। बस, हुकुम चला दिया कि ताज़ा पानी लाओ, जैसे हम लौंडियाँ ही तो हैं।'

'लौंडियाँ नहीं तो और क्या हो तुम? रोटी-कपड़ा नहीं पातीं? दस-पाँच रुपये भी छीन-झपटकर ले ही लेती हो। और लौंडियाँ कैसी होती हैं!'

'मत जलाओ, दीदी! दिन-भर आराम करने को जी तरसकर रह जाता है। इतना काम किसी दूसरे के घर कर देती, तो इससे कहीं आराम से रहती। ऊपर से वह एहसान मानता! यहाँ काम करते-करते मर जाओ; पर किसी का मुँह ही सीधा नहीं होता।'

दोनों पानी भरकर चली गयीं, तो गंगी वृक्ष की छाया से निकली और कुएँ की जगत के पास आई। बेफ़िक्रे चले गये थे। ठाकुर भी दरवाज़ा बंद कर अन्दर आँगन में सोने जा रहे थे। गंगी ने क्षणिक सुख की साँस ली। किसी तरह मैदान तो साफ हुआ। अमृत चुरा लाने के

लिये जो राजकुमार किसी ज़माने में गया था, वह भी शायद इतनी सावधानी के साथ और समझ-बूझकर न गया हो। गंगी दबे पाँव कुएँ की जगत पर चढ़ी, विजय का ऐसा अनुभव उसे पहले कभी न हुआ था।

उसने रस्सी का फंदा घड़े में डाला। दायें-बायें चौकन्नी दृष्टि से देखा जैसे कोई सिपाही रात को शत्रु के किले में सुराख कर रहा हो। अगर इस समय वह पकड़ ली गयी, तो फिर उसके लिये माफ़ी या रियायत की रत्ती-भर उम्मीद नहीं। अंत में देवताओं को याद करके उसने कलेजा मजबूत किया और घड़ा कुएँ में डाल दिया।

घड़े ने पानी में गोता लगाया, बहुत ही आहिस्ता। ज़रा भी आवाज़ न हुई। गंगी ने दो-चार हाथ जल्दी-जल्दी मारे। घड़ा कुएँ के मुँह तक आ पहुँचा। कोई बड़ा शहजोर पहलवान भी इतनी तेज़ी से न खींच सकता था।

गंगी झुकी कि घड़े को पकड़कर जगत पर रखे कि एकाएक ठाकुर साहब का दरवाज़ा खुल गया। शेर का मुँह इससे अधिक भयानक न होगा।

गंगी के हाथ से रस्सी छूट गयी। रस्सी के साथ घड़ा धड़ाम से पानी में गिरा और कई क्षण तक पानी में हिलकोरे की आवाज़ें सुनाई देती रहीं।

ठाकुर कौन है, कौन है? पुकारते हुए कुएँ की तरफ़ आ रहे थे और गंगी जगत से कूदकर भागी जा रही थी।

घर पहुँचकर देखा कि जोखू लोटा मुँह से लगाये वही मैला-गंदा पानी पी रहा है।

घरजमाई

हरिधन जेठ की दुपहरी में ऊख में पानी देकर आया और बाहर बैठा रहा। घर में से धुआँ उठता नज़र आता था। छन-छन की आवाज़ भी आ रही थी। उसके दोनों साले उसके बाद आये और घर में चले गये। दोनों सालों के लड़के भी आये और उसी तरह अन्दर दाख़िल हो गये; पर हरिधन अन्दर न जा सका। इधर एक महीने से उसके साथ यहाँ जो बर्ताव हो रहा था और विशेषकर कल उसे जैसी फटकार सुननी पड़ी थी, वह उसके पाँव में बेड़ियाँ-सी डाले हुए था। कल उसकी सास ही ने तो कहा था, मेरा जी तुमसे भर गया, मैं तुम्हारी ज़िन्दगी-भर का ठीका लिये बैठी हूँ क्या? और सबसे बढ़कर अपनी स्त्री की निष्ठुरता ने उसके हृदय के टुकड़े-टुकड़े कर दिये थे। वह बैठी यह फटकार सुनती रही; पर एक बार तो उसके मुँह से न निकला, अम्माँ, तुम क्यों इनका अपमान कर रही हो! बैठी गट-गट सुनती रही। शायद मेरी दुर्गति पर ख़ुश हो रही थी। इस घर में वह कैसे जाय? क्या फिर वही गालियाँ खाने, वही फटकार सुनने के लिये? और आज इस घर में जीवन के दस साल गुज़र जाने पर यह हाल हो रहा है। मैं किसी से कम काम करता हूँ? दोनों साले मीठी नींद सो रहते हैं और मैं बैलों को सानी-पानी देता हूँ; छाँटी काटता हूँ। वहाँ सब लोग पल-पल पर चिलम पीते हैं, मैं आँखें बन्द किये अपने काम में लगा रहता हूँ। संध्या समय घरवाले गाने-बजाने चले जाते हैं, मैं घड़ी रात तक गाय-भैंसें दुहता रहता हूँ। उसका यह पुरस्कार मिल रहा है कि कोई खाने को भी नहीं पूछता। उल्टे गालियाँ मिलती हैं।

उसकी स्त्री घर में से डोल लेकर निकली और बोली–ज़रा इसे कुएँ से खींच लो। एक बूँद पानी नहीं है।

हरिधन ने डोल लिया और कुएँ से पानी भर लाया। उसे ज़ोर की भूख लगी हुई थी, समझा अब खाने को बुलाने आवेगी; मगर स्त्री डोल लेकर अन्दर गयी तो वहीं की हो रही। हरिधन थका-माँदा क्षुधा से व्याकुल पड़ा-पड़ा सो गया।

सहसा उसकी स्त्री गुमानी ने आकर उसे जगाया।

हरिधन ने पड़े-पड़े कहा–क्या है? क्या पड़ा भी न रहने देगी या और पानी चाहिए।

गुमानी कटु स्वर में बोली–गुर्राते क्या हो, खाने को तो बुलाने आयी हूँ।

हरिधन ने देखा, उसके दोनों साले और बड़े साले के दोनों लड़के भोजन किये चले आ रहे थे। उसकी देह में आग लग गयी। मेरी अब यह नौबत पहुँच गयी कि इन लोगों के

साथ बैठकर खा भी नहीं सकता। ये लोग मालिक हैं। मैं इनकी जूठी थाली चाटने वाला हूँ। मैं इनका कुत्ता हूँ, जिसे खाने के बाद एक टुकड़ा रोटी डाल दी जाती है। यही घर है, जहाँ आज से दस साल पहले उसका कितना आदर-सत्कार होता था। साले गुलाम बने रहते थे। सास मुँह जोहती रहती थी। स्त्री पूजा करती थी। तब उसके पास रुपये थे, जायदाद थी। अब वह दरिद्र है, उसकी सारी जायदाद को इन्हीं लोगों ने कूड़ा कर दिया। अब उसे रोटियों के भी लाले हैं। उसके जी में एक ज्वाला सी उठी कि इसी वक्त अन्दर जाकर सास को और सालों को भिगो-भिगोकर लगाये; पर जब्त करके रह गया। पड़े-पड़े बोला—मुझे भूख नहीं है। आज न खाऊँगा।

गुमानी ने कहा—न खाओगे मेरी बला से, हाँ नहीं तो! खाओगे, तुम्हारे ही पेट में जायगा, कुछ मेरे पेट में थोड़े ही चला जायगा।

हरिधन का क्रोध आँसू बन गया। यह मेरी स्त्री है, जिसके लिये मैंने अपना सर्वस्व मिट्टी में मिला दिया। मुझे उल्लू बनाकर यह सब अब निकाल देना चाहते हैं। वह अब कहाँ जाय! क्या करे!

उसकी सास आकर बोली—चलकर खा क्यों नहीं लेते जी, रूठते किस पर हो? यहाँ तुम्हारे नखरे सहने का किसी में बूता नहीं है। जो देते हो वह मत देना और क्या करोगे। तुमसे बेटी ब्याही है, कुछ तुम्हारी ज़िन्दगी का ठीका नहीं लिखाया है।

हरिधन ने मर्माहत होकर कहा—हाँ अम्माँ, मेरी भूल थी कि मैं यही समझ रहा था। अब मेरे पास क्या है कि तुम मेरी ज़िन्दगी का ठीका लोगी। जब मेरे पास भी धन था, तब सब कुछ आता था। अब दरिद्र हूँ, तुम क्यों बात पूछोगी?

बूढ़ी सास भी मुँह फुलाकर भीतर चली गयी।

2

बच्चों के लिये बाप एक फालतू-सी चीज़, एक विलास की वस्तु है, जैसे घोड़े के लिये चने या बाबुओं के लिये मोहनभोग। माँ रोटी-दाल है। मोहनभोग उम्र-भर न मिले तो किसका नुकसान है; मगर एक दिन रोटी-दाल के दर्शन न हों, तो फिर देखिए, क्या हाल होता है। पिता के दर्शन कभी-कभी शाम-सबेरे हो जाते हैं, वह बच्चे को उछालता है, दुलारता है, कभी गोद में लेकर या उँगली पकड़कर सैर कराने ले जाता है और बस, यही उसके कर्तव्य की इति है। वह परदेस चला जाय, बच्चे को परवाह नहीं होती; लेकिन माँ तो बच्चे का सर्वस्व है। बालक एक मिनिट के लिये भी उसका वियोग नहीं सह सकता। पिता कोई हो, उसे परवाह नहीं, केवल एक उछलने-कूदने वाला आदमी होना चाहिए; लेकिन माता तो अपनी ही होनी चाहिए, सोलहों आने अपनी; वही रूप, वही रंग, वही प्यार, वही सब कुछ। वह अगर नहीं है तो बालक के जीवन का स्रोत मानो सूख जाता है, फिर वह शिव का नंदी है, जिस पर फूल या जल चढ़ाना लाजिमी नहीं, अख़्तियारी है। हरिधन की माता का आज दस साल हुए देहांत हो गया था; उस वक्त उसका विवाह हो चुका था। वह सोलह साल का कुमार था। पर

माँ के मरते ही उसे मालूम हुआ, मैं कितना निस्सहाय हूँ। जैसे उस पर उसका कोई अधिकार ही न रहा हो। बहनों के विवाह हो चुके थे। भाई कोई दूसरा न था। बेचारा अकेले घर में जाते भी डरता था। माँ के लिये रोता था; पर माँ की परछाई से डरता था। जिस कोठरी में उसने देह-त्याग किया था, उधर वह आँखें तक न उठाता। घर में एक बुआ थी, वह हरिधन का बहुत दुलार करती। हरिधन को अब दूध ज़्यादा मिलता, काम भी कम करना पड़ता। बुआ बार-बार पूछती–बेटा! कुछ खाओगे? बाप भी अब उसे ज़्यादा प्यार करता, उसके लिये अलग एक गाय मँगवा दी, कभी-कभी उसे कुछ पैसे दे देता कि जैसे चाहे ख़र्च करे। पर इन मरहमों से वह घाव न पूरा होता था; जिसने उसकी आत्मा को आहत कर दिया था। यह दुलार और प्यार उसे बार-बार माँ की याद दिलाता। माँ की घुड़कियों में जो मज़ा था; वह क्या इस दुलार में था? माँ से माँगकर, लड़कर, ठुनककर, रूठकर लेने में जो आनन्द था, वह क्या इस भिक्षादान में था? पहले वह स्वस्थ था, माँगकर खाता, लड़-लड़कर खाता, अब वह बीमार था, अच्छे-से-अच्छे पदार्थ उसे दिये जाते थे; पर भूख न थी।

साल भर तक वह इस दशा में रहा। फिर दुनिया बदल गयी। एक नयी स्त्री जिसे लोग उसकी माता कहते थे, उसके घर में आयी और देखते-देखते एक काली घटा की तरह उसके संकुचित भूमंडल पर छा गयी–सारी हरियाली, सारे प्रकाश पर अन्धकार का पर्दा पड़ गया। हरिधन ने इस नकली माँ से बात तक न की, कभी उसके पास गया तक नहीं। एक दिन घर से निकला और ससुराल चला आया।

बाप ने बार-बार बुलाया; पर उनके जीते-जी वह फिर उस घर में न गया। जिस दिन उसके पिता के देहांत की सूचना मिली, उसे एक प्रकार का ईर्ष्यामय हर्ष हुआ। उसकी आँखों से आँसू की एक बूँद भी न आयी।

इस नये संसार में आकर हरिधन को एक बार फिर मातृ-स्नेह का आनन्द मिला। उसकी सास ने ऋषि-वरदान की भाँति उसके शून्य जीवन को विभूतियों से परिपूर्ण कर दिया। मरुभूमि में हरियाली उत्पन्न हो गयी। सालियों की चुहल में, सास के स्नेह में, सालों के वाक्-विलास में और स्त्री के प्रेम में उसके जीवन की सारी आकांक्षाएँ पूरी हो गयीं। सास कहती–बेटा, तुम इस घर को अपना ही समझो, तुम्हीं मेरी आँखों के तारे हो। वह उससे अपने लड़कों की, बहुओं की शिकायत करती। वह दिल में समझता था, सासजी मुझे अपने बेटों से भी ज़्यादा चाहती हैं।

बाप के मरते ही वह घर गया और अपने हिस्से की जायदाद को कूड़ा करके, रुपयों की थैली लिये हुए आ गया। अब उसका दूना आदर-सत्कार होने लगा। उसने अपनी सारी संपत्ति सास के चरणों पर अर्पण करके अपने जीवन को सार्थक कर दिया। अब तक उसे कभी-कभी घर की याद आ जाती थी। अब भूलकर भी उसकी याद न आती, मानो वह उसके जीवन का कोई भीषण कांड था, जिसे भूल जाना ही उसके लिये अच्छा था। वह सबसे पहले उठता, सबसे ज़्यादा काम करता, उसका मनोयोग, उसका परिश्रम देखकर गाँव के लोग दाँतों तले उँगली दबाते थे। उसके ससुर का भाग बख़ानते, जिसे ऐसा दामाद मिल गया; लेकिन ज्यों-ज्यों दिन गुज़रते गये, उसका मान-सम्मान घटता गया। पहले देवता, फिर

घर का आदमी, अंत में घर का दास हो गया। रोटियों में भी बाधा पड़ गयी। अपमान होने लगा। अगर घर के लोग भूखों मरते और साथ ही उसे भी मरना पड़ता, तो उसे ज़रा भी शिकायत न होती। लेकिन जब देखता, और लोग मूँछों पर ताव दे रहे हैं, केवल मैं ही दूध की मक्खी बना दिया गया हूँ, तो उसके अंतःस्थल से एक लम्बी, ठंडी आह निकल आती। अभी उसकी उम्र पच्चीस ही साल की तो थी। इतनी उम्र इस घर में कैसे गुज़रेगी? और तो और, उसकी स्त्री ने भी आँखें फेर लीं। यह उस विपत्ति का सबसे क्रूर दृश्य था।

3

हरिधन तो उधर भूखा-प्यासा, चिन्ता-दाह में जल रहा था, इधर घर में सास जी और दोनों सालों में बातें हो रही थीं। गुमानी भी हाँ-में-हाँ मिलाती जाती थी।

बड़े साले ने कहा–हम लोगों की बराबरी करते हैं। यह नहीं समझते कि किसी ने उनकी ज़िन्दगी भर का बीड़ा थोड़े ही लिया है। दस साल हो गये। इतने दिनों में क्या दो-तीन हज़ार न हड़प गये होंगे?

छोटे साले बोले–मजूर हो तो आदमी घुड़के भी, डाँटे भी, अब इनसे कोई क्या कहे। न जाने इनसे कभी पिंड छूटेगा भी या नहीं। अपने दिल में समझते होंगे, मैंने दो हज़ार रुपये नहीं दिये हैं? यह नहीं समझते कि उनके दो हज़ार कब के उड़ चुके। सवा सेर तो एक जून को चाहिए।

सास ने गंभीर भाव से कहा–बड़ी भारी खोराक है!

गुमानी माता के सिर से जूँ निकाल रही थी। सुलगते हुए हृदय से बोली–निकम्मे आदमी को खाने के सिवा और काम ही क्या रहता है?

बड़े साले–खाने की कोई बात नहीं है। जिसकी जितनी भूख हो, उतना खाये, लेकिन कुछ पैदा भी तो करना चाहिए। यह नहीं समझते कि पहुनई में किसी के दिन कटे हैं!

छोटे–मैं तो एक दिन कह दूँगा, अब अपनी राह लीजिए, आपका कर्ज़ा नहीं खाया है।

गुमानी घरवालों की ऐसी-ऐसी बातें सुनकर अपने पति से द्वेष करने लगी थी। अगर वह बाहर से चार पैसे लाता, तो इस घर में उसका कितना मान-सम्मान होता, वह भी रानी बनकर रहती। न जाने क्यों, कहीं बाहर जाकर कमाते उसकी नानी मरती है। गुमानी की मनोवृत्तियाँ अभी तक बिलकुल बालपन की-सी थीं। उसका अपना कोई घर न था। उसी घर का हित-अहित उसके लिये भी प्रधान था। वह भी उन्हीं शब्दों में विचार करती, इस समस्या को उन्हीं आँखों से देखती जैसे उसके घरवाले देखते थे। सच तो, दो हज़ार रुपये में क्या किसी को मोल ले लेंगे? दस साल में दो हज़ार होते ही क्या हैं। दो सौ ही तो साल भर के हुए। क्या दो आदमी साल भर में दो सौ भी न खायेंगे। फिर कपड़े-लत्ते, दूध-घी, सभी कुछ तो है। दस साल हो गये, एक पीतल का छल्ला नहीं बना। घर से निकलते तो जैसे इनके प्रान निकलते हैं। जानते हैं जैसे पहले पूजा होती थी, वैसे ही जनम-भर होती रहेगी। यह नहीं सोचते कि पहले और बात थी, अब और बात है। बहू तो पहले ससुराल जाती है तो उसका कितना स्वागत होता है। उसके डोली से उतरते ही बाजे बजते हैं, गाँव-मुहल्ले

की औरतें उसका मुँह देखने आती हैं और रुपये देती हैं। महीनों उसे घर भर से अच्छा खाने को मिलता है, अच्छा पहनने को, कोई काम नहीं लिया जाता; लेकिन छह महीनों के बाद कोई उसकी बात भी नहीं पूछता, वह घर-भर की लौंडी हो जाती है। उनके घर में मेरी भी तो वही गति होती। फिर काहे का रोना। जो यह कहो कि मैं तो काम करता हूँ, तो तुम्हारी भूल है, मजूर की और बात है। उसे आदमी डाँटता भी है, मारता भी है, जब चाहता है, रखता है, जब चाहता है, निकाल देता है। कसकर काम लेता है। यह नहीं कि जब जी में आया, कुछ काम किया, जब जी में आया, पड़कर सो रहे।

4

हरिधन अभी पड़ा अन्दर-ही-अन्दर सुलग रहा था, कि दोनों साले बाहर आये और बड़े साहब बोले—भैया, उठो तीसरा पहर ढल गया, कब तक सोते रहोगे? सारा खेत पड़ा हुआ है।

हरिधन चट उठ बैठा और तीव्र स्वर में बोला—क्या तुम लोगों ने मुझे उल्लू समझ लिया है।

दोनों साले हक्का-बक्का हो गये। जिस आदमी ने कभी जबान नहीं खोली, हमेशा गुलामों की तरह हाथ बाँध हाज़िर रहा, वह आज एकाएक इतना आत्माभिमानी हो जाय, यह उनको चौंका देने के लिये काफी था। कुछ जवाब न सूझा।

हरिधन ने देखा, इन दोनों के क़दम उखड़ गये हैं, तो एक धक्का और देने की प्रबल इच्छा को न रोक सका। उसी ढंग से बोला—मेरी भी आँखें हैं। अंधा नहीं हूँ, न बहरा ही हूँ। छाती फाड़कर काम करूँ और उस पर भी कुत्ता समझा जाऊँ; ऐसे गधे और कहीं होंगे!

अब बड़े साले भी गरम पड़े—तुम्हें किसी ने यहाँ बाँध तो नहीं रक्खा है।

अबकी हरिधन लाजवाब हुआ। कोई बात न सूझी।

बड़े ने फिर उसी ढंग से कहा—अगर तुम यह चाहो कि जन्म-भर पाहुने बने रहो और तुम्हारा वैसा ही आदर-सत्कार होता रहे, तो यह हमारे वश की बात नहीं है।

हरिधन ने आँखें निकालकर कहा—क्या मैं तुम लोगों से कम काम करता हूँ?

बड़े—यह कौन कहता है?

हरिधन—तो तुम्हारे घर की नीति है कि जो सबसे ज़्यादा काम करे, वही भूखों मारा जाय?

बड़े—तुम ख़ुद खाने नहीं गये। क्या कोई तुम्हारे मुँह में कौर डाल देता?

हरिधन ने ओठ चबाकर कहा—मैं ख़ुद खाने नहीं गया—कहते तुम्हें लाज नहीं आती?

'नहीं आयी थी बहन तुम्हें बुलाने?'

छोटे साले ने कहा—अम्माँ भी तो आयी थीं। तुमने कह दिया, मुझे भूख नहीं है, तो क्या करतीं।

सास भीतर से लपकी चली आ रही थी। यह बात सुनकर बोली—कितना कहकर हार गयी, कोई उठे न तो मैं क्या करूँ?

हरिधन ने विष, ख़ून और आग से भरे हुए स्वर में कहा–मैं तुम्हारे लड़कों का झूठा खाने के लिये हूँ? मैं कुत्ता हूँ कि तुम लोग खाकर मेरे सामने रूखी रोटी का टुकड़ा फेंक दो?

बुढ़िया ने ऐंठकर कहा–तो क्या तुम लड़कों की बराबरी करोगे?

हरिधन परास्त हो गया। बुढ़िया ने एक ही वाक्-प्रहार में उसका काम तमाम कर दिया। उसकी तनी हुई भवें ढीली पड़ गयीं, आँखों की आग बुझ गयी, फड़कते हुए नथुने शांत हो गये। किसी आहत मनुष्य की भाँति वह ज़मीन पर गिर पड़ा। 'क्या तुम मेरे लड़कों की बराबरी करोगे?' यह वाक्य एक लंबे भाले की तरह उसके हृदय में चुभता चला जाता था, न हृदय का अंत था, न उस भाले का!

5

सारे घर ने खाया; पर हरिधन न उठा। सास ने मनाया, सालियों ने मनाया, ससुर ने मनाया, दोनों साले मनाकर थक गये। हरिधन न उठा; वहीं द्वार पर एक टाट पर पड़ा था। उसे उठाकर सबसे अलग कुएँ पर ले गया और जगत पर बिछाकर पड़ा रहा।

रात भीग चुकी थी। अनंत प्रकाश में उज्ज्वल तारे बालकों की भाँति क्रीड़ा कर रहे थे। कोई नाचता था, कोई उछलता था, कोई हँसता था, कोई आँखें भींचकर फिर खोल देता, कोई साहसी बालक सपाट भरकर एक पल में उस विस्तृत क्षेत्र को पार कर लेता था और न जाने कहाँ छिप जाता था। हरिधन को अपना बचपन याद आया, जब वह भी इसी तरह क्रीड़ा करता था। उसकी बाल-स्मृतियाँ उन्हीं चमकीले तारों की भाँति प्रज्वलित हो गयी। वह अपना छोटा-सा घर, वह आम के बाग़, जहाँ वह केरियाँ चुना करता था, वह मैदान जहाँ वह कबड्डी खेला करता था, सब उसे याद आने लगे। फिर अपनी स्नेहमयी माता की सदय मूर्ति उसके सामने खड़ी हो गयी। उन आँखों में कितनी करुणा थी, कितनी दया थी। उसे ऐसा जान पड़ा मानो माता आँखों में आँसू भरे, उसे छाती से लगा लेने के लिये हाथ फैलाये उसकी ओर चली आ रही है। वह उस मधुर भावना में अपने को भूल गया। ऐसा जान पड़ा मानो माता ने उसे छाती से लगा लिया है और उसके सिर पर हाथ फेर रही है। वह रोने लगा, फूट-फूटकर रोने लगा। उसी आत्म-सम्मोहित दशा में उसके मुँह से यह शब्द निकला, अम्माँ, तुमने मुझे इतना भुला दिया। देखो, तुम्हारे प्यारे लाल की क्या दशा हो रही है? कोई उसे पानी को भी नहीं पूछता। क्या जहाँ तुम हो, वहाँ मेरे लिये जगह नहीं है?

सहसा गुमानी ने आकर पुकारा–क्या सो गये तुम, नौज किसी को ऐसी राक्षसी नींद आये। चलकर खा क्यों नहीं लेते? कब तक कोई तुम्हारे लिये बैठा रहे?

हरिधन उस कल्पना-जगत् से क्रूर प्रत्यक्ष में आ गया। वही कुएँ की जगत थी, वही फटा हुआ टाट और गुमानी सामने खड़ी कह रही थी, कब तक कोई तुम्हारे लिये बैठा रहे!

हरिधन उठ बैठा और मानो तलवार म्यान से निकालकर बोला–भला तुम्हें मेरी सुध तो आयी। मैंने तो कह दिया था, मुझे भूख नहीं है।

गुमानी–तो कै दिन न खाओगे?

'अब इस घर का पानी भी न पीऊँगा, तुझे मेरे साथ चलना है या नहीं?'

दृढ़ संकल्प से भरे हुए इन शब्दों को सुनकर गुमानी सहम उठी। बोली—कहाँ जा रहे हो?

हरिधन ने मानो नशे में कहा—तुझे इससे क्या मतलब? मेरे साथ चलेगी या नहीं? फिर पीछे से न कहना, मुझसे कहा नहीं।

गुमानी आपत्ति के भाव से बोली—तुम बताते क्यों नहीं, कहाँ जा रहे हो?

'तू मेरे साथ चलेगी या नहीं?'

'जब तक तुम बता न दोगे, मैं नहीं जाऊँगी।'

'तो मालूम हो गया, तू नहीं जाना चाहती। मुझे इतना ही पूछना था, नहीं अब तक मैं आधी दूर निकल गया होता।'

यह कहकर वह उठा और अपने घर की ओर चला। गुमानी पुकारती रही, 'सुन लो', 'सुन लो'; पर उसने पीछे फिरकर भी न देखा।

6

तीस मील की मंज़िल हरिधन ने पाँच घंटों में तय की। जब वह अपने गाँव की अमराइयों के सामने पहुँचा, तो उसकी मातृ-भावना उषा की सुनहरी गोद में खेल रही थी। उन वृक्षों को देखकर उसका विह्वल हृदय नाचने लगा। मंदिर का वह सुनहरा कलश देखकर वह इस तरह दौड़ा, मानो एक छलाँग में उसके ऊपर जा पहुँचेगा। वह वेग में दौड़ा जा रहा था, मानो उसकी माता गोद फैलाये उसे बुला रही हो। जब वह आमों के बाग़ में पहुँचा, जहाँ डालियों पर बैठकर वह हाथी की सवारी का आनन्द पाता था, जहाँ की कच्ची बेरों और लिसोड़ों में एक स्वर्गीय स्वाद था, तो वह बैठ गया और भूमि पर सिर झुकाकर रोने लगा, मानो अपनी माता को अपनी विपत्ति-कथा सुना रहा हो। वहाँ की वायु में, वहाँ के प्रकाश में, मानो उसकी विराट रूपिणी माता व्याप्त हो रही थी, वहाँ की अंगुल-अंगुल भूमि माता के पद-चिह्नों से पवित्र थी, माता के स्नेह में डूबे हुए शब्द अभी तक मानो आकाश में गूँज रहे थे। इस वायु और इस आकाश में न जाने कौन-सी संजीवनी थी, जिसने उसके शोकार्त्त हृदय को बालोत्साह से भर दिया। वह एक पेड़ पर चढ़ गया और अधर से आम तोड़-तोड़कर खाने लगा। सास के वह कठोर शब्द, स्त्री का वह निष्ठुर आघात, वह सारा अपमान वह भूल गया। उसके पाँव फूल गये थे, तलवों में जलन हो रही थी; पर इस आनन्द में उसे किसी बात का ध्यान न था।

सहसा रखवाले ने पुकारा—वह कौन ऊपर चढ़ा हुआ है रे? उतर अभी नहीं तो ऐसा पत्थर खींचकर मारूँगा कि वहीं ठंडे हो जाओगे।

उसने कई गालियाँ भी दीं। इस फटकार और इन गालियों में इस समय हरिधन को अलौकिक आनंद मिल रहा था। वह डालियों में छिप गया, कई आम काट-काटकर नीचे गिराये, और ज़ोर से ठट्ठा मारकर हँसा। ऐसी उल्लास से भरी हुई हँसी उसने बहुत दिन से न हँसी थी।

रखवाले को वह हँसी परिचित-सी मालूम हुई। मगर हरिधन यहाँ कहाँ? वह तो ससुराल की रोटियाँ तोड़ रहा है। कैसा हँसोड़ा था, कितना चिबिल्ला! न जाने बेचारे का क्या हाल हुआ? पेड़ की डाल से तालाब में कूद पड़ता था। अब गाँव में ऐसा कौन है?

डाँटकर बोला–वहाँ बैठे-बैठे हँसोगे, तो आकर सारी हँसी निकाल दूँगा, नहीं सीधे से उतर आओ।

वह गालियाँ देने जा रहा था कि एक गुठली आकर उसके सिर पर लगी। सिर सहलाता हुआ बोला–यह कौन शैतान है? नहीं मानता, ठहर तो, मैं आकर तेरी ख़बर लेता हूँ।

उसने अपनी लकड़ी नीचे रख दी और बंदरों की तरह चटपट ऊपर चढ़ गया। देखा तो हरिधन बैठा मुस्करा रहा है। चकित होकर बोला–अरे हरिधन! तुम यहाँ कब आये? इस पेड़ पर कब से बैठे हो?

दोनों बचपन सखा वहीं गले मिले।

'यहाँ कब आये? चलो, घर चलो भले आदमी, क्या वहाँ आम भी मयस्सर न होते थे?'

हरिधन ने मुस्कराकर कहा–मँगरू, इन आमों में जो स्वाद है, वह और कहीं के आमों में नहीं है। गाँव का क्या रंग-ढंग है?

मँगरू–सब चैनचान है भैया! तुमने तो जैसे नाता ही तोड़ लिया। इस तरह कोई अपना गाँव-घर छोड़ देता है? जब से तुम्हारे दादा मरे, सारी गिरस्ती चौपट हो गयी। दो छोटे-छोटे लड़के हैं, उनके किये क्या होता है?

हरिधन–मुझे अब उस गिरस्ती से क्या वास्ता है भाई? मैं तो अपना ले-दे चुका। मजूरी तो मिलेगी न? तुम्हारी गैया मैं ही चरा दिया करूँगा; मुझे खाने को दे देना।

मँगरू ने अविश्वास के भाव से कहा–अरे भैया कैसी बात करते हो, तुम्हारे लिये जान तक हाज़िर है। क्या ससुराल में अब न रहोगे? कोई चिन्ता नहीं। पहले तो तुम्हारा घर ही है। उसे सँभालो। छोटे-छोटे बच्चे हैं, उनको पालो। तुम नयी अम्माँ से नाहक डरते थे। बड़ी सीधी है बेचारी। बस, अपनी माँ ही समझो, तुम्हें पाकर तो निहाल हो जायेगी। अच्छा, घरवाली को भी तो लाओगे?

हरिधन–उसका अब मुँह न देखूँगा। मेरे लिये वह मर गयी।

मँगरू–तो दूसरी सगाई हो जायेगी। अबकी ऐसी मेहरिया ला दूँगा कि उसके पैर धो-धोकर पिओगे; लेकिन कहीं पहली भी आ गयी तो?

हरिधन–वह न आयेगी।

7

हरिधन अपने घर पहुँचा तो दोनों भाई, 'भैया आये! भैया आये!' कहकर भीतर दौड़े और माँ को ख़बर दी।

उस घर में क़दम रखते ही हरिधन को ऐसी शांत महिमा का अनुभव हुआ मानो वह अपनी माँ की गोद में बैठा हुआ है। इतने दिनों ठोकरें खाने से उसका हृदय कोमल हो गया

था। जहाँ पहले अभिमान था, आग्रह था, हेकड़ी थी, वहाँ अब निराशा थी, पराजय थी और याचना थी। बीमारी का ज़ोर कम हो चला था; अब उस पर मामूली दवा भी असर कर सकती थी, किले की दीवारें छिद चुकी थीं, अब उसमें घुस जाना असह्य न था। वही घर जिससे वह एक दिन विरक्त हो गया था, अब गोद फैलाये उसे आश्रय देने को तैयार था। हरिधन का निरावलंबन मन यह आश्रय पाकर मानो तृप्त हो गया।

शाम को विमाता ने कहा–बेटा, तुम घर आ गये, हमारे धनभाग। अब इन बच्चों को पालो; माँ का नाता न सही, बाप का नाता तो है ही। मुझे एक रोटी दे देना, खाकर एक कोने में पड़ी रहूँगी। तुम्हारी अम्माँ से मेरा बहन का नाता है। उस नाते से भी तो तुम मेरे लड़के होते हो?

हरिधन की मातृ-विह्वल आँखों को विमाता के रूप में अपनी माता के दर्शन हुए। घर के एक-एक कोने में मातृ-स्मृतियों की छटा चाँदनी की भाँति छिटकी हुई थी, विमाता का प्रौढ़ मुखमण्डल भी उसी छटा से रंजित था।

दूसरे दिन हरिधन फिर कंधे पर हल रखकर खेत को चला। उसके मुख पर उल्लास था और आँखों में गर्व। वह अब किसी का आश्रित नहीं; आश्रयदाता था; किसी के द्वार का भिक्षुक नहीं, घर का रक्षक था।

एक दिन उसने सुना, गुमानी ने दूसरा घर कर लिया। माँ से बोला–तुमने सुना काकी! गुमानी ने घर कर लिया।

काकी ने कहा–घर क्या कर लेगी, ठट्ठा है? बिरादरी में ऐसा अँधेर? पंचायत नहीं, अदालत तो है?

हरिधन ने कहा–नहीं काकी, बहुत अच्छा हुआ। ला, महाबीरजी को लडडू चढ़ा आऊँ। मैं तो डर रहा था, कहीं मेरे गले न आ पड़े। भगवान ने मेरी सुन ली। मैं वहाँ से यही ठानकर चला था, अब उसका मुँह न देखूँगा।

ज्योति

विधवा हो जाने के बाद बूटी का स्वभाव बहुत कटु हो गया था। जब बहुत जी जलता तो अपने मृत पति को कोसती–आप तो सिधार गये, मेरे लिये यह जंजाल छोड़ गये। जब इतनी जल्दी जाना था, तो ब्याह न जाने किसलिये किया। घर में भूनी भाँग नहीं, चले थे ब्याह करने! वह चाहती तो दूसरी सगाई कर लेती। अहीरों में इसका रिवाज़ है। देखने-सुनने में भी बुरी न थी। दो-एक आदमी तैयार भी थे, लेकिन बूटी पतिव्रता कहलाने के मोह को न छोड़ सकी। और यह सारा क्रोध उतरता था, बड़े लड़के मोहन पर, जो अब सोलह साल का था। सोहन अभी छोटा था और मैना लड़की थी। ये दोनों अभी किसी लायक न थे। अगर यह तीनों न होते, तो बूटी को क्यों इतना कष्ट होता। जिसका थोड़ा-सा काम कर देती, वही रोटी-कपड़ा दे देता। जब चाहती किसी के सिर बैठ जाती। अब अगर वह कहीं बैठ जाए, तो लोग यही कहेंगे कि तीन-तीन बच्चों के होते इसे यह क्या सूझी।

मोहन भरसक उसका भार हल्का करने की चेष्टा करता। गाय-भैंसों की सानी-पानी, दुहना-मथना यह सब कर लेता, लेकिन बूटी का मुँह सीधा न होता था। वह रोज़ एक-न-एक खुचड़ निकालती रहती और मोहन ने भी उसकी घुड़कियों की परवाह करना छोड़ दिया था। पति उसके सिर गृहस्थी का यह भार पटककर क्यों चला गया, उसे यही गिला था। बेचारी का सर्वनाश ही कर दिया। न खाने का सुख मिला, न पहनने-ओढ़ने का, न और किसी बात का। इस घर में क्या आयी, मानो भट्टी में पड़ गयी। उसकी वैधव्य-साधना और अतृप्त भोग-लालसा में सदैव द्वन्द्व सा मचा रहता था और उसकी जलन में उसके हृदय की सारी मृदुता जलकर भस्म हो गयी थी। पति के पीछे और कुछ नहीं तो बूटी के पास चार-पाँच सौ के गहने थे, लेकिन एक-एक करके सब उसके हाथ से निकल गये।

उसी मुहल्ले में उसकी बिरादरी में, कितनी ही औरतें थीं, जो उससे जेठी होने पर भी गहने झमकाकर, आँखों में काजल लगाकर, माँग में सिंदुर की मोटी सी रेखा डालकर मानो उसे जलाया करती थीं, इसलिये अब उनमें से कोई विधवा हो जाती, तो बूटी को खुशी होती और यह सारी जलन वह लड़कों पर निकालती, विशेषकर मोहन पर। वह शायद सारे संसार की स्त्रियों को अपने ही रूप में देखना चाहती थी। कुत्सा में उसे विशेष आनंद मिलता था। उसकी वंचित लालसा, जल न पाकर ओस चाट लेने में ही संतुष्ट होती थी; फिर यह कैसे सम्भव था कि वह मोहन के विषय में कुछ सुने और पेट में डाल ले। ज्योंही मोहन संध्या समय दूध बेचकर घर आया, बूटी ने कहा–देखती हूँ, तू अब साँड़ बनने पर उतारू हो गया है।

मोहन ने प्रश्न के भाव से देखा–कैसा साँड़! बात क्या है?

'तू रुपिया से छिप-छिपकर नहीं हँसता-बोलता? उस पर कहता है कैसा साँड़? तुझे लाज नहीं आती? घर में पैसे-पैसे की तंगी है और वहाँ उसके लिये पान लाये जाते हैं, कपड़े रँगाए जाते हैं।'

मोहन ने विद्रोह का भाव धारण किया–अगर उसने मुझसे चार पैसे के पान माँगे तो क्या करता? कहता कि पैसे दे, तो लाऊँगा? अपनी धोती रँगने को दी, उससे रँगाई माँगता?

'मुहल्ले में एक तू ही धन्नासेठ है! और किसी से उसने क्यों न कहा?'

'यह वह जाने, मैं क्या बताऊँ।'

'तुझे अब छैला बनने की सूझती है। घर में भी कभी एक पैसे का पान लाया?'

'यहाँ पान किसके लिये लाता?'

'क्या तेरे लिये घर में सब मर गये?'

'मैं न जानता था, तुम पान खाना चाहती हो।'

'संसार में एक रुपिया ही पान खाने जोग है?'

'शौक-सिंगार की भी तो उमिर होती है।'

बूटी जल उठी। उसे बुढ़िया कह देना उसकी सारी साधना पर पानी फेर देना था। बुढ़ापे में उन साधनों का महत्त्व ही क्या? जिस त्याग-कल्पना के बल पर वह स्त्रियों के सामने सिर उठाकर चलती थी, उस पर इतना कुठाराघात! इन्हीं लड़कों के पीछे उसने अपनी जवानी धूल में मिला दी। उसके आदमी को मरे आज पाँच साल हुए। तब उसकी चढ़ती जवानी थी। तीन बच्चे भगवान ने उसके गले मढ़ दिए, नहीं अभी वह है कै दिन की। चाहती तो आज वह भी ओठ लाल किए, पाँव में महावर लगाए, अनवट-बिछुए पहने मटकती फिरती। यह सब कुछ उसने इन लड़कों के कारण त्याग दिया और आज मोहन उसे बुढ़िया कहता है! रुपिया उसके सामने खड़ी कर दी जाए, तो चुहिया-सी लगे। फिर भी वह जवान है, और बूटी बुढ़िया है!

बोली–हाँ और क्या। मेरे लिये तो अब फटे चीथड़े पहनने के दिन हैं। जब तेरा बाप मरा तो मैं रुपिया से दो ही चार साल बड़ी थी। उस वक्त कोई घर लेती तो, तुम लोगों का कहीं पता न लगता। गली-गली भीख माँगते फिरते। लेकिन मैं कह देती हूँ, अगर तू फिर उससे बोला तो या तो तू ही घर में रहेगा या मैं ही रहूँगी।

मोहन ने डरते-डरते कहा–मैं उसे बात दे चुका हूँ अम्माँ!

'कैसी बात?'

'सगाई की।'

'अगर रुपिया मेरे घर में आयी तो झाड़ू मारकर निकाल दूँगी। यह सब उसकी माँ की माया है। वह कुटनी मेरे लड़के को मुझसे छीने लेती है। राँड़ से इतना भी नहीं देखा जाता। चाहती है कि उसे सौत बनाकर छाती पर बैठा दे।'

मोहन ने व्यथित कंठ में कहा—अम्माँ, ईश्वर के लिये चुप रहो। क्यों अपना पानी आप खो रही हो। मैंने तो समझा था, चार दिन में मैना अपने घर चली जाएगी, तुम अकेली पड़ जाओगी। इसलिये उसे लाने की बात सोच रहा था। अगर तुम्हें बुरा लगता है तो जाने दो।

'तू आज से यहीं आँगन में सोया कर।'

'और गायें-भैंसें बाहर पड़ी रहेंगी?'

'पड़ी रहने दे, कोई डाका नहीं पड़ा जाता।'

'मुझ पर तुझे इतना सन्देह है?'

'हाँ!'

'तो मैं यहाँ न सोऊँगा।'

'तो निकल जा घर से।'

'हाँ, तेरी यही इच्छा है तो निकल जाऊँगा।'

मैना ने भोजन पकाया। मोहन ने कहा—मुझे भूख नहीं है! बूटी उसे मनाने न आयी। मोहन का युवक-हृदय माता के इस कठोर शासन को किसी तरह स्वीकार नहीं कर सकता। उसका घर है, ले ले। अपने लिये वह कोई दूसरा ठिकाना ढूँढ़ निकालेगा। रुपिया ने उसके रूखे जीवन में एक स्निग्धता भर ही दी थी। जब वह एक अव्यक्त कामना से चंचल हो रहा था, जीवन कुछ सूना-सूना लगता था, रुपिया ने नव वसंत की भाँति आकर उसे पल्लवित कर दिया। मोहन को जीवन में एक मीठा स्वाद मिलने लगा। कोई काम करना होता, पर ध्यान रुपिया की ओर लगा रहता। सोचता, उसे क्या दे दे कि वह प्रसन्न हो जाए! अब वह कौन मुँह लेकर उसके पास जाए? क्या उससे कहे कि अम्माँ ने मुझे तुझसे मिलने को मना किया है? अभी कल ही तो बरगद के नीचे दोनों में कैसी-कैसी बातें हुई थीं। मोहन ने कहा था, रूपा तुम इतनी सुन्दर हो, तुम्हारे सौ ग्राहक निकल आयेंगे। मेरे घर में तुम्हारे लिये क्या रखा है? इस पर रुपिया ने जो जवाब दिया था, वह तो संगीत की तरह अब भी उसके प्राण में बसा हुआ था—मैं तो तुमको चाहती हूँ मोहन, अकेले तुमको। परगने के चौधरी हो जाव, तब भी मोहन हो; मजूरी करो, तब भी मोहन हो। उसी रुपिया से आज वह जाकर कहे—मुझे अब तुमसे कोई सरोकार नहीं है!

नहीं, यह नहीं हो सकता। उसे घर की परवाह नहीं है। वह रूपिया के साथ माँ से अलग रहेगा। इस जगह न सही, किसी दूसरे मुहल्ले में सही। इस वक्त भी रुपिया उसकी राह देख रही होगी। कैसे अच्छे बीड़े लगाती है। कहीं अम्माँ सुन पावें कि वह रात को रुपिया के द्वार पर गया था, तो परान ही दे दें। दे दें परान! अपने भाग तो नहीं बखानतीं कि ऐसी देवी बहू मिली जाती है। न जाने क्यों रुपिया से इतना चिढ़ती है। वह ज़रा पान खा लेती है, ज़रा साड़ी रँगकर पहनती है। बस, यही तो।

चूड़ियों की झंकार सुनाई दी। रुपिया आ रही है! हाँ; वही है।

रुपिया उसके सिरहाने आकर बोली—सो गये क्या मोहन? घड़ी-भर से तुम्हारी राह देख रही हूँ। आये क्यों नहीं?

मोहन नींद का मक्कर किए पड़ा रहा।

रुपिया ने उसका सिर हिलाकर फिर कहा–क्या सो गये मोहन?

उन कोमल उँगलियों के स्पर्श में क्या सिद्धि थी, कौन जाने। मोहन की सारी आत्मा उन्मत्त हो उठी। उसके प्राण मानो बाहर निकलकर रुपिया के चरणों में समर्पित हो जाने के लिये उछल पड़े। देवी वरदान के लिये सामने खड़ी है। सारा विश्व जैसे नाच रहा है। उसे मालूम हुआ जैसे उसका शरीर लुप्त हो गया है, केवल वह एक मधुर स्वर की भाँति विश्व की गोद में चिपटा हुआ उसके साथ नृत्य कर रहा है।

रुपिया ने कहा–अभी से सो गये क्या जी?

मोहन बोला–हाँ, ज़रा नींद आ गयी थी रूपा। तुम इस वक्त क्या करने आयीं? कहीं अम्माँ देख लें, तो मुझे मार ही डालें।

'तुम आज आये क्यों नहीं?'

'आज अम्माँ से लड़ाई हो गयी।'

'क्या कहती थीं?'

'कहती थीं, रुपिया से बोलेगा तो मैं परान दे दूँगी।'

'तुमने पूछा नहीं, रुपिया से क्यों चिढ़ती हो?'

'अब उनकी बात क्या कहूँ रूपा? वह किसी का खाना-पहनना नहीं देख सकतीं। अब मुझे तुमसे दूर रहना पड़ेगा।'

'मेरा जी तो न मानेगा।'

'ऐसी बात करोगी, तो मैं तुम्हें लेकर भाग जाऊँगा।'

'तुम मेरे पास एक बार रोज़ आया करो। बस, और मैं कुछ नहीं चाहती।'

'और अम्माँ जो बिगड़ेंगी।'

'तो मैं समझ गयी। तुम मुझे प्यार नहीं करते।'

'मेरा बस होता, तो तुमको अपने परान में रख लेता।'

इसी समय घर के किवाड़ खटके। रुपिया भाग गयी।

2

मोहन दूसरे दिन सोकर उठा तो उसके हृदय में आनंद का सागर-सा भरा हुआ था। वह सोहन को बराबर डाँटता रहता था। सोहन आलसी था। घर के काम-धंधे में जी न लगाता था। मोहन को देखते ही वह साबुन छिपाकर भाग जाने का अवसर खोजने लगा।

मोहन ने मुस्कराकर कहा–धोती बहुत मैली हो गयी है सोहन? धोबी को क्यों नहीं देते?

सोहन को इन शब्दों में स्नेह की गंध आई।

'धोबिन पैसे माँगती है।'

'तो पैसे अम्माँ से क्यों नहीं माँग लेते?'

'अम्माँ कौन पैसे दिये देती है?'

'तो मुझसे ले लो!'

यह कहकर उसने एक इकन्नी उसकी ओर फेंक दी। सोहन प्रसन्न हो गया। भाई और माता दोनों ही उसे धिक्कारते रहते थे। बहुत दिनों बाद आज उसे स्नेह की मधुरता का स्वाद मिला। इकन्नी उठा ली और धोती को वहीं छोड़कर गाय को खोलकर ले चला।

मोहन ने कहा–रहने दो, मैं इसे लिये जाता हूँ।

सोहन ने पगहिया मोहन को देकर फिर पूछा–तुम्हारे लिये चिलम रख लाऊँ?

जीवन में आज पहली बार सोहन ने भाई के प्रति ऐसा सद्भाव प्रकट किया था। इसमें क्या रहस्य है, यह मोहन की समझ में नहीं आया। बोला–आग हो तो रख आओ।

मैना सिर के बाल खोले आँगन में बैठी घरौंदा बना रही थी। मोहन को देखते ही उसने घरौंदा बिगाड़ दिया और अंचल से बाल छिपाकर रसोईघर में बरतन उठाने चली।

मोहन ने पूछा–क्या खेल रही थी मैना?

मैना डरी हुई बोली–कुछ नहीं तो।

'तू तो बहुत अच्छे घरौंदे बनाती है। ज़रा बना, देखूँ।'

मैना का रुआँसा चेहरा खिल उठा। प्रेम के शब्द में कितना जादू है! मुँह से निकलते ही जैसे सुगंध फैल गयी। जिसने सुना, उसका हृदय खिल उठा। जहाँ भय था, वहाँ विश्वास चमक उठा। जहाँ कटुता थी, वहाँ अपनापन छलक पड़ा। चारों ओर चेतनता दौड़ गयी। कहीं आलस्य नहीं, कहीं खिन्नता नहीं। मोहन का हृदय आज प्रेम से भरा हुआ है। उसमें सुगंध का विकर्षण हो रहा है।

मैना घरौंदा बनाने बैठ गयी।

मोहन ने उसके उलझे हुए बालों को सुलझाते हुए कहा–तेरी गुड़िया का ब्याह कब होगा मैना, नेवता दे, कुछ मिठाई खाने को मिले।

मैना का मन आकाश में उड़ने लगा। जब भैया पानी माँगे, तो वह लोटे को राख से ख़ूब चमाचम करके पानी ले जाएगी।

'अम्माँ पैसे नहीं देतीं। गुड्डा तो ठीक हो गया है। टीका कैसे भेजूँ?'

'कितने पैसे लेगी?'

'एक पैसे के बतासे लूँगी और एक पैसे का रंग। जोड़े तो रँगे जायेंगे कि नहीं?'

'तो दो पैसे में तेरा काम चल जाएगा?'

'हाँ, दो पैसे दे दो भैया, तो मेरी गुड़िया का ब्याह धूमधाम से हो जाए।'

मोहन ने दो पैसे हाथ में लेकर मैना को दिखाए। मैना लपकी, मोहन ने हाथ ऊपर उठाया, मैना ने हाथ पकड़कर नीचे खींचना शुरू किया। मोहन ने उसे गोद में उठा लिया।

मैना ने पैसे ले लिये और नीचे उतरकर नाचने लगी। फिर अपनी सहेलियों को विवाह का नेवता देने के लिये भागी।

उसी वक्त बूटी गोबर का झाँवा लिये आ पहुँची। मोहन को खड़े देखकर कठोर स्वर में बोली–अभी तक मटरगस्ती ही हो रही है। भैंस कब दुही जाएगी?

आज बूटी को मोहन ने विद्रोह-भरा जवाब न दिया। जैसे उसके मन में माधुर्य का कोई सोता-सा खुल गया हो। माता को गोबर का बोझ लिये देखकर उसने झाँवा उसके सिर से उतार लिया।

बूटी ने कहा–रहने दे, रहने दे, जाकर भैंस दुह, मैं तो गोबर लिये जाती हूँ।

'तुम इतना भारी बोझ क्यों उठा लेती हो, मुझे क्यों नहीं बुला लेतीं?'

माता का हृदय वात्सल्य से गद्गद हो उठा।

'तू जा अपना काम देख। मेरे पीछे क्यों पड़ता है!'

'गोबर निकालने का काम मेरा है।'

'और दूध कौन दुहेगा?'

'वह भी मैं करूँगा!'

'तू इतना बड़ा जोधा है कि सारे काम कर लेगा!'

'जितना कहता हूँ, उतना कर लूँगा।'

'तो मैं क्या करूँगी?'

'तुम लड़कों से काम लो, जो तुम्हारा धर्म है।'

'मेरी सुनता है कोई?'

3

आज मोहन बाज़ार से दूध पहुँचाकर लौटा, तो पान, कत्था, सुपारी, एक छोटा-सा पानदान और थोड़ी-सी मिठाई लाया। बूटी बिगड़कर बोली–आज पैसे कहीं फालतू मिल गये थे क्या? इस तरह उड़ावेगा तो कै दिन निबाह होगा?

'मैंने तो एक पैसा भी नहीं उड़ाया अम्माँ। पहले मैं समझता था, तुम पान खाती ही नहीं।'

'तो अब मैं पान खाऊँगी!'

'हाँ, और क्या! जिसके दो-दो जवान बेटे हों, क्या वह इतना शौक भी न करे?'

बूटी के सूखे कठोर हृदय में कहीं से कुछ हरियाली निकल आई, एक नन्ही-सी कोंपल थी; उसके अन्दर कितना रस था। उसने मैना और सोहन को एक-एक मिठाई दे दी और एक मोहन को देने लगी।

'मिठाई तो लड़कों के लिये लाया था अम्माँ।'

'और तू तो बूढ़ा हो गया, क्यों?'

'इन लड़कों के सामने तो बूढ़ा ही हूँ।'

'लेकिन मेरे सामने तो लड़का ही है।'

मोहन ने मिठाई ले ली। मैना ने मिठाई पाते ही गप से मुँह में डाल ली थी। वह केवल मिठाई का स्वाद जीभ पर छोड़कर कब की गायब हो चुकी थी। मोहन को ललचाई आँखों से देखने लगी। मोहन ने आधा लड्डू तोड़कर मैना को दे दिया। एक मिठाई दोने में बची थी। बूटी ने उसे मोहन की तरफ़ बढ़ाकर कहा—लाया भी तो इतनी सी मिठाई। यह ले ले।

मोहन ने आधी मिठाई मुँह में डालकर कहा—वह तुम्हारा हिस्सा है अम्माँ।

'तुम्हें खाते देखकर मुझे जो आनंद मिलता है। उसमें मिठास से ज़्यादा स्वाद है।'

उसने आधी मिठाई सोहन और आधी मोहन को दे दी; फिर पानदान खोलकर देखने लगी। आज जीवन में पहली बार उसे यह सौभाग्य प्राप्त हुआ। धन्य भाग कि पति के राज में जिस विभूति के लिये तरसती रही, वह लड़के के राज में मिली। पानदान में कई कुल्हियाँ हैं। और देखो, दो छोटी-छोटी चिमचियाँ भी हैं; ऊपर कड़ा लगा हुआ है, जहाँ चाहो, लटकाकर ले जाओ। ऊपर की तश्तरी में पान रखे जायेंगे।

ज्यों ही मोहन बाहर चला गया, उसने पानदान को माँज-धोकर उसमें चूना, कत्था भरा, सुपारी काटी, पान को भिगोकर तश्तरी में रखा। तब एक बीड़ा लगाकर खाया। उस बीड़े के रस ने जैसे उसके वैधव्य की कटुता को स्निग्ध कर दिया। मन की प्रसन्नता व्यवहार में उदारता बन जाती है। अब वह घर में नहीं बैठ सकती। उसका मन इतना गहरा नहीं कि इतनी बड़ी विभूति उसमें जाकर गुम हो जाए। एक पुराना आईना पड़ा हुआ था। उसने उसमें मुँह देखा। ओठों पर लाली है। मुँह लाल करने के लिये उसने थोड़े ही पान खाया है।

धनिया ने आकर कहा—काकी, तनिक रस्सी दे दो, मेरी रस्सी टूट गयी है।

कल बूटी ने साफ कह दिया होता, मेरी रस्सी गाँव-भर के लिये नहीं है। रस्सी टूट गयी है तो बनवा लो। आज उसने धनिया को रस्सी निकालकर प्रसन्न मुख से दे दी और सद्भाव से पूछा—लड़के के दस्त बंद हुए कि नहीं धनिया?

धनिया ने उदास मन से कहा—नहीं काकी, आज तो दिन-भर दस्त आए। जाने दाँत आ रहे हैं।

'पानी भर ले तो चल ज़रा देखूँ, दाँत ही हैं कि कुछ और फसाद है। किसी की नज़र-वजर तो नहीं लगी?'

'अब क्या जाने काकी, कौन जाने किसी की आँख फूटी हो?'

'चोंचाल लड़कों को नज़र का बड़ा डर रहता है।'

'जिसने चुमकारकर बुलाया, झट उसकी गोद में चला जाता है। ऐसा हँसता है कि तुमसे क्या कहूँ!'

'कभी-कभी माँ की नज़र भी लग जाया करती है।'

'ऐ नौज काकी, भला कोई अपने लड़के को नज़र लगाएगा!'

'यही तो तू समझती नहीं। नज़र आप ही लग जाती है।'

धनिया पानी लेकर आयी, तो बूटी उसके साथ बच्चे को देखने चली।

'तू अकेली है। आजकल घर के काम-धंधे में बड़ा अंडस होता होगा।'

'नहीं काकी, रुपिया आ जाती है, घर का कुछ काम कर देती है, नहीं अकेले तो मेरी मरन हो जाती।'

बूटी को आश्चर्य हुआ। रुपिया को उसने केवल तितली समझ रखा था।

'रुपिया!'

'हाँ काकी, बेचारी बड़ी सीधी है। झाड़ू लगा देती है, चौका-बरतन कर देती है, लड़के को सँभालती है। गाढ़े समय कौन, किसी की बात पूछता है काकी!'

'उसे तो अपने मिस्सी-काजल से छुट्टी न मिलती होगी।'

'यह तो अपनी-अपनी रुचि है काकी! मुझे तो इस मिस्सी-काजल वाली ने जितना सहारा दिया, उतना किसी भक्तिन ने न दिया। बेचारी रात-भर जागती रही। मैंने कुछ दे तो नहीं दिया। हाँ, जब तक जीऊँगी, उसका जस गाऊँगी।'

'तू उसके गुन अभी नहीं जानती धनिया। पान के लिये पैसे कहाँ से आते हैं? किनारदार साड़ियाँ कहाँ से आती हैं?'

'मैं इन बातों में नहीं पड़ती काकी! फिर शौक-सिंगार करने को किसका जी नहीं चाहता? खाने-पहनने की यही तो उमिर है।'

धनिया ने बच्चे को खटोले पर सुला दिया। बूटी ने बच्चे के सिर पर हाथ रखा, पेट में धीरे-धीरे उँगली गड़ाकर देखा। नाभी पर हींग का लेप करने को कहा। रुपिया बेनिया लाकर उसे झलने लगी।

बूटी ने कहा—ला बेनिया मुझे दे दे।

'मैं डुला दूँगी तो क्या छोटी हो जाऊँगी?'

'तू दिन-भर यहाँ काम-धंधा करती है। थक गयी होगी।'

'तुम इतनी भलीमानस हो और यहाँ लोग कहते थे, वह बिना गाली के बात नहीं करती। मारे डर के तुम्हारे पास न आयी।'

बूटी मुस्करायी।

'लोग झूठ तो नहीं कहते।'

'मैं आँखों की देखी मानूँ कि कानों की सुनी?'

आज वही रुपिया आँखों में काजल लगाये, पान खाये, रँगी साड़ी पहने हुए थी; किन्तु आज बूटी को मालूम हुआ, इस फूल में केवल रंग नहीं है, सुगंध भी है। उसके मन में रुपिया से घृणा हो गयी थी, वह किसी दैवी मन्त्र से धुल-सी गयी। कितनी सुशील लड़की है, कितनी लजाधुर! बोली कितनी मीठी है। आजकल की लड़कियाँ अपने बच्चों की तो परवाह

नहीं करतीं, दूसरों के लिये कौन मरता है! सारी रात धनिया के लड़के को लिये जागती रही! मोहन ने कल की बात इससे कह तो दी होगी। दूसरी लड़की होती, तो मेरी ओर से मुँह फेर लेती मुझे जलाती, मुझसे ऐंठती। इसे तो जैसे कुछ मालूम ही न हो। हो सकता है कि मोहन ने इससे कुछ कहा ही न हो। हाँ, यही बात है।

आज रुपिया बूटी को बड़ी सुन्दर लगी। ठीक तो है, अभी शौक-सिंगार न करेगी तो कब करेगी? शौक-सिंगार इसलिये बुरा लगता है कि ऐसे आदमी अपने भोग-विलास में मस्त रहते हैं। किसी के घर में आग लग जाए, उनसे मतलब नहीं। उनका काम तो खाली दूसरों को रिझाना है। जैसे अपने रूप की दुकान सजाए, राह-चलतों को बुलाती हों कि ज़रा इस दुकान की सैर भी करते जाइए। ऐसे उपकारी प्राणियों का सिंगार बुरा नहीं लगता। नहीं, बल्कि और अच्छा लगता है। इससे मालूम होता है कि इसका रूप जितना सुन्दर है, उतना ही मन भी सुन्दर है; फिर कौन नहीं चाहता कि लोग उनके रूप की बखान करें। किसे दूसरों की आँखों में छुप जाने की लालसा नहीं होती? बूटी का यौवन कब का विदा हो चुका; फिर भी यह लालसा उसे बनी हुई है। कोई उसे रस-भरी आँखों से देख लेता है, तो उसका मन कितना प्रसन्न हो जाता है। ज़मीन पर पाँव नहीं पड़ते। फिर रूपा तो अभी जवान है।

उस दिन से रूपा प्रायः दो-एक बार नित्य बूटी के घर आती। बूटी ने मोहन से आग्रह करके उसके लिये अच्छी-सी साड़ी मँगवा दी। अगर रूपा कभी बिना काजल लगाए या बेरंगी साड़ी पहने आ जाती, तो बूटी कहती-बहू-बेटियों को यह जोगिया भेस अच्छा नहीं लगता। यह भेस तो हम जैसी बूढ़ियों के लिये है।

रूपा ने एक दिन कहा—तुम बूढ़ी काहे से हो गयी अम्माँ! लोगों को इशारा मिल जाए, तो भौंरों की तरह तुम्हारे द्वार पर धरना देने लगें।

बूटी ने मीठे तिरस्कार से कहा—चल, मैं तेरी माँ की सौत बनकर जाऊँगी?

'अम्माँ तो बूढ़ी हो गयी।'

'तो क्या तेरे दादा अभी जवान बैठे हैं?'

'हाँ ऐसा, बड़ी अच्छी मिट्टी है उनकी।'

बूटी ने उसकी ओर रस-भरी आँखों से देखकर पूछा—अच्छा बता, मोहन से तेरा ब्याह कर दूँ?

रूपा लजा गयी। मुख पर गुलाब की आभा दौड़ गयी।

आज मोहन दूध बेचकर लौटा तो बूटी ने कहा—कुछ रुपये-पैसे जुटा, मैं रूपा से तेरी बातचीत कर रही हूँ।

दिल की रानी

जिन वीर तुर्कों के प्रखर प्रताप से ईसाई-दुनिया काँप रही थी, उन्हीं का रक्त आज कुस्तुन्तुनिया की गलियों में बह रहा है। वही कुस्तुन्तुनिया जो सौ साल पहले तुर्कों के आतंक से आहत हो रहा था, आज उनके गर्म रक्त से अपना कलेजा ठंडा कर रहा है। और तुर्की सेनापति एक लाख सिपाहियों के साथ तैमूरी तेज़ के सामने अपनी क़िस्मत का फ़ैसला सुनने के लिये खड़ा है।

तैमूर ने विजय से भरी आँखें उठाई और सेनापति यजदानी की ओर देखकर सिंह के समान गरजा–क्या चाहते हो ज़िन्दगी या मौत?

यजदानी ने गर्व से सिर उठाकर कहा–इज़्ज़त की ज़िन्दगी मिले तो ज़िन्दगी, वरना मौत।

तैमूर का क्रोध प्रचंड हो उठा। उसने बड़े-बड़े अभिमानियों का सिर नीचा कर दिया था। यह जवाब इस अवसर पर सुनने की उसे ताव न थी। इन एक लाख आदमियों की जान उसकी मुट्ठी में है। इन्हें वह एक क्षण में मसल सकता है। उस पर इतना अभिमान! इज़्ज़त की ज़िन्दगी! इसका यही तो अर्थ है कि ग़रीबों का जीवन अमीरों के भोग-विलास पर बलिदान किया जाय, वही शराब की मजलिसें, वही अरमीनिया और काफ की परियाँ। नहीं, तैमूर ने ख़लीफ़ा बायजीद का घमंड इसलिये नहीं तोड़ा है कि तुर्कों को फिर उसी मदांध स्वाधीनता में इस्लाम का नाम डुबाने को छोड़ दे। तब उसे इतना रक्त बहाने की क्या ज़रूरत थी। मानव-रक्त का प्रवाह संगीत का प्रवाह नहीं, रस का प्रवाह नहीं–एक बीभत्स दृश्य है, जिसे देखकर आँखें मुँह फेर लेती हैं दृश्य सिर झुका लेता है। तैमूर हिंसक पशु नहीं है, जो यह दृश्य देखने के लिये अपने जीवन की बाजी लगा दे।

वह अपने शब्दों में धिक्कार भरकर बोला–जिसे तुम इज़्ज़त की ज़िन्दगी कहते हो, वह गुनाह और ज़हन्नुम की ज़िन्दगी है।

यजदानी को तैमूर से दया या क्षमा की आशा न थी। उसकी या उसके योद्धाओं की जान किसी तरह नहीं बच सकती। फिर यह क्यों दबे और क्यों न जान पर खेलकर तैमूर के प्रति उसके मन में जो घृणा है, उसे प्रकट कर दे। उसने एक बार कातर नेत्रों से उस रूपवान युवक की ओर देखा, जो उसके पीछे खड़ा, जैसे अपनी जवानी की लगाम खींच रहा था। सान पर चढ़े हुए, इस्पात के समान उसके अंग-अंग से अतुल क्रोध की चिनगारियाँ निकल रही थीं। यजदानी ने उसकी सूरत देखी और जैसे अपनी खींची हुई तलवार म्यान में कर ली और खून के घूँट पीकर बोला–ज़हाँपनाह इस वक्त फ़तहमंद हैं, लेकिन अपराध क्षमा हो तो

कह दूँ कि अपने जीवन के विषय में तुर्कों को तातारियों से उपदेश लेने की ज़रूरत नहीं। दुनिया से अलग, तातार के ऊसर मैदानों में न त्याग और व्रत की उपासना की जा सकती है और न मयस्सर होने वाले पदार्थों का बहिष्कार किया जा सकता है; पर जहाँ ख़ुदा ने नेमतों की वर्षा की हो, वहाँ उन नेमतों का भोग न करना नाशुक्री है। अगर तलवार ही सभ्यता की सनद होती, तो गाल कौम रोमनों से कहीं ज़्यादा सभ्य होती।

तैमूर ज़ोर से हँसा और उसके सिपाहियों ने तलवारों पर हाथ रख लिये। तैमूर का ठहाका मौत का ठहाका था या गिरनेवाले वज्र का तड़ाका।

'तातारवाले पशु हैं क्यों?'

'मैं यह नहीं कहता।'

'तुम कहते हो, ख़ुदा ने तुम्हें ऐश करने के लिये पैदा किया है। मैं कहता हूँ, यह क़ुफ्र है। ख़ुदा ने इन्सान को बंदगी के लिये पैदा किया है और इसके ख़िलाफ़ जो कोई कुछ करता है, वह काफ़िर है, ज़हन्नुमी है। रसूलेपाक हमारी ज़िन्दगी को पाक करने के लिये, हमें सच्चा इन्सान बनाने के लिये आये थे, हमें हराम की तालीम देने नहीं। तैमूर दुनिया को इस क़ुफ्र से पाक कर देने का बीड़ा उठा चुका है। रसूलेपाक के क़दमों की क़सम, मैं बेरहम नहीं हूँ, ज़ालिम नहीं हूँ, ख़ूँख्वार नहीं हूँ, लेकिन क़ुफ्र की सज़ा मेरे ईमान में मौत के सिवा कुछ नहीं है।'

उसने तातारी सिपहसालार की तरफ़ क़ातिल नज़रों से देखा और तत्क्षण एक देव-सा आदमी तलवार सौंतकर यजदानी के सिर पर आ पहुँचा। तातारी सेना भी तलवारें खींच-खींचकर तुर्की सेना पर टूट पड़ी और दम-के-दम में कितनी ही लाशें ज़मीन पर फड़कने लगीं।

2

सहसा वही रूपवान युवक, जो यजदानी के पीछे खड़ा था, आगे बढ़कर तैमूर के सामने आया और जैसे मौत को अपनी दोनों बँधी हुई मुट्ठियों में मसलता हुआ बोला—ऐ अपने को मुसलमान कहने वाले बादशाह! क्या यही वह इस्लाम है, जिसकी तबलीग का तूने बीड़ा उठाया है? इस्लाम की यही तालीम है कि तू उन बहादुरों का इस बेदर्दी से ख़ून बहाये, जिन्होंने इसके सिवा कोई गुनाह नहीं किया कि अपने ख़लीफ़ा और मुल्क की हिमायत की।

चारों तरफ़ सन्नाटा छा गया। एक युवक, जिसकी अभी मसें भी न भीगी थीं; तैमूर जैसे तेजस्वी बादशाह का इतने खुले हुए शब्दों में तिरस्कार करे और उसकी जबान तालू से न खिंचवा ली जाय! सभी स्तंभित हो रहे थे और तैमूर सम्मोहित सा बैठा, उस युवक की ओर ताक रहा था।

युवक ने तातारी सिपाहियों की तरफ़, जिनके चेहरों पर कुतूहलमय प्रोत्साहन झलक रहा था, देखा और बोला—तू इन मुसलमानों को काफ़िर कहता है और समझता है कि तू इन्हें क़त्ल करके ख़ुदा और इस्लाम की ख़िदमत कर रहा है? मैं तुमसे पूछता हूँ, अगर वह लोग जो ख़ुदा के सिवा और किसी के सामने सिजदा नहीं करते, जो रसूलेपाक को अपना रहबर समझते हैं, मुसलमान नहीं हैं तो कौन मुसलमान है? मैं कहता हूँ, हम काफ़िर सही लेकिन तेरे तो हैं, क्या इस्लाम जंजीरों में बँधे हुए क़ैदियों के क़त्ल की इज़ाजत देता

है? ख़ुदा ने अगर तुझे ताकत दी है, अख़्तियार दिया है तो क्या इसीलिये कि तू ख़ुदा के बंदों का ख़ून बहाये? क्या गुनाहग़ारों को क़त्ल करके तू उन्हें सीधे रास्ते पर ले जायगा? तूने कितनी बेरहमी से सत्तर हज़ार बहादुर तुर्कों को धोखा देकर सुरंग से उड़वा दिया और उनके मासूम बच्चों और निरपराध स्त्रियों को अनाथ कर दिया, तुझे कुछ अनुमान है। क्या यही कारनामे हैं, जिन पर तू अपने मुसलमान होने का गर्व करता है। क्या इसी क़त्ल, ख़ून और बहते दरिया से तू दुनिया में अपना नाम रोशन करेगा? तूने तुर्कों के ख़ून बहते दरिया में अपने घोड़ों के सुम नहीं भिगाये हैं, बल्कि इस्लाम को जड़ से खोदकर फेंक दिया है। यह वीर तुर्कों का ही आत्मोत्सर्ग है, जिसने यूरोप में इस्लाम की तौहीद फैलाई। आज सोफिया के गिरजे में तुझे अल्लाहो अकबर की सदा सुनाई दे रही है, सारा यूरोप इस्लाम का स्वागत करने को तैयार है। क्या यह कारनामे इसी लायक हैं कि उनका यह इनाम मिले। इस ख़्याल को दिल से निकाल दे कि तू ख़ूँरेजी से इस्लाम की ख़िदमत कर रहा है। एक दिन तुझे भी परवरदिगार के सामने अपने कर्मों का जवाब देना पड़ेगा और तेरा कोई उज्र न सुना जायगा; क्योंकि अगर तुझमें अब भी नेक और बद की तमीज बाकी है, तो अपने दिल से पूछ। तूने यह ज़िहाद ख़ुदा की राह में किया या अपनी हविस के लिये और मैं जानता हूँ, तुझे जो जवाब मिलेगा, वह तेरी गर्दन शर्म से झुका देगा।

खलीफ़ा अभी सिर झुकाये ही था कि यजदानी ने काँपते हुए शब्दों में अर्ज़ किया—ज़हाँपनाह, यह गुलाम का लड़का है। इसके दिमाग़ में कुछ फ़ितूर है। हुज़ूर इसकी गुस्ताख़ियों को मुआफ़ करें। मैं उसकी सज़ा झेलने को तैयार हूँ।

तैमूर उस युवक के चेहरे की तरफ़ स्थिर नेत्रों से देख रहा था। आज जीवन में पहली बार उसे निर्भीक शब्दों को सुनने का अवसर मिला। उसके सामने बड़े-बड़े सेनापतियों, मंत्रियों और बादशाहों की जबान न खुलती थी। वह जो कुछ कहता था, वही क़ानून था, किसी को उसमें चूँ करने की ताकत न थी। उनकी ख़ुशामदों ने उसकी अहमन्यता को आसमान पर चढ़ा दिया था। उसे विश्वास हो गया था कि ख़ुदा ने इस्लाम को जगाने और सुधारने के लिये ही उसे दुनिया में भेजा है। उसने पैगंबरी का दावा तो नहीं किया, पर उसके मन में यह भावना दृढ़ हो गयी थी; इसलिये जब आज एक युवक ने प्राणों का मोह छोड़कर उसकी कीर्ति का पर्दा खोल दिया, तो उसकी चेतना जैसे जाग उठी। उसके मन में क्रोध और हिंसा की जगह श्रद्धा का उदय हुआ। उसकी आँखों का एक इशारा इस युवक की ज़िन्दगी का चिराग गुल कर सकता था। उसकी संसार विजयिनी शक्ति के सामने यह दुधमुँहा बालक मानो अपने नन्हे-नन्हे हाथों से समुद्र के प्रवाह को रोकने के लिये खड़ा हो। कितना हास्यास्पद साहस था; पर उसके साथ ही कितना आत्मविश्वास से भरा हुआ। तैमूर को ऐसा जान पड़ा कि इस निहत्थे बालक के सामने वह कितना निर्बल है। मनुष्य में ऐसे साहस का एक ही स्रोत हो सकता है और वह सत्य पर अटल विश्वास है। उसकी आत्मा दौड़कर उस युवक के दामन से चिपट जाने के लिये अधीर हो गयी। वह दार्शनिक न था, जो सत्य में शंका करता है। वह सरल सैनिक था, जो असत्य को भी विश्वास के साथ सत्य बना देता है।

यजदानी ने उसी स्वर में कहा—ज़हाँपनाह, इसकी बदजबानी का ख़्याल न फ़रमावें।

तैमूर ने तुरंत तख़्त से उठकर यजदानी को गले से लगा लिया और बोला—काश, ऐसी गुस्ताख़ियों और बदज़बानियों के सुनने का पहले इत्तफाक होता, तो आज इतने बेगुनाहों का ख़ून मेरी गर्दन पर न होता। मुझे इस जवान में किसी फ़रिश्ते की रूह का जलवा नज़र आता है, जो मुझ जैसे गुमराहों को सच्चा रास्ता दिखाने के लिये भेजी गयी है। मेरे दोस्त, तुम ख़ुशनसीब हो कि ऐसे फ़रिश्ता-सिफत बेटे के बाप हो। क्या मैं उसका नाम पूछ सकता हूँ?

यजदानी पहले आतशपरस्त था, पीछे मुसलमान हो गया था; पर अभी तक कभी-कभी उसके मन में शंकाएँ उठती रहती थीं कि उसने क्यों इस्लाम क़बूल किया। जो क़ैदी फाँसी के तख़्ते पर खड़ा सूखा जा रहा था कि एक क्षण में रस्सी उसकी गर्दन में पड़ेगी और वह लटकता रह जायगा, उसे जैसे किसी फ़रिश्ते ने गोद में ले लिया। वह गद्‌गद कंठ से बोला—उसे हबीब कहते हैं।

तैमूर ने युवक के सामने जाकर उसका हाथ पकड़ लिया और उसे आँखों से लगाता हुआ बोला—मेरे जवान दोस्त, तुम सचमुच ख़ुदा के हबीब हो, मैं वह गुनाहग़ार हूँ, जिसने अपनी जहालत में हमेशा अपने गुनाहों को सवाब समझा, इसलिये कि मुझसे कहा जाता था, तेरी जात बेऐब है। आज मुझे यह मालूम हुआ कि मेरे हाथों इस्लाम को कितना नुकसान पहुँचा। आज से मैं तुम्हारा ही दामन पकड़ता हूँ। तुम्हीं मेरे खिज्र, तुम्हीं मेरे रहनुमा हो। मुझे यक़ीन हो गया कि तुम्हारे ही वसीले से मैं ख़ुदा की दरगाह तक पहुँच सकता हूँ।

यह कहते हुए उसने युवक के चेहरे पर नज़र डाली, तो उस पर शर्म की लाली छायी हुई थी। उस कठोरता की जगह मधुर संकोच झलक रहा था।

युवक ने सिर झुकाकर कहा—यह हुज़ूर की कदरदानी है, वरना मेरी क्या हस्ती है।

तैमूर ने उसे खींचकर अपनी बगल के तख़्त पर बिठा दिया और अपने सेनापति को हुक्म दिया, सारे तुर्क क़ैदी छोड़ दिये जायें उनके हथियार वापस कर दिये जायँ और जो माल लूटा गया है, वह सिपाहियों में बराबर बाँट दिया जाय।

वजीर तो इधर इस हुक्म की तामील करने लगा, उधर तैमूर हबीब का हाथ पकड़े हुए अपने खेमे में गया और दोनों मेहमानों की दावत का प्रबंध करने लगा। और जब भोजन समाप्त हो गया, तो उसने अपने जीवन की सारी कथा रो-रोकर कह सुनाई, जो आदि से अंत तक मिश्रित पशुता और बर्बरता के कृत्यों से भरी हुई थी। और उसने यह सब कुछ इस भ्रम में किया कि वह ईश्वरीय आदेश का पालन कर रहा है। वह ख़ुदा को कौन मुँह दिखायेगा। रोते-रोते उसकी हिचकियाँ बँध गयीं।

अंत में उसने हबीब से कहा—मेरे जवान दोस्त अब मेरा बेड़ा आप ही पार लगा सकते हैं। आपने मुझे राह दिखाई है तो मंज़िल पर पहुँचाइए। मेरी बादशाहत को अब आप ही सँभाल सकते हैं। मुझे अब मालूम हो गया कि मैं उसे तबाही के रास्ते पर लिये जाता था। मेरी आपसे यही इल्तज़ा (प्रार्थना) है कि आप उसकी वज़ारत कबूल करें। देखिये, ख़ुदा के लिये इंकार न कीजिएगा, वरना मैं कहीं का नहीं रहूँगा।

यजदानी ने अरज की—हुज़ूर इतनी कदरदानी फरमाते हैं, तो आपकी इनायत है, लेकिन अभी इस लड़के की उम्र ही क्या है। वजारत की ख़िदमत यह क्या अंजाम दे सकेगा। अभी तो इसकी तालीम के दिन हैं।

इधर से इंकार होता रहा और उधर तैमूर आग्रह करता रहा। यजदानी इंकार तो कर रहे थे, पर छाती फूली जाती थी। मूसा आग लेने गये थे, पैगंबरी मिल गयी। कहाँ मौत के मुँह में जा रहे थे, वजारत मिल गयी, लेकिन यह शंका भी थी कि ऐसे अस्थिर-चित्त आदमी का क्या ठिकाना? आज ख़ुश हुए, वज़ारत देने को तैयार हैं, कल नाराज़ हो गये तो जान की ख़ैरियत नहीं। उन्हें हबीब की लियाकत पर भरोसा था, फिर भी जी डरता था कि बिराने देश में न जाने कैसी पड़े, कैसी न पड़े। दरबार वालों में षड्यंत्र होते ही रहते हैं। हबीब नेक है, समझदार है, अवसर पहचानता है; लेकिन वह तजरबा कहाँ से लायेगा, जो उम्र ही से आता है।

उन्होंने इस प्रश्न पर विचार करने के लिये एक दिन की मुहलत माँगी और रुख़सत हुए।

3

हबीब यजदानी का लड़का नहीं लड़की थी। उसका नाम उम्म तुल हबीब था। जिस वक्त यजदानी और उसकी पत्नी मुसलमान हुए, तो लड़की की उम्र कुल बारह साल की थी, पर प्रकृति ने उसे बुद्धि और प्रतिभा के साथ विचार-स्वातंत्र्य भी प्रदान किया था। वह जब तक सत्यासत्य की परीक्षा न कर लेती, कोई बात स्वीकार न करती। माँ-बाप के धर्म-परिवर्तन से उसे अशांति तो हुई, पर जब तक इस्लाम का अच्छी तरह अध्ययन न कर ले, वह केवल माँ-बाप को ख़ुश करने के लिये इस्लाम की दीक्षा नहीं ले सकती थी। माँ-बाप भी उस पर किसी तरह का दबाव न डालना चाहते थे। जैसे उन्हें अपने धर्म को बदल देने का अधिकार है, वैसे ही उसे अपने धर्म पर आरूढ़ रहने का भी अधिकार है। लड़की को संतोष हुआ; लेकिन उसने इस्लाम और जरतुश्त धर्म—दोनों ही का तुलनात्मक अध्ययन आरंभ किया और पूरे दो साल के अन्वेषण और परीक्षण के बाद उसने भी इस्लाम की दीक्षा ले ली। माता-पिता फूले न समाये। लड़की उनके दबाव से मुसलमान नहीं हुई है, बल्कि स्वेच्छा से, स्वाध्याय से और ईमान से। दो साल तक उन्हें जो शंका घेरे रहती थी, वह मिट गयी।

यजदानी के कोई पुत्र न था और उस युग में जब कि आदमी की तलवार ही सबसे बड़ी अदालत थी, पुत्र का न रहना संसार का सबसे बड़ा दुर्भाग्य था। यजदानी बेटे का अरमान बेटी से पूरा करने लगा। लड़कों ही की भाँति उसकी शिक्षा-दीक्षा होने लगी। वह बालकों के से कपड़े पहनती, घोड़े पर सवार होती, शस्त्र-विद्या सीखती और अपने बाप के साथ अक्सर ख़लीफ़ा बायजीद के महलों में जाती और राजकुमारी के साथ शिकार खेलने जाती। इसके साथ ही वह दर्शन, काव्य, विज्ञान और अध्यात्म का भी अभ्यास करती थी। यहाँ तक कि सोलहवें वर्ष में वह फ़ौजी विद्यालय में दाख़िल हो गयी और दो साल के अन्दर वहाँ की सबसे ऊँची परीक्षा पास करके फ़ौज में नौकर हो गयी। शस्त्र-विद्या और सेना-संचालन कला में इतनी निपुण थी और ख़लीफ़ा बायजीद उसके चरित्र से इतना प्रसन्न था कि पहले ही पहल उसे एक हजारी मनसब मिल गया।

ऐसी युवती के चाहने वालों की क्या कमी? उसके साथ के कितने ही अफ़सर, राज परिवार के कितने ही युवक उस पर प्राण देते थे; पर कोई उसकी नज़रों में न जँचता था। नित्य ही निकाह के पैगाम आते थे, पर वह हमेशा इंकार कर देती थी। वैवाहिक जीवन ही से उसे अरुचि थी-कि युवतियाँ कितने अरमानों से ब्याह कर लायी जाती हैं और फिर कितने निरादर से महलों में बंद कर दी जाती है। उनका भाग्य पुरुषों की दया के अधीन है। अक्सर ऊँचे घरानों की महिलाओं से उसको मिलने-जुलने का अवसर मिलता था। उनके मुख से उनकी करुण कथा सुनकर वह वैवाहिक पराधीनता से और भी घृणा करने लगती थी। और यजदानी उसकी स्वाधीनता में बिलकुल बाधा न देता था। लड़की स्वाधीन है, उसकी इच्छा हो, विवाह करे या क्वाँरी रहे, वह अपनी आप मुखतार है। उसके पास पैगाम आते, तो वह साफ जवाब दे देता—मैं इस बारे में कुछ नहीं जानता, इसका फैसला वही करेगी। यद्यपि एक युवती का पुरुष वेष में रहना, युवकों से मिलना-जुलना, समाज में आलोचना का विषय था, पर यजदानी और उसकी स्त्री दोनों ही को उसके सतीत्व पर विश्वास था, हबीब के व्यवहार और आचार में उन्हें कोई ऐसी बात नज़र न आती थी, जिससे उन्हें किसी तरह की शंका होती। यौवन की आँधी और लालसाओं के तूफ़ान में वह चौबीस वर्षों की वीरबाला अपने हृदय की सम्पत्ति लिये अटल और अजेय खड़ी थी, मानो सभी युवक उसके सगे भाई हैं।

4

कुस्तुन्तुनिया में कितनी ख़ुशियाँ मनायी गयीं, हबीब का कितना सम्मान और स्वागत हुआ, उसे कितनी बधाइयाँ मिली, यह सब लिखने की बात नहीं। शहर तबाह हुआ जाता था। सम्भव था आज उसके महलों और बाज़ारों से आग की लपटें निकलती होतीं। राज्य और नगर को उस कल्पनातीत विपत्ति से बचाने वाला आदमी कितने आदर, प्रेम, श्रद्धा और उल्लास का पात्र होगा, इसकी तो कल्पना भी नहीं की जा सकती। उस पर कितने फूलों और कितने लाल-जवाहरों की वर्षा हुई, इसका अनुमान तो कोई कवि ही कर सकता है। और नगर की महिलाएँ हृदय के अक्षय भंडार से असीसें निकाल-निकालकर उस पर लुटाती थी और गर्व से फूली हुई उसका मुँह निहारकर अपने को धन्य मानती थीं। उसने देवियों का मस्तक ऊँचा कर दिया था।

रात को तैमूर के प्रस्ताव पर विचार होने लगा। सामने गद्देदार कुर्सी पर यजदानी था—सौम्य, विशाल और तेजस्वी। उसकी दाहिनी तरफ़ उसकी पत्नी थी, ईरानी लिबास में, आँखों में दया और विश्वास की ज्योति भरे हुए। बायीं तरफ़ उम्मुतुल हबीब थी, जो इस समय रमणी-वेष में मोहिनी बनी हुई थी, ब्रह्मचर्य के तेज़ से दीप्त।

यजदानी ने प्रस्ताव का विरोध करते हुए कहा—मैं अपनी तरफ़ से कुछ नहीं कहना चाहता; लेकिन यदि मुझे सलाह देने का अधिकार है, तो मैं स्पष्ट कहता हूँ कि तुम्हें इस प्रस्ताव को कभी स्वीकार न करना चाहिए; तैमूर से यह बात बहुत दिन तक छिपी नहीं रह सकती कि तुम क्या हो। उस वक्त क्या परिस्थिति होगी; मैं नहीं कह सकता। और यहाँ इस विषय में जो कुछ टीकाएँ होंगी, वह तुम मुझसे ज़्यादा जानती हो। यहाँ मैं मौज़ूद था और कुत्सा को मुँह न खोलने देता था, पर वहाँ तुम अकेली रहोगी और कुत्सा को मनमाने, आरोप करने का अवसर मिलता रहेगा।

उसकी पत्नी स्वेच्छा को इतना महत्त्व न देना चाहती थी। बोली—मैंने सुना है, तैमूर निगाहों का अच्छा आदमी नहीं है। मैं किसी तरह तुझे न जाने दूँगी। कोई बात हो जाय तो सारी दुनिया हँसे। यों ही हँसने वाले क्या कम हैं?

इसी तरह स्त्री-पुरुष बड़ी देर तक ऊँच-नीच सुझाते और तरह-तरह की शंकाएँ करते रहे, लेकिन हबीब मौन साधे बैठी हुई थी। यजदानी ने समझा, हबीब भी उनसे सहमत है। इंकार की सूचना देने के लिये ही था कि हबीब ने पूछा—आप तैमूर से क्या कहेंगे?

'यही जो यहाँ तय हुआ।'

'मैंने तो अभी कुछ नहीं कहा।'

'मैंने तो समझा; तुम भी हमसे सहमत हो।'

'जी नहीं। आप उनसे जाकर कह दें, मैं स्वीकार करती हूँ।'

माता ने छाती पर हाथ रखकर कहा—यह क्या गजब करती है बेटी। सोच तो दुनिया क्या कहेगी।

यजदानी भी सिर थामकर बैठ गये; मानो हृदय में गोली लग गयी हो। मुँह से एक शब्द भी न निकला।

हबीब त्योरियों पर बल डालकर बोली—अम्मीजान; मैं आपके हुक्म से जौ-भर भी मुँह नहीं फेरना चाहती। आपको पूरा अख़्तियार है, मुझे जाने दें या न दें, लेकिन मुल्क की ख़िदमत का ऐसा मौका शायद मुझे ज़िन्दगी में फिर न मिले। इस मौके को हाथ से खो देने का अफ़सोस मुझे उम्र-भर रहेगा। मुझे यक़ीन है कि अमीर तैमूर को मैं अपनी दियानत, बेग़रज़ी और सच्ची वफ़ादारी से इन्सान बना सकती हूँ और शायद उसके हाथों ख़ुदा के बंदों का ख़ून इतनी कसरत से न बहे। वह दिलेर है, मगर बेरहम नहीं। कोई दिलेर आदमी बेरहम नहीं हो सकता। उसने अब तक जो कुछ किया है, मज़हब के अंधे जोश में किया है। आज ख़ुदा ने मुझे वह मौका दिया है कि मैं उसे दिखा दूँ कि मज़हब ख़िदमत का नाम है, लूट और क़त्ल का नहीं। अपने बारे में मुझे मुतलक अंदेशा नहीं है। मैं अपनी हिफ़ाजत आप कर सकती हूँ। मुझे दावा है कि अपने फ़र्ज़ को नेकनीयती से अदा करके मैं दुश्मनों की ज़ुबान भी बंद कर सकती हूँ, और मान लीजिए मुझे नाकामी भी हो, तो क्या सचाई और हक़ के लिये क़ुर्बान हो जाना ज़िन्दगीं की सबसे शानदार फ़तह नहीं है। अब तक मैंने जिस उसूल पर ज़िन्दगी बसर की है, उसने मुझे धोखा नहीं दिया और उसी के फ़ैज़ से आज मुझे यह दर्ज़ा हासिल हुआ है, जो बड़े-बड़ों के लिये ज़िन्दगी का ख़्वाब है। मेरे आजमाये हुए दोस्त मुझे कभी धोखा नहीं दे सकते। तैमूर पर मेरी हक़ीक़त खुल भी जाय, तो क्या ख़ौफ़। मेरी तलवार मेरी हिफ़ाजत कर सकती है। शादी पर मेरे ख़्याल आपको मालूम हैं। अगर मुझे कोई ऐसा आदमी मिलेगा, जिसे मेरी रूह क़बूल करती हो, जिसकी जात अपनी हस्ती को खोकर मैं अपनी रूह को ऊँचा उठा सकूँ, तो मैं उसके क़दमों पर गिरकर अपने को उसकी नज़र कर दूँगी।

यजदानी ने ख़ुश होकर बेटी को गले लगा लिया। उसकी स्त्री इतनी जल्द आश्वस्त न हो सकी। वह किसी तरह बेटी को अकेली न छोड़ेगी। उसके साथ वह भी जायेगी।

5

कई महीने गुज़र गये। युवक हबीब तैमूर का वजीर है, लेकिन वास्तव में वही बादशाह है। तैमूर उसी की आँखों से देखता है, उसी के कानों से सुनता है और उसी की अक्ल से सोचता है। वह चाहता है, हबीब आठों पहर उसके पास रहे। उसके सामीप्य में उसे स्वर्ग का-सा सुख मिलता है। समरकंद में एक प्राणी भी ऐसा नहीं, जो उससे जलता हो। उसके बर्ताव ने सभी को मुग्ध कर लिया है, क्योंकि वह इन्साफ़ से जौ-भर भी क़दम नहीं हटाता। जो लोग उसके हाथों चलती हुई न्याय की चक्की में पिस जाते हैं, वे भी उससे सद्भाव ही रखते हैं, क्योंकि वह न्याय को ज़रूरत से ज़्यादा कटु नहीं होने देता।

संध्या हो गयी थी। राज्य कर्मचारी जा चुके थे। शमादान में मोम की बत्तियाँ जल रही थीं। अगर की सुगंध से सारा दीवानखाना महक रहा था। हबीब उठने ही को था कि चोबदार ने ख़बर दी-हुज़ूर ज़हाँपनाह तशरीफ़ ला रहे हैं।

हबीब इस ख़बर से कुछ प्रसन्न नहीं हुआ। अन्य मंत्रियों की भाँति वह तैमूर की सोहबत का भूखा नहीं है। वह हमेशा तैमूर से दूर रहने की चेष्टा करता है। ऐसा शायद ही कभी हुआ हो कि उसने शाही दस्तरखान पर भोजन किया हो। तैमूर की मज़लिसों में भी वह कभी शरीक नहीं होता। उसे जब शांति मिलती है, तब एकांत में अपनी माता के पास बैठकर दिन-भर का माजरा उससे कहता है और वह उस पर अपनी पसंद की मुहर लगा देती है।

उसने द्वार पर जाकर तैमूर का स्वागत किया। तैमूर ने मसनद पर बैठते हुए कहा—मुझे ताज्जुब होता है कि तुम इस जवानी में ज़ाहिदों की-सी ज़िन्दगी कैसे बसर करते हो हबीब। ख़ुदा ने तुम्हें वह हुस्न दिया है कि हसीन-से-हसीन नाज़नीन भी तुम्हारी माशूक़ बनकर अपने को ख़ुशनसीब समझेगी। मालूम नहीं तुम्हें ख़बर है या नहीं, जब तुम अपने मुश्की घोड़े पर सवार होकर निकलते हो तो समरकंद की खिड़कियों पर हज़ारों आँखें तुम्हारी एक झलक देखने के लिये मुंतजिर बैठी रहती हैं, पर तुम्हें किसी तरफ़ आँखें उठाते नहीं देखा। मेरा ख़ुदा गवाह है, मैं कितना चाहता हूँ कि तुम्हारे क़दमों के नक्शे पर चलूँ; पर दुनिया मेरी गर्दन नहीं छोड़ती। मैं चाहता हूँ जैसे तुम दुनिया में रहकर भी दुनिया से अलग रहते हो; वैसे मैं भी रहूँ, लेकिन मेरे पास न वह दिल है न वह दिमाग़। मैं हमेशा अपने-आप पर, सारी दुनिया पर दाँत पीसता रहता हूँ। जैसे मुझे हरदम ख़ून की प्यास लगी रहती है, जिसे तुम बुझने नहीं देते; और यह जानते हुए भी कि तुम जो कुछ करते हो, उससे बेहतर कोई दूसरा नहीं कर सकता; मैं अपने गुस्से को काबू में नहीं कर सकता। तुम जिधर से निकलते हो, मुहब्बत और रोशनी फैला देते हो। जिसको तुम्हारा दुश्मन होना चाहिए; वह तुम्हारा दोस्त है। मैं जिधर से निकलता हूँ नफ़रत और शुबहा फैलाता हुआ निकलता हूँ। जिसे मेरा दोस्त होना चाहिए वह भी मेरा दुश्मन है। दुनिया में बस एक ही जगह है, जहाँ मुझे आफियत मिलती है। अगर तुम मुझे समझते हो, यह ताज और तख़्त मेरे रास्ते के रोड़े हैं, तो ख़ुदा की क़सम, मैं आज इन पर लात मार दूँ। मैं आज तुम्हारे पास यही दरख्वास्त लेकर आया हूँ कि तुम मुझे वह रास्ता दिखाओ, जिससे मैं सच्ची ख़ुशी पा सकूँ। मैं चाहता हूँ, तुम इसी महल में रहो ताकि मैं तुमसे सच्ची ज़िन्दगी का सबक सीखूँ।

हबीब का हृदय धक से हो उठा। कहीं अमीर पर नारीत्व का रहस्य खुल तो नहीं गया। उसकी समझ में न आया कि उसे क्या जवाब दे। उसका कोमल हृदय तैमूर की इस करुण आत्मग्लानि पर द्रवित हो गया। जिसके नाम से दुनिया काँपती है, वह उसके सामने एक दयनीय प्राणी बना हुआ उससे प्रकाश की भिक्षा माँग रहा है। तैमूर की उस कठोर विकृत शुष्क हिंसात्मक मुद्रा में उसे एक स्निग्ध मधुर ज्योति दिखाई दी, मानो उसका जाग्रत विवेक भीतर से झाँक रहा हो। उसे अपना स्थिर जीवन, जिसमें ऊपर उठने की स्मृति ही न रही थी, इस विफल उद्योग के सामने तुच्छ जान पड़ा।

उसने मुग्ध कंठ से कहा—हुज़ूर इस गुलाम की इतनी क़द्र करते हैं, यह मेरी ख़ुशनसीबी है, लेकिन मेरा शाही महल में रहना मुनासिब नहीं।

तैमूर ने पूछा—क्यों

'इसलिये कि जहाँ दौलत ज़्यादा होती है, वहाँ डाके पड़ते हैं और जहाँ क़द्र ज़्यादा होती है, वहाँ दुश्मन भी ज़्यादा होते है।'

'तुम्हारा भी कोई दुश्मन हो सकता है।'

'मैं ख़ुद अपना दुश्मन हो जाऊँगा। आदमी का सबसे बड़ा दुश्मन ग़रूर है।'

तैमूर को जैसे कोई रत्न मिल गया। उसे अपनी मनःतुष्टि का आभास हुआ। आदमी का सबसे बड़ा दुश्मन ग़रूर है—इस वाक्य को मन-ही-मन दोहराकर उसने कहा—तुम मेरे काबू में कभी न आओगे हबीब। तुम वह परिंदा हो, जो आसमान में ही उड़ सकता है। उसे सोने के पिंजड़े में भी रखना चाहो तो फड़फड़ाता रहेगा। ख़ैर, ख़ुदा हाफ़िज़।

वह तुरंत अपने महल की ओर चला, मानो उस रत्न को सुरक्षित स्थान में रख देना चाहता हो। यह वाक्य पहली बार उसने न सुना था, पर आज इससे जो ज्ञान, जो आदेश जो सत्प्रेरणा उसे मिली, वह कभी न मिली थी।

6

इस्तखर के इलाके से बगावत की ख़बर आयी है। हबीब को शंका है कि तैमूर वहाँ पहुँचकर कहीं क़त्लेआम न कर दे। वह शांतिमय उपायों से इस विद्रोह को ठंडा करके तैमूर को दिखाना चाहता है कि सद्भावना में कितनी शक्ति है। तैमूर उसे इस मुहिम पर नहीं भेजना चाहता लेकिन हबीब के आग्रह के सामने बेबस है। हबीब को जब और कोई युक्ति न सूझी तो उसने कहा—गुलाम के रहते हुए हुज़ूर अपनी जान खतरे में डालें, यह नहीं हो सकता।

तैमूर मुस्कराया—मेरी जान की तुम्हारी जान के मुकाबले में कोई हक़ीक़त नहीं है हबीब। फिर मैंने तो कभी जान की परवाह न की। मैंने दुनिया में क़त्ल और लूट के सिवा और क्या यादगार छोड़ी। मेरे मर जाने पर दुनिया मेरे नाम को रोयेगी नहीं, यक़ीन मानो। मेरे जैसे लुटेरे हमेशा पैदा होते रहेंगे; लेकिन ख़ुदा न करे, तुम्हारे दुश्मनों को कुछ हो गया, तो यह सल्तनत खाक में मिल जायगी और तब मुझे भी सीने में खंजर चुभा लेने के सिवा और कोई रास्ता न रहेगा। मैं नहीं कह सकता, हबीब तुमसे मैंने कितना पाया। काश, दस-पाँच साल पहले तुम मुझे मिल जाते, तो तैमूर तारीख में इतना रूसियाह न होता। आज अगर

ज़रूरत पड़े, तो मैं अपने जैसे सौ तैमूरों को तुम्हारे ऊपर निसार कर दूँ। यही समझ लो कि मेरी रूह को अपने साथ लिये जा रहे हो। आज मैं तुमसे कहता हूँ हबीब कि मुझे तुमसे इश्क है, इसे मैं अब जान पाया हूँ। मगर इसमें क्या बुराई है कि मैं भी तुम्हारे साथ चलूँ।

हबीब ने धड़कते हुए हृदय से कहा–अगर मैं आपकी ज़रूरत समझूँगा तो इत्तला दूँगा।

तैमूर ने दाढ़ी पर हाथ रखकर कहा–जैसी तुम्हारी मर्ज़ी, लेकिन रोज़ाना कासिद भेजते रहना, वरना शायद मैं बेचैन होकर चला आऊँ।

तैमूर ने कितनी मुहब्बत से हबीब के सफ़र की तैयारियाँ की। तरह-तरह के आराम और तकल्लुफी की चीज़ें उसके लिये जमा कीं। उस कोहिस्तान में यह चीज़ें कहाँ मिलेंगी। वह ऐसा संलग्न था, मानो माता अपनी लड़की को ससुराल भेज रही हो।

जिस वक्त हबीब फ़ौज के साथ चला, तो सारा समरकंद उसके साथ था और तैमूर आँखों पर रूमाल रखे, अपने तख़्त पर ऐसा सिर झुकाये बैठा था, मानो कोई पक्षी आहत हो गया हो।

7

इस्तखर अरमनी ईसाईयों का इलाका था, मुसलमानों ने उन्हें परास्त करके वहाँ अपना अधिकार जमा लिया था और ऐसे नियम बना दिये थे, जिससे ईसाइयों को पग-पग अपनी पराधीनता का स्मरण होता रहता था। पहला नियम जजिए का था, जो हरेक ईसाई को देना पड़ता था, जिससे मुसलमान मुक्त थे। दूसरा नियम यह था कि गिरजों में घंटा न बजे। तीसरा नियम मदिरा का था, जिसे मुसलमान हराम समझते थे। ईसाईयों ने इन नियमों का क्रियात्मक विरोध किया और जब मुसलमान अधिकारियों ने शस्त्र-बल से काम लेना चाहा, तो ईसाइयों ने बगावत कर दी, मुसलमान सूबेदार को क़ैद कर लिया और किले पर सलीबी झंडा उड़ने लगा।

हबीब को यहाँ आज दूसरा दिन है; पर इस समस्या को कैसे हल करे। उसका उदार हृदय कहता था, ईसाइयों पर इन बंधनों का कोई अर्थ नहीं। हरेक धर्म का समान रूप से आदर होना चाहिए; लेकिन मुसलमान इन क़ैदों को हटा देने पर कभी राजी न होंगे। और यह लोग मान भी जाएँ तो तैमूर क्यों मानने लगा। उसके धार्मिक विचारों में कुछ उदारता आई है, फिर भी वह इन क़ैदों को उठाना कभी मंज़ूर न करेगा, लेकिन क्या वह ईसाइयों को सज़ा दे कि वे अपनी धार्मिक स्वाधीनता के लिये लड़ रहे हैं। जिसे वह सत्य समझता है, उसकी हत्या कैसे करे। नहीं, उसे सत्य का पालन करना होगा, चाहे इसका नतीज़ा कुछ भी हो। अमीर समझेंगे मैं ज़रूरत से ज़्यादा बढ़ा जा रहा हूँ। कोई मुजायका नहीं।

दूसरे दिन हबीब ने प्रातःकाल डंके की चोट ऐलान कराया–जजिया माफ किया गया, शराब और घंटों पर कोई क़ैद नहीं है।

मुसलमानों में तहलका पड़ गया। यह क़ुफ्र है, हरामपरस्ती है। अमीर तैमूर ने जिस इस्लाम को अपने ख़ून से सींचा, उसकी जड़ उन्हीं के वजीर हबीब पाशा के हाथों ख़ुद रही है। पाँसा पलट गया। शाही फ़ौज मुसलमानों से जा मिली। हबीब ने इस्तीखर के किले में पनाह ली। मुसलमानों की ताकत शाही फ़ौज के मिल जाने से बहुत बढ़ गयी थी। उन्होंने किला घेर

लिया और यह समझकर कि हबीब ने तैमूर से बगावत की है, तैमूर के पास इसकी सूचना देने और परिस्थिति समझाने के लिये कासिद भेजा।

8

आधी रात गुज़र चुकी थी। तैमूर को दो दिनों से इस्तखर की कोई ख़बर न मिली थी। तरह-तरह की शंकाएँ हो रही थीं। मन में पछतावा हो रहा था कि उसने क्यों हबीब को अकेला जाने दिया। माना कि वह बड़ा नीतिकुशल है, पर बगावत कहीं ज़ोर पकड़ गयी तो मुट्ठी-भर आदमियों से वह क्या कर सकेगा। और बगावत यक़ीनन ज़ोर पकड़ेगी। वहाँ के ईसाई बला के सरकश हैं। जब उन्हें मालूम होगा कि तैमूर की तलवार में जंग लग गया और उसे अब महलों की ज़िन्दगी पसंद है, तो उनकी हिम्मत दूनी हो जाएगी। हबीब कहीं दुश्मनों से घिर गया, तो बड़ा गजब हो जायगा।

उसने अपने जानू पर हाथ मारा और पहलू बदलकर अपने ऊपर झुँझलाया। वह इतना पस्तहिम्मत क्यों हो गया। क्या उसका तेज़ और शौर्य उससे विदा हो गया। जिसका नाम सुनकर दुश्मन में कंपन पड़ जाता था, वह आज अपना मुँह छिपाकर महलों में बैठा हुआ है। दुनिया की आँखों में इसका यही अर्थ हो सकता है कि तैमूर अब मैदान का शेर नहीं, कालीन का शेर हो गया। हबीब फ़रिश्ता है, जो इन्सान की बुराइयों से वाकिफ़ नहीं। जो रहम और साफदिली और बेगरजी का देवता है, वह क्या जाने इन्सान कितना शैतान हो सकता है। अमन के दिनों में तो ये बातें कौम और मुल्क को तरक्की के रास्ते पर ले जाती हैं पर जंग में; जबकि शैतानी जोश का तूफान उठता है इन खुशियों की गुंज़ाइश नहीं। उस वक्त तो उसी की जीत होती है; जो इन्सानी खून का रंग खेले, खेतों-खलिहानों को जलाये; जंगलों को बसाये और बस्तियों को वीरान करे। अमन का क़ानून जंग के क़ानून से जुदा है।

सहसा चोबदार ने इस्तखर से एक कासिद के आने की ख़बर दी। कासिद ने ज़मीन चूमी और एक किनारे अदब से खड़ा हो गया। तैमूर का रोब ऐसा छा गया कि जो कुछ कहने आया था, वह भूल गया।

तैमूर ने त्योरियाँ चढ़ाकर पूछा—क्या ख़बर लाया है। तीन दिन के बाद आया भी तो इतनी रात गये।

कासिद ने फिर ज़मीन चूमी और बोला—खुदाबंद वजीर साहब ने जजिया मुआफ़ कर दिया।

तैमूर गरज उठा—क्या कहता है, जजिया माफ कर दिया।

'हाँ खुदाबंद।'

'किसने।'

'वजीर साहब ने।'

'किसके हुक्म से।'

'अपने हुक्म से हुज़ूर।'

'हूँ।'

'और हुज़ूर, शराब का भी हुक्म दे दिया।'

'हूँ।'

'गिरजों में घंटे बजाने का भी हुक्म हो गया है।'

'हूँ।'

'और ख़ुदाबंद ईसाइयों से मिलकर मुसलमानों पर हमला कर दिया।'

'तो मैं क्या करूँ?'

'हुज़ूर हमारे मालिक हैं। अगर हमारी कुछ मदद न हुई तो वहाँ एक मुसलमान भी ज़िंदा न बचेगा।'

'हबीब पाशा इस वक्त कहाँ है।'

'इस्तखर के किले में हुज़ूर।'

'और मुसलमान क्या कर रहे हैं।'

'हमने ईसाइयों को किले में घेर लिया है।'

'उन्हीं के साथ हबीब को भी?'

'हाँ हुज़ूर, वह हुज़ूर से बाग़ी हो गये।'

और इसलिये मेरे वफ़ादार इस्लाम के खादिमों ने उन्हें क़ैद कर रखा है। मुमकिन है, मेरे पहुँचते-पहुँचते उन्हें क़त्ल भी कर दें। बदजात, दूर हो जा मेरे सामने से। मुसलमान समझते हैं, हबीब मेरा नौकर है और मैं उसका आका हूँ। यह गलत है, झूठ है। इस सल्तनत का मालिक हबीब है, तैमूर उसका अदना गुलाम है। उसके फैसले में तैमूर दस्तंदाजी नहीं कर सकता। बेशक जजिया मुआफ होना चाहिए। मुझे मजाज नहीं कि दूसरे मज़हब वालों से उनके ईमान का तावान लूँ। कोई मजाज नहीं है; अगर मस्जिद में अजान होती है, तो कलीसा में घंटा क्यों बजे। घंटे की आवाज़ में क़ुफ्र नहीं है। काफ़िर वह है, जो दूसरों का हक़ छीन ले, जो ग़रीबों को सताये, दगाबाज़ हो, ख़ुदगरज़ हो। काफ़िर वह नहीं, जो मिट्टी या पत्थर के एक टुकड़े में ख़ुदा का नूर देखता हो, जो नदियों और पहाड़ों में, दरख्तों और झाड़ियों में ख़ुदा का जलवा पाता हो। वह हमसे और तुमसे ज़्यादा ख़ुदापरस्त है, जो मस्जिद में ख़ुदा को बंद समझते हैं। तू समझता है, मैं क़ुफ्र बक रहा हूँ? किसी को काफ़िर समझना ही क़ुफ्र है। हम सब ख़ुदा के बंदे हैं, सब। बस जा और उन बाग़ी मुसलमानों से कह दे, अगर फौरन मुहासरा न उठा लिया गया, तो तैमूर क़यामत की तरह आ पहुँचेगा।

कासिद हतबुद्धि-सा खड़ा ही था कि बाहर खतरे का बिगुल बज उठा और फ़ौजें किसी समर-यात्रा की तैयारी करने लगीं।

9

तीसरे दिन तैमूर इस्तखर पहुँचा, तो किले का मुहासरा उठ चुका था। किले की तोपों ने उसका स्वागत किया। हबीब ने समझा, तैमूर ईसाइयों को सज़ा देने आ रहा है। ईसाइयों के हाथ-पाँव फूले हुए थे; मगर हबीब मुकाबले के लिये तैयार था। ईसाइयों के स्वप्न की रक्षा में यदि जान

भी जाय, तो कोई गम नहीं। इस मुआमले पर किसी तरह का समझौता नहीं हो सकता। तैमूर अगर तलवार से काम लेना चाहता है, तो उसका जवाब तलवार से दिया जायगा।

मगर यह क्या बात है। शाही फ़ौज सफ़ेद झंडा दिखा रही है। तैमूर लड़ने नहीं सुलह करने आया है। उसका स्वागत दूसरी तरह का होगा। ईसाई सरदारों को साथ लिये हबीब किले के बाहर निकला। तैमूर अकेला घोड़े पर सवार चला आ रहा था। हबीब घोड़े से उतरकर आदाब बजा लाया। तैमूर घोड़े से उतर पड़ा और हबीब का माथा चूम लिया और बोला—मैं सब सुन चुका हूँ हबीब। तुमने बहुत अच्छा किया और वही किया जो तुम्हारे सिवा दूसरा नहीं कर सकता था। मुझे जजिया लेने का या ईसाइयों से मज़हबी हक़ छीनने का कोई मज़ाज न था। मैं आज दरबार करके इन बातों की तसदीक कर दूँगा और तब मैं एक ऐसी तज़वीज बताऊँगा, जो कई दिन से मेरे जेहन में आ रही है और मुझे उम्मीद है कि तुम उसे मंज़ूर कर लोगे। मंज़ूर करना पड़ेगा।

हबीब के चेहरे का रंग उड़ रहा था। कहीं हक़ीक़त खुल तो नहीं गयी। वह क्या तज़वीज है; उसके मन में खलबली पड़ गयी।

तैमूर ने मुस्कराकर पूछा—तुम मुझसे लड़ने को तैयार थे?

हबीब ने शरमाते हुए कहा—हक़ के सामने अमीर तैमूर की भी कोई हक़ीक़त नहीं।

बेशक—बेशक! तुममें फ़रिश्तों का दिल है, तो शेरों की हिम्मत भी है, लेकिन अफसोस यही है कि तुमने यह गुमान ही क्यों किया कि तैमूर तुम्हारे फ़ैसले को मंसूख़ कर सकता है। यह तुम्हारी जात है, जिसने मुझे बतलाया है कि सल्तनत किसी आदमी की जायदाद नहीं, बल्कि एक ऐसा दरख़्त है, जिसकी हरेक शाख और पत्ती एक-सी ख़ुराक पाती है।

दोनों किले में दाख़िल हुए। सूरज डूब चूका था। आन-की-आन में दरबार लग गया और उसमें तैमूर ने ईसाइयों के धार्मिक अधिकारों को स्वीकार किया।

चारों तरफ़ से आवाज़ आयी—ख़ुदा हमारे शहंशाह की उम्र दराज करे।

तैमूर ने उसी सिलसिले में कहा—दोस्तो, मैं इस दुआ का हक़दार नहीं हूँ। जो चीज़ मैंने आपसे जबरन ली थी, उसे आपको वापस देकर मैं दुआ का काम नहीं कर रहा हूँ। इससे कहीं ज़्यादा मुनासिब यह है कि आप मुझे लानत दें कि मैंने इतने दिनों तक आपके हक़ों से आपको महरूम रखा।

चारों तरफ़ से आवाज़ आयी—मरहबा! मरहबा!!

'दोस्तो, उन हक़ों के साथ-साथ मैं आपकी सल्तनत भी आपको वापस करता हूँ क्योंकि ख़ुदा की निगाह में सभी इन्सान बराबर हैं और किसी कौम या शख़्स को दूसरी कौम पर हुकूमत करने का अख़्तियार नहीं है। आज से आप अपने बादशाह हैं। मुझे उम्मीद है कि आप भी मुस्लिम आबादी को उसके जायज हक़ों से महरूम न करेंगे। मगर कभी ऐसा मौका आये कि कोई जाबिर कौम आपकी आज़ादी छीनने की कोशिश करे, तो तैमूर आपकी मदद करने को हमेशा तैयार रहेगा।

10

किले में जश्न खत्म हो चुका है। उमरा और हुक्काम रुखसत हो चुके हैं। दीवाने खास में सिर्फ तैमूर और हबीब रह गये हैं। हबीब के मुख पर आज स्मित हास्य की वह छटा है, जो सदैव गंभीरता के नीचे दबी रहती थी। आज उसके कपोलों पर जो लाली, आँखों में जो नशा, अंगों में जो चंचलता है, वह और कभी नज़र न आयी थी। वह कई बार तैमूर से शोखियाँ कर चुका है, कई बार हँसी कर चुका है, उसकी युवती चेतना, पद और अधिकार को भूलकर चहकती फिरती है।

सहसा तैमूर ने कहा—हबीब, मैंने आज तक तुम्हारी हरेक बात मानी है। अब मैं तुमसे यह तजवीज़ करता हूँ, जिसका मैंने ज़िक्र किया था। उसे तुम्हें क़बूल करना पड़ेगा।

हबीब ने धड़कते हुए हृदय से सिर झुकाकर कहा—फरमाइये।

'पहले वायदा करो कि तुम कबूल करोगे।'

'मैं तो आपका गुलाम हूँ।'

'नहीं, तुम मेरे मालिक हो, मेरी ज़िन्दगी की रोशनी हो, तुमसे मैंने जितना फैज़ पाया है, उसका अंदाज़ा नहीं कर सकता। मैंने अब तक सल्तनत को अपनी ज़िन्दगी की सबसे प्यारी चीज़ समझा था। इसके लिये मैंने वह सब कुछ किया जो मुझे न करना चाहिए था। अपनों के ख़ून से भी इन हाथों को दाग़दार किया। ग़ैरों के ख़ून से भी। मेरा काम अब खत्म हो चुका। मैंने बुनियाद जमा दी। इस पर महल बनाना तुम्हारा काम है। मेरी यही इल्तज़ा है कि आज से तुम इस बादशाहत के अमीर हो जाओ, मेरी ज़िन्दगी में भी और मरने के बाद भी।

हबीब ने आकाश में उड़ते हुए कहा—इतना बड़ा बोझ। मेरे कंधे इतने मजबूत नहीं हैं।

तैमूर ने दीन आग्रह के स्वर में कहा—नहीं मेरे प्यारे दोस्त, मेरी यह इल्तज़ा माननी पड़ेगी।

हबीब की आँखों में हँसी थी, अधरों पर संकोच। उसने आहिस्ता से कहा—मंज़ूर है।

तैमूर ने प्रफुल्लित स्वर में कहा—ख़ुदा तुम्हें सलामत रखे।

'लेकिन अगर आपको मालूम हो जाय कि हबीब एक कच्ची-अक्ल की क्वाँरी बालिका है तो?'

'तो वह मेरी बादशाहत के साथ मेरे दिल की भी रानी हो जायगी।'

'आपको बिलकुल ताज्जुब नहीं हुआ?'

'मैं जानता था।'

'कब से?'

'जब तुमने पहली बार अपनी ज़ालिम आँखों से मुझे देखा।'

'मगर आपने छिपाया ख़ूब!'

'तुम्हीं ने सिखाया। शायद मेरे सिवा यहाँ किसी को यह बात मालूम नहीं।'

'आपने कैसे पहचान लिया!'

तैमूर ने मतवाली आँखों से देखकर कहा—यह न बताऊँगा।

यही हबीब तैमूर की 'बेगम हमीदा' के नाम से मशहूर है।

www.ingramcontent.com/pod-product-compliance
Lightning Source LLC
LaVergne TN
LVHW100818051026
849519LV00006B/2127
9789356826557